Der Abzug von Kapital aus einer Aktiengesellschaft im faktischen und im Vertragskonzern

Schriftenreihe zum deutschen und europäischen Gesellschafts- und Wirtschaftsrecht

Herausgegeben von Christoph Teichmann und Florian Bien

Begründet von Günter Christian Schwarz †

Band 20

PETER LANG

Erik Stegner

Der Abzug von Kapital aus einer Aktiengesellschaft im faktischen und im Vertragskonzern

Entzug von Vermögenswerten vor Beendigung eines Konzerns und beim refinanzierten Erwerb

PETER LANG

Bibliografische Information der Deutschen Nationalbibliothek
Die Deutsche Nationalbibliothek verzeichnet diese Publikation in der Deutschen Nationalbibliografie; detaillierte bibliografische Daten sind im Internet über http://dnb.d-nb.de abrufbar.

Zugl.: Würzburg, Univ., Diss., 2018

D 20
ISSN 1614-239X
ISBN 978-3-631-78007-7 (Print)
E-ISBN 978-3-631-78750-2 (E-PDF)
E-ISBN 978-3-631-78751-9 (EPUB)
E-ISBN 978-3-631-78752-6 (MOBI)
DOI 10.3726/b15526

Peter Lang – Berlin · Bern · Bruxelles · New York · Oxford · Warszawa · Wien

Diese Publikation wurde begutachtet.

www.peterlang.com

Vorwort

Die vorliegende Arbeit wurde als Dissertation der Juristischen Fakultät der Julius-Maximilians-Universität Würzburg vorgelegt. Erstgutachter der Arbeit war Herr Prof. Dr. Christoph Teichmann. Die mündliche Doktorprüfung wurde am 08.08.2018 abgelegt.

Mein besonderer Dank gilt meinem Doktorvater für die fachlich wie menschlich herausragende Betreuung der Arbeit. Ich danke auch Frau Prof. Dr. Inge Scherer für die Erstellung des Zweitgutachtens. Für die Aufnahme in ihre Schriftenreihe und hilfreiche Hinweise für die Veröffentlichung danke ich meinem Doktorvater Herrn Prof. Dr. Christoph Teichmann und Herrn Prof. Dr. Florian Bien. Mein herzlicher Dank gilt ganz besonders meinen Eltern, ohne deren Unterstützung Studium wie Promotion nicht möglich gewesen wären.

München, im Januar 2019 *Erik Stegner*

Inhaltsverzeichnis

1 Einleitung

1.1 Der refinanzierte Erwerb einer Aktiengesellschaft

Vor Ausbruch der europäischen Finanzkrise waren erhebliche Teile der durchgeführten Unternehmenskäufe als fremdfinanzierter Erwerb gestaltet worden.[1] Insbesondere Finanzinvestoren, also beispielsweise Investmentfonds, Banken oder Versicherungsunternehmen, die eine Übernahme durchführen, um von Wertsteigerungen der erworbenen Anteile zu profitieren,[2] wählten diese Art der Kaufpreisfinanzierung. Bei derartigen Finanzierungen erfolgt die Aufbringung des Kaufpreises zu einem hohen Anteil durch die Aufnahme von Krediten. Zur Bedienung dieser Kredite und der mit ihnen verbundenen Zinszahlungen wurden vielfach das Vermögen und die Erträge der Zielgesellschaft herangezogen. Aus der Kombination der Fremdfinanzierung einerseits und der Heranziehung der Zielgesellschaft zur Bedienung der Kredite andererseits ergibt sich die gebräuchliche Begrifflichkeit des „Leveraged Buyout“. Denn die Finanzierung durch Kredite ermöglicht eine höhere Eigenkapitalrendite, wenn die Gesamtkapitalrendite den Zinssatz für die Kreditaufnahme übersteigt.[3] Der Begriff des Buyout bezieht sich auf die Aufbringung der Finanzierungskosten aus dem Vermögen oder den Erträgen der Zielgesellschaft.[4]

Im Zuge der Finanzkrise veränderte sich der Übernahmemarkt merklich. Die Möglichkeiten der Beschaffung von Fremdkapital wurden geringer. Finanzinvestoren konzentrieren sich daher seit der Krise auf kleinere Kaufpreisvolumina und die Investition in mittelständische Unternehmen,[5]

---

1 Vgl. beispielsweise Lutter/Drygala in Kölner Kommentar, § 71a Rn. 16; Holzner, S. 29 f.

2 Zur Unterscheidung zwischen strategischen und Finanzinvestoren beispielsweise *Hölters* in Hölters, Handbuch Unternehmenskauf, Teil I, Rn. 8 ff. oder *Rödding* in Lüdike/Sistermann, § 13 Rn. 1.
Vgl. auch *Fleischer*, ZGR 2008, 185 (186); *Eidenmüller*, DStR 2007, 2116 (2116) zum Begriff des Finanzinvestors, die ebenso eine Begriffsbestimmung in Abgrenzung zum strategischen Investor vornehmen.

3 Lever = Hebel; vgl. beispielsweise das Rechenbeispiel bei *Eichner*, S. 12 Fn. 43; vgl. auch *Rudolph*, ZGR 2008, 161 (170 ff.) oder *Hasselbach/Rödding* in Unternehmensfinanzierung, I Rn. 3 ausführlich zur Berechnung des Leverage Effekts.

4 Vgl. zum Leveraged Buyout beispielsweise *Weinheimer* in Hölters, Handbuch Unternehmenskauf, Teil XII Rn. 67 ff. oder *Holzner*, § 3.

5 Vgl. *Hölters* in Hölters, Handbuch Unternehmenskauf, Teil I, Rn. 55; siehe auch Handelsblatt Online, 17.07.2012: „Finanzinvestoren in Käuferlaune“ sowie „Studie

wie beispielsweise der Einstieg des Investors KKR bei WMF in jüngster Zeit zeigt.[6]

Neben der Beschaffung von Fremdkapital wurde auch das Desinvestment, also der Weiterverkauf der Beteiligungen, für Investoren schwerer. Während vor der Finanzkrise kurzfristige Erträge erzielt werden konnten, ist nun oftmals vor dem Wiederverkauf der Beteiligungen eine umfangreiche Restrukturierung oder ein Ausbau des operativen Geschäfts im Zielunternehmen durchzuführen.[7] Teilweise werden auch Sanierungen von Krisenunternehmen durch Finanzinvestoren unterstützt oder durchgeführt.[8]

Vielfach erschöpft sich die Gewinnerzielung des Investors aber nicht im Verkauf der Beteiligung nach erfolgter Wertsteigerung. Auch der Verkauf eines Unternehmens in Einzelteilen, oder zumindest gewichtiger Teile[9] bietet dem Investor teilweise eine Möglichkeit der Renditeerzielung. Möglich ist auch eine Kombination beider Maßnahmen, also die Weiterveräußerung der Aktien nachdem Unternehmensteile oder Wirtschaftsgüter verkauft wurden.

1.1.1 Der Begriff der Refinanzierung

Sollen also im Rahmen eines Leveraged Buyout Kredite aus Erträgen oder aus dem Vermögen der Zielgesellschaft bedient werden, oder soll sonst Kapital aus der Gesellschaft an den Investor abgeführt werden, so erfolgt eine

---

zum Private-Equity-Markt in Deutschland", Ernst & Young, Pressemitteilung vom 17.07.2012; sowie *Cichy/Jander-McAlister*, BB 2012, 723 zur Minderheitsbeteiligung von Finanzinvestoren an Familienunternehmen.

6 Siehe zur Übernahme von WMF: Financial Times Deutschland Online, 06.07.2012: „Finanzinvestor KKR steht bei WMF am Herd".

7 *Hölters* in Hölters, Handbuch Unternehmenskauf, Teil I, Rn. 55; ebenso auch Handelsblatt Online, 17.07.2012: „Finanzinvestoren in Käuferlaune" sowie „Studie zum Private-Equity-Markt in Deutschland", Ernst & Young, Pressemitteilung vom 17.07.2012.
So auch über das Tätigwerden von Finanzinvestoren bereits vor der Wirtschaftskrise: *Eidenmüller*, DStR 2007, 2116 (2117); *Engert*, ZIP 2006, 2105 (2105).
Vgl. auch F.A.S. vom 18.05.2014 „Die Schlümpfe finden eine neue Heimat" über den Einstieg des Finanzinvestors Ardian beim Spielwarenhersteller Schleich. Auch hier soll das Produktsortiment ausgebaut werden.

8 Financial Times Deutschland, 04.02.2009: „Finanzinvestoren werden zu Sanierern"; abrufbar bei Beck-Online Datenbank unter FD-MA 2009, 276009.

9 Gemeinhin wird ein solcher Verkauf wichtiger Teile eines Unternehmens als „asset stripping" bezeichnet, vgl. beispielsweise *Cahn* in Spindler/Stilz, § 71a Rn. 3; *Becker*, DStR 1998, 1429 (1430).

„Refinanzierung“ des Erwerbs. Neben die später erzielten Gewinne aus der Weiterveräußerung der Beteiligung sollen also auch Erträge aus dem Zielunternehmen treten. Der Kaufpreis soll nach dem Erwerb wieder an den Erwerber zurückfließen.

Nun ist dieser Rückfluss bei näherer Betrachtung jedoch überhaupt keiner. Der Kaufpreis fließt nämlich nicht von den vorherigen Anteilseignern als den Verkäufern an den Käufer als neuen Mehrheitsaktionär zurück, sondern aus der Zielgesellschaft, aus dem Kaufgegenstand.[10] Diese wird die hierfür notwendigen Mittel teilweise aus ihren Gewinnen aufbringen können. In vielen Fällen jedoch wird sie zusätzliches Kapital freisetzen müssen, um es an den Investor abführen zu können. Eine solche Freisetzung von Kapital kann durch unterschiedliche Maßnahmen, auf die noch im Einzelnen einzugehen sein wird, geschehen. Insbesondere der Verkauf von Wirtschaftsgütern der Zielgesellschaft steht hierbei im Mittelpunkt des öffentlichen Interesses, kann er doch zuweilen Ausmaße annehmen, die in einer Zerschlagung der Zielgesellschaft münden.[11]

Selbstverständlich muss dieses Ausmaß bei der Veräußerung von Wirtschaftsgütern oder anderen Maßnahmen der Freisetzung von Kapital nicht erreicht werden. Eine Veräußerung von Wirtschaftsgütern kann auch im Rahmen einer zur Erhaltung des Unternehmens notwendigen Restrukturierung durch den Investor stattfinden.

---

10 Anders *Schneider*, AG 2006, 577 (578 f.), mit dem Vorwurf, bei einem refinanzierten Erwerb fließe keinerlei Kapital für neue Investitionen. Dies ist nicht zutreffend. Bereits das zur Veranschaulichung genutzte Beispiel („Der Käufer geht zum Juwelier, kauft eine Rolex und lässt den Juwelier bezahlen.“) ist irreführend, wird doch auch bei einem refinanzierten Erwerb sehr wohl ein Kaufpreis an den Verkäufer entrichtet. Zudem ergibt sich hieraus, dass dem Verkäufer auch Kapital für neue Investitionen zufließt. Einer Gesellschaft als Kaufgegenstand wird hingegen bei Ausgestaltung einer Übernahme als share deal (vgl. zum Begriff und zur Unterscheidung vom asset deal: Fn. 17) nie neues Kapital für Investitionen aus dem Kaufpreis zufließen.

11 Vgl. beispielsweise den Fall der Zerschlagung des Mannesmann-Konzerns (sowie einzelner seiner Gesellschaften) durch Vodafone nach der erfolgten Übernahme oder die aktuell geplante Zerschlagung des MAN Konzerns durch Volkswagen unter Nutzung des bestehenden Beherrschungsvertrages; FAZ.net Artikel vom 11.05.2015: „Volkswagen zerschlägt MAN“.
Einen Überblick über den Streit über Sinn und Auswirkung solcher Tätigkeit insbesondere von Private Equity-Gesellschaften bietet *Eidenmüller*, ZHR 2007, 644 (644 ff.) oder *derselbe*, DStR 2007, 2116.

1.1.2 Der Ablauf einer Refinanzierung

Der refinanzierte Erwerb einer Aktiengesellschaft erfolgt meist durch eine vom Investor zu diesem Zweck gegründete Zweckgesellschaft („NewCo").[12] Diese wird mit dem für die Begleichung des Kaufpreises notwendigen Kapital ausgestattet. Nachdem die Zweckgesellschaft mehrheitliche Anteilseignerin der Zielgesellschaft geworden ist, erfolgt die Refinanzierung des Erwerbs, also die „Rückführung" von Kapital aus der Zielgesellschaft in die Zweckgesellschaft.

Hierbei lassen sich grundsätzlich zwei Modelle unterscheiden: Die Ziel-Aktiengesellschaft kann auf die Zweckgesellschaft verschmolzen werden, oder sie kann in ihrer Eigenständigkeit als juristische Person erhalten bleiben.[13]

Wird eine Verschmelzung, § 2 Nr. 1 UmwG, durchgeführt, so geht das Vermögen der Zielgesellschaft im Wege der Gesamtrechtsnachfolge auf den übernehmenden Rechtsträger, also im Fall des refinanzierten Erwerbs die Akquisitionsgesellschaft, über.[14]

Daher können für die Beibehaltung der Eigenständigkeit der Zielgesellschaft verschiedene Erwägungen sprechen.[15] So bleibt die gesondert belassene Zielgesellschaft für den Geschäftsverkehr als rechtlich selbstständiger Partner erhalten, was im Hinblick auf Kunden-, Partner- oder sonstige Geschäftsbeziehungen bei Fortführung einer Geschäftstätigkeit wünschenswert sein kann. Auch kann es sinnvoll sein, Vorstand und Aufsichtsrat der erworbenen Gesellschaft zu erhalten, beispielsweise um Nachwuchskräften eine Bewährung vor dem Einsatz in der Geschäftsleitung des Konzerns ermöglichen zu können. Darüber hinaus ist die Verbindung der Zielgesellschaft mit einer herrschenden Gesellschaft durch Unternehmensvertrag oder faktische Konzernierung im Gegensatz zur Verschmelzung ohne rechtliche Schwierigkeiten wieder lösbar. Dies erleichtert die für Finanzinvestoren oftmals bedeutsame Möglichkeit des „exits", des Desinvestments.[16] Ferner kann es oftmals sinnvoll sein, der Gesamtrechtsnachfolge als rechtlicher Konsequenz einer Verschmelzung zu entgehen. Vergleichbar mit

---

12 Siehe zur Gestaltung eines Buyout beispielsweise *Erne*, GWR 2012, 503.

13 Vgl. *Kerber*, DB 2004, 1027 (1027). Siehe zum Merger Buyout, der Erwerbsfinanzierung durch Verschmelzung, sehr ausführlich die Arbeit von *Zeyher*; vgl. zum Merger Buyout auch *Mertens*, AG 2005, 785 (785).

14 Vgl. hierzu bspw. *Stengel* in Semler/Stengel, § 2 Rn. 35.

15 Vgl. zu Argumenten für die Erhaltung der Eigenständigkeit der beherrschten Gesellschaft *Würdinger*, DB 1973, 45 (45).

16 Besonders bedeutsam ist die Möglichkeit des exits aufgrund der oftmals beschränkten Laufzeit von Fonds für Private-Equity-Fonds als Investoren; vgl. *Cichy/Jander-McAlister*, BB 2012, 723 (725).

der Interessenslage bei der Entscheidung beim Unternehmenskauf zwischen der Gestaltung als share deal oder als asset deal,[17] ist es oft gewünscht, die Übernahme von Verbindlichkeiten der Zielgesellschaft zu vermeiden.

Soll schließlich der Erwerb durchgeführt werden, ohne hierfür eine Zweckgesellschaft zu errichten, so kommt eine Verschmelzung mit der Investoren-Muttergesellschaft oftmals aus Gründen der Sicherung derselben vor einer Haftung für Verbindlichkeiten der Zielgesellschaft nicht infrage.

Die Darstellung des Reglements für die Refinanzierung ist für den Fall der Erhaltung der Eigenständigkeit der erworbenen Aktiengesellschaft ungleich komplizierter als im Falle einer Gesamtrechtsnachfolge. So scheinen einer Abführung von Kapital verschiedene Hindernisse entgegen zu stehen, die sich teilweise durch den Abschluss eines Beherrschungs- und/oder Gewinnabführungsvertrages ausschalten lassen. Zu nennen ist hier die Vermögensbindung des § 57 AktG oder das grundsätzliche Schädigungsverbot der § 826 BGB, §§ 117 oder 311 AktG. Entweder ein Unternehmensvertrag, oder die Verschmelzung der Zielgesellschaft auf die Käuferin scheint mithin sinnvoll[18] oder sogar notwendig[19], um Kapital aus der Ziel-Aktiengesellschaft entnehmen zu können.

1.2 Die Ausgliederung einer abhängigen Aktiengesellschaft aus einem Konzernverbund

Der dieser Arbeit zugrunde liegende Fall aus der anwaltlichen Beratungspraxis stellte sich dar wie folgt. Die Mandantin war eine Aktiengesellschaft, die zum damaligen Zeitpunkt durch einen Beherrschungs- und Gewinnabführungsvertrag in einen Konzern eingebunden war. Die herrschende Gesellschaft, die zugleich einzige Aktionärin der abhängigen Gesellschaft war, hatte geplant, die

---

17 Beim share deal erfolgt der Unternehmenskauf durch einen Erwerb der Anteile des Rechtsträgers des Zielunternehmens. Beim asset deal erfolgt der Unternehmenskauf durch den Erwerb einzelner oder aller Vermögensgegenstände des Zielunternehmens. Vgl. hierzu beispielsweise *Beisel* in Beisel/Klumpp, 1. Kapitel Rn. 25 ff.; *Semler* in Hölters, Handbuch Unternehmenskauf, Teil VII Rn. 6; *Picot* in Picot, § 1 Rn. 98 ff.; *Engelhardt/von Woedtke* in Holzapfel/Pöllath Rn. 6 ff.

18 So *Riegger*, ZGR 2008, 233 (234 f.), der die Einbindung in einen Vertragskonzern teilweise als Vorstufe zur Verschmelzung mit der Zweckgesellschaft betrachtet. Ebenso wohl auch *Schneider*, NZG 2007, 888 (888).

19 So *Lutter/Drygala* in Kölner Kommentar, § 71a Rn. 17; *Drygala*, Der Konzern 2007, 396 (401).

abhängige Aktiengesellschaft zu veräußern. Zuvor sollte der Unternehmensvertrag beendet werden.

Die herrschende Gesellschaft richtete verschiedene Weisungen an den Vorstand der beherrschten Aktiengesellschaft, deren Intention beispielsweise dahin ging, verschiedene Wirtschaftsgüter zeitnah vor dem Ende des Unternehmensvertrages zu veräußern. Die Frage, die sich dem Vorstand der abhängigen Gesellschaft und seinen Beratern stellte, war, ob und inwieweit derartige Weisungen zu befolgen waren, oder nicht.

Denn obgleich Folgen von Weisungen bei Bestehen eines Beherrschungs- und Gewinnabführungsvertrages durch die unternehmensvertragliche Verlustdeckungspflicht zumindest teilweise zum Ausgleich gebracht werden, endet diese Ausgleichspflicht mit dem Ende des Unternehmensvertrages. Sind Weisungen, die auf einen Abzug von Kapital vor dem Ende des Konzernverhältnisses, auf einen unter Umständen ausgleichslosen Zugriff auf Wirtschaftsgüter, hinauslaufen, überhaupt zulässig? Legitimiert ein Beherrschungs- und Gewinnabführungsvertrag derartige Einflussnahmen, sind sie auch bei Bestehen eines Unternehmensvertrages untersagt, oder sind sie sogar im lediglich faktischen Konzern gestattet?

1.3 Die Legitimation des Zugriffs auf Vermögenswerte als gemeinsame Fragestellung

Den beiden beschriebenen Szenarien der Ausgliederung einer Aktiengesellschaft aus einem Konzernverbund und der Refinanzierung des Erwerbs einer Aktiengesellschaft liegt somit eine gemeinsame Thematik zugrunde: Der Abzug von Kapital aus der Aktiengesellschaft durch einen Aktionär. Dieser Abzug von Kapital erfolgt bei beiden Szenarien unter der gleichen besonderen Rahmenbedingung: Die abhängige Ziel-Aktiengesellschaft verlässt den Konzern nach dem Zugriff durch den Aktionär.

Beide Fälle stellen die Geschäftsleiter der herrschenden und der abhängigen Gesellschaft und ihre Berater vor die gleichen Fragestellungen: In wieweit kann die faktische Konzernierung oder ein Beherrschungs- und Gewinnabführungsvertrag Einflussnahmen auf eine abhängige Gesellschaft zum Abzug von Kapital, zum Zugriff auf Wirtschaftsgüter legitimieren. Diese Frage bekommt durch die Tatsache des künftigen Ausscheidens aus dem Konzernverbund eine zusätzliche Dimension. Denn der Gedanke, dass das Konzernrecht die Einflussnahme der herrschenden Gesellschaft nur mit Blick auf die Verlustdeckungspflicht zulassen könnte, ist zumindest naheliegend. Ein derartiger „Kreislaufgedanke“ allerdings lässt sich dann nicht mehr zur Anwendung bringen, wenn selbiger „Kreislauf“

von nachteiliger Einflussnahme und Verlustausgleich durch das Ausscheiden aus dem Konzern vor dem Nachteilsausgleich gestört wird.

1.4 Der Beherrschungs- und Gewinnabführungsvertrag

Der Beherrschungs-, der Gewinnabführungsvertrag, oder – in vielen Fällen[20] – eine Kombination aus beiden Unternehmensverträgen, hat nicht nur aus steuerlichen Gründen große praktische Bedeutung.[21] Beherrschungs- und Gewinnabführungsverträge dienen neben der Optimierung steuerlicher Strukturen auch der effizienteren Kontrolle beherrschter Unternehmen.[22]

Es können im Vertragskonzern nach § 308 Abs. 1 Satz 1 AktG Weisungen unmittelbar von der Geschäftsleitung des herrschenden Unternehmens an die Geschäftsleitung der beherrschten Gesellschaft gerichtet werden. Die Bedeutsamkeit dieser Möglichkeit ergibt sich am augenscheinlichsten für die Fälle, in welchen die abhängige Gesellschaft eine Aktiengesellschaft ist. Aufgrund der gesetzlich festgeschriebenen strukturellen Unabhängigkeit des Vorstandes von der Hauptversammlung besteht auch dann, wenn eine Mehrheit in der Hauptversammlung vorliegt, für den Mehrheitsaktionär allenfalls eine indirekte, gesetzlich nicht vorgesehene Möglichkeit der Einflussnahme auf die Geschäftsleitung.[23]

---

20 Der kombinierte Beherrschungs- und Gewinnabführungsvertrag kann als Standardlösung oder zumindest hauptsächlich praktizierte Lösung betrachtet werden. Vgl. beispielsweise *Emmerich* in Emmerich/Habersack, Aktien- und GmbH-Konzernrecht, § 291 Rn. 5; *Altmeppen* in Roth/Altmeppen, Anh. § 13 Rn. 18; *Wilhelm*, S. 51; *Link/Greven*, M&A Review 2010, 285 (285); *Müller*, ZGR 1977, 1 (9); auch die Regierungsbegründung in der Vorbemerkung zum Dritten Buch des AktG, *Begründung RegE* in Kropff, S. 374, führt aus, in aller Regel würden beide Verträge zusammen treffen.

21 *Link/Greven*, M&A Review 2010, 285 (285); *Hentzen*, NZG 2008, 201 (201).

22 *Veith/Schmid*, DB 2012, 728 (728); ebenso *Grüner*, S. 5, der darüber hinaus auch zur Möglichkeit, Wirtschaftsgüter an das herrschende Unternehmen abzuführen, als Motivation, ausführt.

23 Vgl. *Sina*, AG 1991, 1 (1). Aber auch im GmbH-Konzern, in dem zumindest die abhängige Gesellschaft eine GmbH ist, bieten sich im Unternehmensverbund Vorteile für diesen aus der Errichtung eines Vertragskonzerns. So besteht zwar die gesetzlich in §§ 37, 45, 46 GmbHG vorgesehene Möglichkeit der Gesellschafter, auf die Geschäftsführer Einfluss zu nehmen. Die Übermittlung von Weisungen bezüglich der Geschäftsführung ist dann allerdings an die Formalität des Gesellschafterbeschlusses gebunden. Dies ist insbesondere im mehrgliedrigen Konzern, der sich über mehrere Stufen von Tochtergesellschaften erstreckt, von Nachteil, wo die Einflussnahme von der Konzerngeschäftsleitung über jede Gesellschafterversammlung in die Tochtergesellschaften

Diese Probleme werden mit dem Abschluss eines Beherrschungsvertrages, der der herrschenden Vertragspartei ein Weisungsrecht betreffend Fragen der Geschäftsleitung an die Hand gibt, obsolet. Im Vertragskonzern kann mittels Weisungen eine direkte Einflussnahme von Geschäftsleitung zu Geschäftsleitung stattfinden.

Zudem suspendiert § 291 Abs. 3 AktG die Kapitalerhaltungsregeln im Vertragskonzern. Dies bringt wesentliche Erleichterungen in der Konzernfinanzierung, wie beispielsweise beim cash pooling oder bei der Begebung von upstream Sicherheiten, mit sich.[24] Der Gewinnabführungsvertrag ermöglicht es über die Aufhebung der Kapitalbindung hinaus, dass selbst Gewinne, die nach einer Schädigung der abhängigen Gesellschaft durch die herrschende Gesellschaft noch verbleiben, ausgezahlt werden können.[25]

Als gewichtiger Nachteil einer Aufteilung des Konzerngeschäfts auf verschiedene Gesellschaften ist die Tatsache zu nennen, dass in einer Gesellschaft erzielte Verluste im Grundsatz nicht den zu versteuernden Gewinn einer anderen Gesellschaft mindern können.

Steuerrechtlich ergibt sich daher die Bedeutung des Vertragskonzerns aus der Tatsache, dass Gewinne und Verluste der einzelnen Konzerngesellschaften nach § 14 Abs. 1 Satz 1 KStG steuerlich miteinander verrechnet werden können.[26] Hierdurch kann ein maßgeblicher Nachteil der Aufspaltung des Geschäfts in mehrere Konzerngesellschaften ausgeglichen werden, da die juristisch selbstständigen Gesellschaften nun wirtschaftlich einheitlich besteuert werden.[27]

---

weitergegeben werden muss. Zudem birgt der Gesellschafterbeschluss als Maßnahme der Einflussnahme die Gefahr der Anfechtbarkeit.

24 *Hentzen*, NZG 2008, 201 (201).

25 *Liebscher* in Happ, Konzern-/Umwandlungsrecht, Abschnitt 1.01 Rn. 1.2.

26 *Veith/Schmid*, DB 2012, 728 (728).

27 Von heute weniger großer Bedeutung ist dagegen die Möglichkeit der umsatzsteuerrechtlichen Organschaft. Durch die nun geltenden Regelungen zum Vorsteuerabzug ist es nach geltendem Recht nicht mehr notwendig, eine Organschaft zu begründen, um eine Besteuerung von Wertschöpfungen in Tochtergesellschaften zu vermeiden (*Emmerich/Habersack*, Konzernrecht, § 1 Rn. 41). Gleichwohl darf man annehmen, dass Beherrschungs- und Gewinnabführungsverträge noch bestehen, die aufgrund der alten Rechtslage abgeschlossen wurden.

1.5 Thesen und Gang der Untersuchung

Diese hier angedeuteten Vorteile und Veränderungen in der Möglichkeit der Einflussnahme auf eine abhängige Aktiengesellschaft legen die Vermutung zumindest nahe, dass ein Abzug von Kapital, sei es vor einer Ausgliederung einer Gesellschaft aus einem Konzernverbund, oder im Rahmen einer Erwerbsfinanzierung, durch einen Beherrschungs- und Gewinnabführungsvertrag legitimiert werden kann, während er im faktischen Konzern rechtlich nicht möglich sein könnte. Die zu untersuchende These lautet daher:

> **Für die Freisetzung von Kapital in einer Aktiengesellschaft und die Auszahlung von Kapital aus einer solchen ist ein Beherrschungs- und Gewinnabführungsvertrag rechtlich notwendige Voraussetzung.**

Jedoch wurde bereits angedeutet, dass die Verlustdeckungspflicht mit dem Ende des Vertragskonzerns endet. Folgen eines Abzugs von Kapital könnten sich aber durchaus auch nach diesem Zeitpunkt noch in der Ziel-Aktiengesellschaft bemerkbar machen. Auch könnten bestimmte Einflussnahmen, wie beispielsweise die Weisung zur Kreditaufnahme, bilanziell gewinnneutral bleiben, und sich daher überhaupt nicht auf einen möglichen Verlustdeckungsanspruch auswirken. Unter Umständen könnten sie aber dennoch schädlich für die beeinflusste Aktiengesellschaft sein. Die anschließend im Mittelpunkt der Untersuchung stehende These lautet daher:

> **Gerade die Einbindung der Aktiengesellschaft in einen Vertragskonzern eröffnet jedoch die Möglichkeit einer ausgleichslosen Schädigung derselben.**

Die Arbeit unterteilt sich in drei Teile (§§ 1 bis 3).

§ 1 befasst sich mit den Möglichkeiten der Einflussnahme auf eine abhängige Aktiengesellschaft. Unter besonderer Berücksichtigung der Unterschiede zwischen dem faktischen Konzern und dem Vertragskonzern sollen daher zunächst Möglichkeiten zum Abzug von Kapital untersucht werden. Sodann wird dargestellt, ob und wie weitgehend das geltende Recht eine Einflussnahme durch einen Aktionär auf die abhängige Aktiengesellschaft zulässt, um eine für den Abzug meist notwendige Freisetzung von Kapital erreichen zu können. § 1 widmet sich somit der Verifizierung der ersten These.

Nachdem § 1 die Möglichkeiten der Einflussnahme darstellt, werden in § 2 die Ausgleichsmechanismen untersucht, die einem derartigen Einfluss entgegenstehen. Diese Ausgleichsmöglichkeiten bestimmen als juristisches Gegengewicht zum faktischen Können die tatsächliche Notwendigkeit eines Unternehmensvertrages für den Abzug von Kapital. § 2 ist der Verifizierung der zweiten These gewidmet. Die Untersuchung wird zeigen, dass auch die Einbindung der Ziel-Aktiengesellschaft in einen Vertragskonzern diese nicht vollumfänglich gegen die Gefahren durch einen Zugriff auf ihre Vermögenswerte zu schützen vermag, sondern gerade im Gegenteil erst die Möglichkeit zur Einwirkung ohne Ausgleich eröffnen kann.

Es sind daher in § 3 die durch einen solchen Abzug von Kapital für die Ziel-Aktiengesellschaft entstehenden Gefahren zu bestimmen. Wie zu zeigen sein wird, kann im faktischen Konzern diesen bereits de lege lata begegnet werden. Für den Vertragskonzern hingegen soll der Versuch unternommen werden, ein Ausgleichssystem zur Vermeidung von ausgleichslosen Schädigungen der beherrschten Gesellschaft anzuregen.

Für die folgenden Untersuchungen wird davon ausgegangen, dass der entsprechende Finanzinvestor oder die Muttergesellschaft im Konzern eine Kapitalgesellschaft ist, die Anteilseignerin einer Aktiengesellschaft ist. Aus Letzterer soll Kapital abgezogen werden. Im Folgenden soll von dieser Investoren- oder Muttergesellschaft einheitlich als von der „Obergesellschaft“ gesprochen werden. Für die Untersuchungen der Rechtslage im faktischen Konzern soll im Fortgang der Untersuchungen davon ausgegangen werden, dass die Obergesellschaft über eine tatsächliche Einflussmöglichkeit auf die Ziel-Aktiengesellschaft verfügt, dass also eine Beherrschung im Sinne des § 17 AktG vorliegt. Für das Szenario einer Refinanzierung soll eine Unternehmensqualität einer gegebenenfalls verwendeten NewCo vorausgesetzt werden.[28]

28 Vgl. zum Unternehmensbegriff beispielsweise *Hüffer/Koch*, § 15 Rn. 8 f. m.w.N.

§ 1 Möglichkeiten der Einflussnahme

Für die Freisetzung von Kapital in einer Aktiengesellschaft und die Auszahlung von Kapital aus einer solchen ist ein Beherrschungs- und Gewinnabführungsvertrag rechtlich notwendige Voraussetzung.

Für die Verifizierung dieser These soll dieser § 1 die Möglichkeiten der Einflussnahme auf eine Aktiengesellschaft im faktischen und im Vertragskonzern darstellen. Derartige Einflussnahmen haben im hier untersuchten Kontext zwei Zielrichtungen. Zum einen möchte die Obergesellschaft durch ihren Einfluss erreichen, dass Kapital in der Ziel-Aktiengesellschaft freigesetzt wird, also Liquidität geschaffen wird. Zum anderen soll diese Liquidität auch aus der abhängigen oder beherrschten Gesellschaft in die Obergesellschaft ausgezahlt werden.
Der besseren Übersicht und Systematik halber beschränkt sich dieser § 1 auf die Darstellung des rechtlichen Dürfens von Einflussnahmen zur Freisetzung und zum Abzug von Kapital. Wie bereits gesagt soll das tatsächliche Können einer derartigen Einflussnahme auch im faktischen Konzern, in welchem kein Weisungsrecht besteht, also eben eine faktische Abhängigkeit, unterstellt werden. Die Folgen einer Überschreitung der in § 1 erarbeiteten rechtlichen Grenzen, also die Ausgleichsmechanismen als juristische Gegengewichte zum Zugriff auf die Vermögenswerte der Ziel-Aktiengesellschaft, sollen im darauf folgenden § 2 erarbeitet werden.

2 Auszahlung aus der Zielgesellschaft

Soll Kapital aus einer Aktiengesellschaft abgeführt werden, so läuft dies, wie bereits angedeutet, in zwei Schritten ab.[29] Der erste Schritt dient der Schaffung von Liquidität in der Zielgesellschaft. Hierzu werden verschiedene Maßnahmen wie die Aufdeckung stiller Reserven, der Verkauf von Wirtschaftsgütern, oder die Aufnahme von Krediten vorgenommen, auf welche später noch im Einzelnen eingegangen werden soll.[30]

Die so geschaffenen liquiden Mittel sollen jedoch im hier interessierenden Szenario nicht in der Gesellschaft verbleiben, sondern an die Obergesellschaft ausgezahlt werden. Hierzu, also der Auszahlung des Kapitals aus der Ziel-Aktiengesellschaft an die Obergesellschaft, dient der zweite Schritt. Diese Auszahlung von Kapital, also der Abzug im engeren Sinne, kann als Grundmechanismus des Abzugs von Kapital angesehen werden, ist sie doch zugleich Mittel und Zweck des gesamten Zugriffsvorgangs.[31]

Dementsprechend wird zunächst nachfolgend dargestellt, wie ein solcher Abzug von Liquidität vorgenommen werden kann. Besonderes Augenmerk soll der Untersuchung der Unterschiede gelten, die sich in Auszahlung mit und ohne den Abschluss eines Beherrschungs- und/oder Gewinnabführungsvertrages ergeben.

2.1 Dividenden als Mittel der Gewinnbeteiligung

Die Rechtsstellung des Aktionärs besteht aus einem herrschaftsrechtlichen Teil, also einem Mitspracherecht in Angelegenheiten der Gesellschaft, und einer vermögensrechtlichen Komponente.[32] Diese vermögensrechtliche Komponente des

29 Eine Ausnahme von dieser Mechanik stellt die Kapitalherabsetzung dar, die zugleich Maßnahme zur Freisetzung und zur Abführung von Kapital sein kann; vgl. hierzu noch Kapitel 3.7.

30 Siehe Kapitel 3.

31 Im Folgenden wird der Begriff „Ausschüttung" für die Auszahlung als Dividende und der Begriff „Abführung" für die Auszahlung im Rahmen eines Gewinnabführungsvertrages verwendet. Der Begriff „Auszahlung" wird als Oberbegriff für Ausschüttung und Abführung verwendet.

32 Vgl. BVerfG, Urteil vom 07.08.1962 – 1 BvL 16/60, NJW 1962, 1667 (1667); *Bungeroth* in MüKo AktG, Vor § 53a Rn. 13; *Sudmeyer* in MüAH Aktienrecht, § 10 Rn. 112; *Schön* in FS Ulmer, 1359 (1363).

Aktieneigentums gewährt dem Aktionär ein Recht auf Teilhabe am wirtschaftlichen Erfolg der Aktiengesellschaft. Dieses Recht findet in § 58 Abs. 4 AktG seinen Niederschlag, der den grundsätzlichen Anspruch der Aktionäre auf den Bilanzgewinn bestimmt.[33] Das Mittel dieser im Gesetz in § 58 Abs. 4 AktG vorgesehenen Verteilung unter die Aktionäre ist die Ausschüttung im Wege der Dividendenzahlung[34].

Bei Feststellung eines positiven Jahresabschlusses durch Vorstand und Aufsichtsrat entscheiden diese über die Verwendung des Jahresergebnisses.[35] Die Verwaltung der Aktiengesellschaft bestimmt also den Teil des Jahresüberschusses, der in der Gesellschaft als Kapital verbleiben soll, also in Gewinnrücklagen eingestellt werden soll, und den Betrag, welcher zur Disposition der Aktionäre gestellt werden soll, vgl. § 58 Abs. 2 Satz 1 AktG. Die Aktionäre fassen über letztere Summe, den Bilanzgewinn, gemäß §§ 174 Abs. 1 Satz 1, 58 Abs. 3 Satz 1 AktG den Gewinnverwendungsbeschluss, welcher darüber bestimmt, wie viel des Bilanzgewinns wiederum in Rücklagen eingestellt werden soll, und wie viel als Dividende ausgeschüttet werden soll.[36]

Diese Ausschüttung ist, als Ausdruck des Gebots der Gleichbehandlung[37] aller Aktionäre, nach §§ 53a, 60 Abs. 1 AktG von der Maßgabe geprägt, dass die

---

33 Vgl. *Lange* in Henssler/Strohn, § 58 AktG Rn. 10, *Henze* in Großkommentar AktG, § 58 Rn. 86; *Bungeroth* in Geßler/Hefermehl/Eckardt/Kropff, § 58 Rn. 115; *Drinhausen* in Heidel, § 58 Rn. 39 f.; *Cahn/v. Spannenberg* in Spindler/Stilz, § 58 Rn. 91; *Hüffer/Koch*, § 58 Rn. 26; *Servatius* in Wachter, § 58 Rn. 13; ähnlich, aber etwas einschränkend dahin gehend, dass in § 58 Abs. 4 AktG lediglich ein Anspruch auf Tätigwerden der Hauptversammlung zum Gewinnverwendungsbeschluss bestehe: *Westermann* in Bürgers/Körber, § 58 Rn. 27; abweichend *Waclawik* in Hölters, § 58 Rn. 29, der in § 58 Abs. 4 AktG nicht den mitgliedschaftlichen Gewinnanspruch, sondern den (schuldrechtlichen) Zahlungsanspruch des Aktionärs sieht.

34 Der Begriff der Dividende findet indessen im Gesetz keine Verwendung. Es bezeichnet die Dividende in § 174 Abs. 2 Nr. 2 AktG vielmehr als den „an die Aktionäre auszuschüttende[n] Betrag".

35 Dies ist der gesetzliche Regelfall, vgl. §§ 172, 58 Abs. 2 AktG. Vorstand und Aufsichtsrat können nach § 173 AktG der Hauptversammlung die Feststellung des Jahresabschlusses überlassen. Vgl. zu diesem Ausnahmefall sowie zur Qualifikation als Ausnahme bspw. *Waclawik* in Hölters, § 58 Rn. 6; *Westermann* in Bürgers/Körber, § 58 Rn. 17; *Frodermann*, S. 34; *Hentzen/Rau*, BB 2008, 713 (714).

36 Der Übersichtlichkeit halber und aufgrund mangelnder Relevanz bei der vorliegenden Betrachtung sollen Gewinnvorträge hier unbeachtet bleiben.

37 Siehe zum Gebot der Gleichbehandlung hinsichtlich der Gewinnbeteiligung auch BGH, Urteil vom 02.06.2003 – II ZR 85/02, NZG 2003, 1113 (1114); *Servatius* in

Dividende gleichmäßig nach dem Verhältnis der Beteiligung ausgeschüttet wird, soweit die Satzung nicht entsprechend § 60 Abs. 3 AktG einen anderen Verteilungsschlüssel vorsieht oder Vorzugsaktien ausgegeben wurden.

Zur Auszahlung von liquidem Kapital aus einer Aktiengesellschaft steht also der Weg der Dividendenzahlung zur Verfügung. Auch die Obergesellschaft kann die Dividende als Mittel zum Abzug von Kapital nutzen, soweit die Hauptversammlung zu einem entsprechenden Gewinnverwendungsbeschluss überzeugt werden kann. Für die Fassung eines solchen ist nach § 133 Abs. 1 AktG eine einfache Mehrheit ausreichend.[38]

Aus dem soeben Dargestellten erschließen sich drei Nachteile, die die Dividende als Mittel der Kapitalauszahlung für die Obergesellschaft mit sich bringt.

So sind zum einen auch gegebenenfalls vorhandene weitere Aktionäre anteilsmäßig zu beteiligen. Es mindert sich also der Ertrag um den Anteil, der auf Aktien entfällt, die sich in Streubesitz oder in der Hand eines anderen Aktionärs befinden.

Der zweite Nachteil ist die Bindung der Dividendenzahlung an den Gewinnverwendungsbeschluss. Nur nach Fassung eines solchen ist eine Auszahlung möglich. Dies erfordert somit nach der Feststellung des Jahresüberschusses noch den weiteren Akt der Hauptversammlung mit Fassung eines Gewinnverwendungsbeschlusses. Dieser birgt neben den formellen und – nicht unerheblichen – finanziellen Anforderungen der Abhaltung einer Hauptversammlung das besondere Manko der Anfechtbarkeit.[39]

Drittens ergibt sich aus soeben dargestellter Systematik der Berechnung des Bilanzgewinns, dass die Verwaltung der Aktiengesellschaft entscheidet, inwieweit ein Jahresüberschuss einen Bilanzgewinn erhöht oder nicht.[40] Es steht, mit der prozentualen Einschränkung des § 58 Abs. 2 Satz 1 AktG,[41] zur Disposition der Geschäftsleiter, liquide Mittel für Gewinnrücklagen zu verwenden, anstatt

---

Wachter, § 53a Rn. 15; *Laubert* in Hölters, § 60 Rn. 1 f.; *Raiser/Veil*, § 11 Rn. 58 ff.; *Bommert*, S. 96; *Knoll*, ZIP 2003, 2329 (2331).

38 *Bormann* in Wachter, § 174 Rn. 3; *Waclawik* in Hölters, § 174 Rn. 5; *Euler/Klein* in Spindler/Stilz, § 174 Rn. 7; *Vetter* in Henssler/Strohn, § 174 AktG Rn. 1.

39 Vgl. hierzu *Habersack* in FS K. Schmidt, 523 (527 f.).

40 Vgl. zur Kompetenzverteilung bei der Gewinnverwendung ausführlich *Frodermann*, S. 28 ff.; *Gollnick*, S. 11 ff. oder *Habersack* in FS K. Schmidt, 523 (526 f.).

41 Da hinsichtlich der Anwendbarkeit des § 58 Abs. 2 AktG im faktischen Konzern Einigkeit besteht (siehe Ausführungen unten 2.2.4), soll erst im Rahmen der Diskussion der Kapitalabführung im Vertragskonzern im nächsten Kapitel näher auf die Auswirkung und Anwendbarkeit von § 58 Abs. 2 AktG eingegangen werden.

sie zur Verteilung an die Aktionäre bereitzustellen. Der beschriebene Anspruch der Aktionäre auf Teilhabe am wirtschaftlichen Erfolg der Aktiengesellschaft besteht nach § 58 Abs. 4 AktG nicht am Jahresüberschuss, sondern am Bilanzgewinn. Um also einen Jahresüberschuss, der durch Kapital freisetzende Maßnahmen herbeigeführt wird, in voller Höhe zur Verteilung als Dividende nutzen zu können, bedarf es für die Obergesellschaft eines Einflusses auf den Vorstand und den Aufsichtsrat.

2.2 Auszahlung des Gewinns aufgrund eines Gewinnabführungsvertrages

Einer von diesem Prozedere der Dividendenzahlung abweichenden Abschöpfung von Kapital aus dem Vermögen einer Aktiengesellschaft steht, wenn kein Beherrschungs- oder Gewinnabführungsvertrag abgeschlossen wurde, § 57 Abs. 1 Satz 1 AktG mit seinem Verbot der Einlagenrückgewähr entgegen.[42] Denn diese Vorschrift verbietet, über den Wortlaut hinaus gehend, der eine Beschränkung des Auszahlungsverbots auf Einlagen vermuten lässt, jegliche Vermögensabführungen aus dem Vermögen der Aktiengesellschaft.[43]

Diese Mechanik erfährt durch den Abschluss eines Gewinnabführungsvertrages eine Änderung. § 291 Abs. 1 Satz 1 AktG bestimmt, dass ein solcher Unternehmensvertrag eine Aktiengesellschaft zur Abführung des „ganzen Gewinn[s] an ein anderes Unternehmen" verpflichtet. Es liegt somit der Gedanke nahe, der Gewinnabführungsvertrag eigne sich besser als die Dividende, um Liquidität an die Obergesellschaft, die hierfür selbstverständlich „anderes Unternehmen" im Sinne des § 291 Abs. 1 Satz 1 AktG, also Vertragspartner im Gewinnabführungsvertrag, sein müsste, auszuzahlen.

Diese Liquidität müsste hierfür Gewinn im Sinne des § 291 Abs. 1 Satz 1 AktG sein. Obgleich gesetzlich nicht geregelt, besteht Einigkeit dahin gehend, was unter dem „ganzen Gewinn" im Sinne der Vorschrift zu verstehen ist: Vor der

---

42 Vgl. *Laubert* in Hölters, § 57 Rn. 5; *Becker*, DstR 1998, 1429 (1430 f.); siehe auch noch Kapitel 4 näher zur Anwendung der Regeln der Einlagenrückgewähr im faktischen Konzern.

43 Diesbezüglich besteht Einigkeit. Vgl. BGH, Urteil vom 26.03.1984, NJW 1984, 1893 (1894); BGH, Urteil vom 14.05.1992, NJW 2821 (2821); *Hüffer/Koch*, § 57 Rn. 2; *Laubert* in Hölters, § 57 Rn. 5; *Servatius* in Wachter, § 57 Rn. 3; *Cahn/v. Spannenberg* in Spindler/Stilz, § 57 Rn. 14; *Fleischer* in Schmidt/Lutter, § 57 Rn. 9; *Bayer* in MüKo AktG, § 57 Rn. 8; *Henze* in Großkommentar AktG, § 57 Rn. 9; *Holzner*, S. 229; *Bechlivanis*, S. 40 f.; *Becker*, DstR 1998, 1429 (1431); *Henze*, WM 2005, 717 (719 f.).

Feststellung des Jahresabschlusses ist eine Vorbilanz aufzustellen. Dem in dieser ermittelten Jahresüberschuss steht in der endgültigen Handelsbilanz der Gewinnabführungsanspruch des herrschenden Unternehmens gegenüber. Der Gewinn im Sinne des § 291 Abs. 1 Satz 1 AktG ist der fiktive Jahresüberschuss, wie er sich ergäbe, wenn ein Gewinnabführungsanspruch aufgrund des Unternehmensvertrages nicht bestehen würde, wie er also in der Vorbilanz ausgewiesen wird.[44] Es lässt sich daher an dieser Stelle feststellen, dass eine Erhöhung des Jahresüberschusses, wie er durch Maßnahmen wie die Auflösung stiller Reserven oder den Verkauf von Wirtschaftsgütern bewirkt werden kann, auch zu einer Erhöhung des „ganzen Gewinns", und somit zu einer Erhöhung des im Rahmen eines Gewinnabführungsvertrages auszahlbaren Betrages führt. Zu klären ist allerdings, ob sich ein betraglicher Unterschied oder sonst Einschränkungen oder Erleichterungen im Vergleich zur Dividendenzahlung ergeben.

2.2.1 Verzichtbarkeit des Gewinnverwendungsbeschlusses und der gleichmäßigen Verteilung auf sämtliche Aktionäre

Des für eine Dividendenzahlung notwendigen Beschlusses der Hauptversammlung bedarf es im Vertragskonzern nicht mehr. Der Gewinnabführungsanspruch entsteht mit Feststellung des Jahresabschlusses,[45] und kann ohne weitere Voraussetzungen an das herrschende Unternehmen ausgezahlt werden.

Dem steht, wie § 291 Abs. 3 AktG klar stellt, auch § 57 Abs. 1 Satz 1 AktG nicht mehr entgegen. § 291 Abs. 3 AktG suspendiert das Verbot der Einlagenrückgewähr bei Bestehen eines Beherrschungs- oder Gewinnabführungsvertrages.

Der Gewinnabführungsvertrag bietet der Obergesellschaft, die den höchstmöglichen Wert aus einer Aktiengesellschaft abziehen möchte, daher einen wichtigen Vorteil. Sie ist für die Auszahlung von Gewinnen aus der beherrschten Gesellschaft nicht auf die Dividende, also eine Ausschüttung an sämtliche Aktionäre nach dem Anteil ihrer Beteiligung, angewiesen. Vielmehr kann sie auf Grundlage des Gewinnabführungsvertrages, der nach § 291 Abs. 1 Satz 1 AktG

---

44 Vgl. *Altmeppen* in MüKo AktG, § 291 Rn. 145; *Hüffer/Koch*, § 291 Rn. 26; *Veil* in Spindler/Stilz, § 291 Rn. 34 f.; *Langenbucher* in Schmidt/Lutter, § 291 Rn. 52; *Koppensteiner* in Kölner Kommentar, § 291 Rn. 53; *Müller* in Wachter, § 291 Rn. 21; *Deilmann* in Hölters, § 301 Rn. 8; *Schenk* in Bürgers/Körber, § 291 Rn. 16; *Emmerich* in Emmerich/Habersack, Aktien- und GmbH-Konzernrecht, § 291 Rn. 64.

45 So *Hüffer/Koch*, § 291 Rn. 26; *Altmeppen* in MüKo AktG, § 291 Rn. 148; *Veil* in Spindler/Stilz, § 291 Rn. 35; *Koppensteiner* in Kölner Kommentar, § 291 Rn. 53.

die Zielgesellschaft dazu verpflichtet den gesamten Gewinn an den Vertragspartner abzuführen, diesen in voller Höhe allein an sich auszahlen lassen.

Ein weiterer Vorteil der Gewinnabführung im Rahmen eines Vertragskonzerns im Vergleich zur Dividendenausschüttung wird für gewöhnlich nur in Ausnahmefällen von Bedeutung sein, soll aber gleichwohl nicht unerwähnt bleiben. Im Wege der Dividendenzahlung kann Kapital nur an Aktionäre ausgezahlt werden. Der Gewinnabführungsvertrag erlaubt hingegen die Abführung an jeden, der als herrschendes Unternehmen Partei des Gewinnabführungsvertrages ist. Dies erlaubt es beispielsweise, bei der Abführung von Kapital Stufen im Konzerngefüge zu überspringen.

2.2.2 Einschränkung des abführbaren Gewinns nach §§ 300 und 301 AktG

Eine Einschränkung in der Höhe scheint die Möglichkeit, Gewinn abzuführen jedoch durch die §§ 300 und 301 AktG zu erfahren.

§ 300 AktG enthält Sondervorschriften für die Bildung einer Rücklage im Vertragskonzern. Dies ist notwendig, weil die Pflicht der Rücklagenbildung nach § 150 Abs. 2 AktG auf dem Jahresüberschuss aufbaut. Ein solcher wird aber in geringerem Maße, oder überhaupt nicht anfallen, wenn ein Gewinnabführungsvertrag besteht, da sich der Jahresüberschuss jeweils um den Betrag der Gewinnabführung mindern wird. § 300 AktG gibt daher für die verschiedenen Arten von Unternehmensverträgen eigene Werte für die Rücklagenbildung vor. Zudem soll bei Bestehen eines Gewinnabführungsvertrages die gesetzliche Rücklage schneller gebildet werden, als dies § 150 AktG vorsieht. Nach § 150 Abs. 2 AktG ist ein Zwanzigstel des Jahresüberschusses einzustellen, § 300 Nr. 1 AktG verlangt die jährliche Einstellung eines Fünftels des zur Auffüllung der Rücklage notwendigen Betrages.

Nach § 301 Satz 1 AktG ist der aufgrund eines Unternehmensvertrages abführbare Gewinn begrenzt. Es darf nur der Jahresüberschuss, vermindert um einen Verlustvortrag aus dem Vorjahr sowie um den nach § 300 AktG in die Rücklage einzustellenden Betrag, an die herrschende Gesellschaft ausgezahlt werden. Der Inhalt der Norm begründet sich nicht nur auf die Überlegung, dass die Bildung von Rücklagen und Verlustvorträgen gesichert sein muss. Vielmehr liegt ihm auch der Gedanke zugrunde, dass die Frage, was als Gewinn abgeführt werden muss, grundsätzlich dem Unternehmensvertrag überlassen ist. Es könnte daher auch ein Betrag abzuführen sein, der höher als der nach aktienrechtlichen Regeln bestimmte Jahresüberschuss ist. Um im Falle einer solchen vertraglichen Vereinbarung zu vermeiden, dass die beherrschte Gesellschaft ständig Verluste auszuweisen hätte, begrenzt § 301 Satz 1 AktG die Höhe des abführbaren Betrages.[46]

Bei der Berechnung des abführbaren „ganzen Gewinns" im Sinne des § 291 Abs. 1 Satz 1 AktG finden die §§ 300 und 301 AktG bei der Aufstellung der Vorbilanz Berücksichtigung, und bestimmen hier, welcher Betrag an die herrschende Gesellschaft aufgrund des Gewinnabführungsvertrages abgeführt werden darf.[47] Der zu ermittelnde (fiktive) Jahresüberschuss ist also unter Berücksichtigung der §§ 300 und 301 AktG zu errechnen.

Für die vorliegende Betrachtung ist betreffend der §§ 300 und 301 AktG von Bedeutung, ob diese Normen bei Bestehen eines Gewinnabführungsvertrages einen Betrag für eine Auszahlung sperren, der ansonsten als Dividende ausschüttbar wäre. Hieraus würde sich schließlich ein Nachteil für die Obergesellschaft beim Abzug von Kapital ergeben.

Ob § 300 AktG dazu führt, dass mehr in die gesetzliche Rücklage einzustellen ist, als ohne Gewinnabführungsvertrag, wird von der Höhe des Jahresüberschusses und des Grundkapitals abhängen. In den hier behandelten Szenarien, also dem Abzug von Kapital vor dem Desinvestment eines Investors oder vor der Ausgliederung einer Aktiengesellschaft aus einem Konzernverbund, wird die gesetzliche Rücklage für gewöhnlich bereits gebildet sein. Es ergibt sich dann aus § 300 AktG kein Unterschied für die Höhe der Verpflichtung zur Rücklagenbildung. Zudem werden die Maßnahmen zur Freisetzung von Kapital, wie noch genauer darzustellen sein wird, einen Jahresüberschuss erhöhend wirken.[48] Dies wird im Vertragskonzern nach § 300 AktG, wo die Höhe der Rücklage von der Höhe des Grundkapitals abhängig gemacht wird, keine Erhöhung der Rücklage bewirken. Anders verhielte es sich nach § 150 Abs. 2 AktG. Hier sorgt ein höherer Jahresüberschuss, wenn die gesetzliche Rücklage noch nicht aufgefüllt ist, für eine höhere Rücklagepflicht. Für den Abzug von Kapital kann sich § 300 AktG also, abhängig von der Höhe des Grundkapitals, sogar dahin gehend auswirken, dass ein geringerer Betrag für eine Rücklagenbildung gesperrt ist, als ohne das Bestehen eines Unternehmensvertrages.

Auch im Übrigen ergibt sich durch die §§ 300 und 301 AktG kein Nachteil hinsichtlich der Auszahlung von Kapital, denn die beiden Normen mindern den auszahlbaren Betrag um Rücklagen und Verlustvorträge. Aus

46 *Begründung RegE* in Kropff, S. 389.

47 *Emmerich* in Emmerich/Habersack, Aktien- und GmbH-Konzernrecht, § 291 Rn. 64; *Altmeppen* in MüKo AktG, § 301 Rn. 19 f.

48 Vgl. Kapitel 6.2.

§ 158 Abs. 1 Satz 1 AktG ergibt sich, dass die Auflösung von Rücklagen und die Einberechnung von Verlustvorträgen nicht den Jahresüberschuss, sondern den Bilanzgewinn erhöht, da sich der Bilanzgewinn als Saldo aus Jahresüberschuss und – unter anderem – den Erträgen aus der Auflösung von Rücklagen und der Berechnung von Gewinn- und Verlustvorträgen ergibt.[49] Wie bereits festgestellt ist für die Bestimmung des aufgrund des Gewinnabführungsvertrages auszahlbaren Betrages der (fiktive) Jahresüberschuss, für die Ausschüttung als Dividende hingegen der Bilanzgewinn ausschlaggebend. Erträge aus der Auflösung von Vorträgen oder Rücklagen erhöhen jedoch nie den Jahresüberschuss, sehr wohl aber den Bilanzgewinn. Hieraus ergibt sich als Schlussfolgerung, dass Beträge aus den Rechnungsposten der Rücklagen und Vorträge, die nach §§ 300 und 301 AktG nicht als Gewinn an das herrschende Unternehmen ausgezahlt werden dürfen, dennoch als Bilanzgewinn als Dividende ausgeschüttet werden können. Im Vertragskonzern ist somit im für die Obergesellschaft ungünstigsten Fall nur ein Teil des Betrages, der sonst als Dividende zur Verteilung stünde, aufgrund des Gewinnabführungsvertrages abführbar. Keinesfalls jedoch müssen Beträge, die bei Nichtbestehen eines Gewinnabführungsvertrages ausschüttbarer Bilanzgewinn wären, in der Aktiengesellschaft verbleiben. Der Gewinnabführungsvertrag bedeutet also keine Ausschüttungssperre.[50]

2.2.3 Auszahlung von Beträgen aus der Auflösung von Rücklagen

Von besonderem Interesse ist diese Feststellung für die Frage der Abführbarkeit von Beträgen aus der Auflösung von Rücklagen. Nach § 158 Abs. 1 Satz 1 AktG erhöht die Auflösung von Rücklagen nicht den Jahresüberschuss, sondern den Bilanzgewinn. Hier ergibt sich also aus eben dargestellter Systematik, dass Beträge aus der Auflösung von Rücklagen als Dividende ausschüttbar sind, nicht jedoch an das herrschende Unternehmen als Gewinn abgeführt werden können.[51]

---

49 *Hüffer/Koch*, § 158 Rn. 6; *Euler/Sabel* in Spindler/Stilz, § 158 Rn. 18.

50 So auch *Emmerich* in Emmerich/Habersack, Aktien- und GmbH-Konzernrecht, § 301 Rn. 2, sowie in *Emmerich/Habersack*, Konzernrecht, § 20 Rn. 18; *Veil* in Spindler/Stilz, § 301 Rn. 12.

51 So auch BGH, Urteil vom 02.06.2003 – II ZR 85/02, NZG 2003, 1113 (1114), sowie zustimmend in Besprechung unter anderem der angeführten Entscheidung: *Knoll*, ZIP 2003, 2329 (2331); ebenso *Begründung RegE* in Kropff, S. 390; *Emmerich* in Emmerich/Habersack, Aktien- und GmbH-Konzernrecht, § 301 Rn. 12; *Altmeppen* in MüKo AktG, § 301 Rn. 21; *Paschos* in Henssler/Strohn, § 301 AktG Rn. 10; *Wilhelm*, S. 47; *Hentzen/Rau*, BB 2008, 713 (717); *Riegger*, ZGR 2008, 233 (243).

Lediglich für den Fall von Rücklagen, die während der Dauer des Gewinnabführungsvertrages gebildet wurden, sieht § 301 Satz 2 AktG eine Sonderregelung vor. Die Norm bestimmt, dass bei Auflösung dieser Rücklagen der Ertrag an die herrschende Gesellschaft ausgezahlt werden kann. Dem liegt die Überlegung zugrunde, dass das herrschende Unternehmen eine freiwillige Rücklagenbildung unterlassen würde, wenn es bei Auflösung der Rücklagen gezwungen wäre, die Erträge mit den außenstehenden Aktionären zu teilen.[52]

2.2.4 § 58 Abs. 2 AktG im Konzern

An dieser Stelle ist nochmals auf die Rolle des Vorstands und des Aufsichtsrats hinsichtlich der Ermittlung des auszahlbaren Betrages zurück zu kommen. Der Abführung auf Grundlage des Gewinnabführungsvertrages und der Ausschüttung als Dividende ist es insoweit gemeinsam, dass die Verwaltung, soweit diese Rolle nicht ausnahmsweise der Hauptversammlung übertragen ist,[53] in einem ersten Schritt über die Verwendung erzielter Erträge, nämlich im Rahmen der mit der Aufstellung des Jahresabschlusses verbundenen Entscheidung über die Bildung von Gewinnrücklagen, beschließt. In der Macht des Vorstandes stünde es dementsprechend nach dem Gesetzeswortlaut sowohl bei Bestehen eines Gewinnabführungsvertrages, als auch wenn ein solcher nicht abgeschlossen wurde, gem. § 58 Abs. 2 Satz 1 AktG bis zu 50% des Jahresertrages durch die Bildung von Rücklagen einer wie auch immer gearteten Gewinnverteilung durch Hauptversammlung oder herrschendes Unternehmen zu entziehen. Durch die Möglichkeit der Einstellung in Rücklagen in Untergesellschaften könnte der Zufluss von Erträgen an die Obergesellschaft eingeschränkt oder gestoppt werden.[54]

---

52 *Veil* in Spindler/Stilz, § 301 Rn. 11; *Begründung RegE* in Kropff, S. 390.

53 Dies betrifft wie bereits erwähnt den Sonderfall der Übertragung der Kompetenz durch den Vorstand oder den Fall der Uneinigkeit von Vorstand und Aufsichtsrat, vgl. § 173 AktG sowie Nachweise in Fn. 35.

54 Vgl. zur Problematik auch Bericht Unternehmensrechtskommission, S. 662 ff. Zu unterscheiden ist diese Frage, also ob § 58 Abs. 2 AktG im Konzern in der beherrschten Gesellschaft anzuwenden ist, von der Problematik, ob eine in Tochtergesellschaften erfolgte Rücklagenbildung bei der Entscheidung über die Gewinnthesaurierung in der Obergesellschaft im Rahmen einer Maximalquote von 50% einzubeziehen ist, wie und ob § 58 Abs. 2 AktG also für die Obergesellschaft anzuwenden ist. (Siehe hierzu bspw. die Zusammenfassung von *Bayer* in MüKo AktG, § 58 Rn. 58 ff. oder sehr ausführlich die Beiträge von *Beusch, Busse von Colbe* oder *Lutter*, jeweils in FS Goerdeler, S. 25, S. 61 bzw. S. 327.) Letztere Diskussion beträfe im Rahmen der vorliegenden Betrachtung lediglich die Frage, in wie weit die Obergesellschaft abgezogenes Kapital in

Einigkeit besteht hinsichtlich der Möglichkeiten der Rücklagenbildung im faktischen Konzern. Die Untergesellschaft kann Rücklagen bilden, ist dabei aber an die 50%-Grenze des § 58 Abs. 2 AktG gebunden.[55]

Umstritten ist es indessen, ob § 58 Abs. 2 AktG auch bei Bestehen eines (Beherrschungs- und) Gewinnabführungsvertrages in der beherrschten Gesellschaft gelten soll. Es ist also fraglich, ob die Verwaltung der Untergesellschaft Rücklagen bilden darf, und ob sie dabei die Grenze des § 58 Abs. 2 AktG zu beachten hat.

Eine Ansicht möchte diese Frage lösen, indem die Entscheidung über die Möglichkeit der Rücklagenbildung im Vertragskonzern dem Unternehmensvertrag überlassen wird.[56] § 58 Abs. 2 AktG trete bei Bestehen eines Gewinnabführungsvertrages hinter den Bestimmungen des selbigen zur Rücklagenbildung in der beherrschten Gesellschaft zurück, da eine Aufspaltung der Kompetenz für die Verwendung des Jahresüberschusses während der Geltung eines Gewinnabführungsvertrages nicht sinnvoll sei.[57] Der Vertrag könne also, unter Beachtung der Satzung der beherrschten Gesellschaft, den Maximalbetrag der Rücklagenbildung bestimmen.

Die herrschende Ansicht vertritt, im Vertragskonzern sei in den Fällen, in welchen in der beherrschten Gesellschaft keine außenstehenden Aktionäre vorhanden seien, oder diese einen festen Ausgleich nach § 304 Abs. 2 Satz 1 AktG erhielten, § 58 Abs. 2 AktG in den Tochtergesellschaften nicht zu beachten. In diesen Fällen könne die Verwaltung der Tochtergesellschaft nach freiem Ermessen über eine Rücklagenbildung entscheiden.[58] Bei einem fehlenden Schutzbedürfnis der Aktionäre in der abhängigen Gesellschaft sei § 58 Abs. 2 AktG teleologisch zu reduzieren.[59] Seien aber außenstehende Aktionäre vorhanden,

---

Rücklagen einstellen kann. Sie ist daher für die vorliegende Untersuchung, die sich nur mit der Frage der Möglichkeiten des Abzugs von Kapital befasst, nicht von Bedeutung.

55 *Hüffer/Koch*, § 58 Rn. 14; *Cahn/v. Spannenberg* in Spindler/Stilz, § 58 Rn. 59; *Westermann* in Bürgers/Körber, § 58 Rn. 12; *Waclawik* in Hölters, § 58 Rn. 45; *Bayer* in MüKo AktG, § 58 Rn. 52; *Fleischer* in Schmidt/Lutter, § 58 Rn. 26.

56 *Waclawik* in Hölters, § 58 Rn. 47; so wohl auch *Bungeroth* in Geßler/Hefermehl/Eckardt/Kropff, § 58 Rn. 63 und *Westermann* in Bürgers/Körber, § 58 Rn. 16.

57 *Waclawik* in Hölters, § 58 Rn. 47.

58 *Bayer* in MüKo AktG, § 58 Rn. 56; *Hüffer/Koch*, § 58 Rn. 15; *Drygala* in Kölner Kommentar, § 58 Rn. 64 f.; *Fleischer* in Schmidt/Lutter, § 58 Rn. 26; *Drinhausen* in Heidel, § 58 AktG Rn. 31; *Henze* in Großkommentar AktG, § 58 Rn. 48.

59 *Fleischer* in Schmidt/Lutter, § 58 Rn. 26; *Henze* in Großkommentar AktG, § 58 Rn. 48 und *Drinhausen* in Heidel, § 58 AktG Rn. 31, halten neben einer teleologischen Reduktion auch eine Analogie zu § 291 Abs. 3 AktG für denkbar.

oder erhielten diese einen an der Dividende in der Obergesellschaft orientierten Ausgleich, so gelte § 58 Abs. 2 AktG mit seiner Beschränkung auf einen Maximalbetrag für Rücklagen.[60] Grundlage der Diskussion ist die Überlegung, § 58 Abs. 2 AktG habe den Aktionären Schutz in ihrem Interesse an der Beteiligung an den Erträgen der Gesellschaft zu bieten. Die Norm stelle eine Maximalgrenze auf, die durch die Verwaltung für die Rücklagenbildung und daher den Entzug von Erträgen für die Gewinnverwendung, zu beachten sei. Eines solchen Schutzes bedürfe es aber bei Bestehen eines Gewinnabführungsvertrages nicht, da an die Stelle des Rechts auf Beteiligung am Ertrag der Gesellschaft das Recht auf Ausgleichs- oder Abfindungszahlungen gem. §§ 304, 305 AktG trete. Anders sei dies dann zu sehen, wenn sich der Ausgleich für die außenstehenden Aktionäre entsprechend § 304 Abs. 2 Satz 2 AktG nach der Dividende der Obergesellschaft richte. Durch eine übertriebene Rücklagenbildung in der Untergesellschaft könne die Höhe dieser Dividende, und daher die Ausgleichszahlung beeinflusst werden. Der Schutz des § 58 Abs. 2 AktG sei dann wieder notwendig. § 58 Abs. 2 AktG sei also dann zu beachten, wenn die Rücklagenbildung mittelbar die Ausschüttungsinteressen von Aktionären der Untergesellschaft beeinträchtigen würde.

Schließlich wird vertreten, § 58 Abs. 2 AktG sei in Tochtergesellschaften auch im Vertragskonzern uneingeschränkt anwendbar.[61] Da der Gewinnabführungsvertrag die Gewinnverwendungskompetenz ohnehin auf das herrschende Unternehmen verschiebe, sei § 58 Abs. 2 AktG zwar für den Minderheitenschutz in der beherrschten Gesellschaft nicht von Bedeutung. Die Norm habe aber die Vermögensinteressen der Aktionäre der Obergesellschaft sicherzustellen, da die Konzernverwaltung ansonsten die Fassung von Hauptversammlungsbeschlüssen über Fragen der Gewinnverwendung in der beherrschten Gesellschaft verhindern könnte.[62]

Dieser letztgenannten Ansicht ist im Ergebnis zuzustimmen. Einer Differenzierung in der Anwendung des § 58 Abs. 2 AktG nach der Art des Ausgleichs oder der Existenz außenstehender Aktionäre steht bereits der Wortlaut der Norm entgegen, der eine solche Unterscheidung eben gerade nicht vornimmt. Durch die Möglichkeit einer die 50%-Grenze des § 58 Abs. 2 AktG

60 *Bayer* in MüKo AktG, § 58 Rn. 57; *Hüffer/Koch*, § 58 Rn. 15; *Drygala* in Kölner Kommentar, § 58 Rn. 64 f.; *Fleischer* in Schmidt/Lutter, § 58 Rn. 26; *Drinhausen* in Heidel, § 58 AktG Rn. 31; *Westermann* in Bürgers/Körber, § 58 Rn. 16; *Henze* in Großkommentar AktG, § 58 Rn. 49.

61 *Cahn/v. Spannenberg* in Spindler/Stilz, § 58 Rn. 68.

62 *Cahn/v. Spannenberg* in Spindler/Stilz, § 58 Rn. 68.

überschreitenden Rücklagenbildung würden ferner die Dividendeninteressen der Aktionäre der Obergesellschaft zugunsten der Konzernverwaltung stark beschnitten.[63] Eben dies scheint auch die herrschende Ansicht anzuerkennen, wenn sie § 58 Abs. 2 AktG für weiterhin anwendbar hält, wenn sich der Ausgleichsanspruch der außenstehenden Gesellschafter in der beherrschten Gesellschaft nach der Dividende der herrschenden Gesellschaft richte. Denn auch hier soll durch die Anwendung des § 58 Abs. 2 AktG das Dividendeninteresse der Aktionäre der Obergesellschaft geschützt werden, wenn auch nur um der außenstehenden Aktionäre der beherrschten Gesellschaft willen. Vertretbar bliebe, nähme man einen Maximalwert von 50% bei der Vereinbarung an, demnach noch die Lösung der ersten Ansicht, die die Bestimmung der maximalen Rücklagenbildung dem Unternehmensvertrag überlassen möchte. Doch auch diese Ansicht muss sich den Einwand gefallen lassen, sie widerspräche dem Wortlaut des § 58 Abs. 2 AktG und mithin dem Willen des Gesetzgebers. Zudem besteht die Aufspaltung der Kompetenz bezüglich der Verwendung des Jahresüberschusses nicht nur um der Verwaltung der beherrschten Gesellschaft willen, sondern auch um einen Schutz dieser beherrschten Gesellschaft zu bewirken.[64] Sie hat also auch bei Geltung eines Gewinnabführungsvertrages durchaus einen Sinn.

Auch im Vertragskonzern verbleibt es demnach bei der Möglichkeit der Verwaltung der beherrschten Gesellschaft, Rücklagen bis zur Maximalhöhe von § 58 Abs. 2 AktG zu bilden.

2.3 Auszahlung des Gewinns aufgrund eines Beherrschungsvertrages

Fraglich ist, ob ein Gewinnabführungsvertrag überhaupt notwendig ist, um die Vorteile der Gewinnabführung nutzen zu können. Möglicherweise könnte ein Beherrschungsvertrag ausreichen. Kraft eines solchen könnte das herrschende Unternehmen das beherrschte zur Auszahlung des Bilanzgewinnes anweisen.

2.3.1 Meinungsstand

Eine Ansicht hat dies angenommen. Es wurde vertreten, ein Gewinnabführungsvertrag sei nicht notwendig, damit das durch Beherrschungsvertrag

---

63 So auch *Cahn/v. Spannenberg* in Spindler/Stilz, § 58 Rn. 68; *Westermann* in Bürgers/Körber, § 58 Rn. 16.

64 Vgl. *Bayer* in MüKo AktG, § 58 Rn. 16.

herrschende Unternehmen, den Gewinn allein an sich abführen könne.[65] Eine Auszahlung könne auch allein auf Grundlage der durch den Beherrschungsvertrag gemittelten Leitungsmacht angewiesen werden. Vor der Feststellung des Jahresabschlusses könne das herrschende Unternehmen dazu anweisen, Überschüsse an sich auszuzahlen. Der Beherrschungsvertrag biete die Grundlage für einen Zugriff auf das Vermögen des beherrschten Unternehmens, und erlaube daher Maßnahmen, die das Entstehen eines Jahresüberschusses verhinderten. § 291 Abs. 3 AktG suspendiere mit Abschluss eines isolierten Beherrschungsvertrages die Kapitalbindung. Auch führe ein Beherrschungsvertrag zur Geltung der selben gesetzlichen Sicherungen für die beherrschte Gesellschaft wie ein Gewinnabführungsvertrag. Es sei daher neben der Weisung zur Abführung von Überschüssen vor Feststellung des Jahresabschlusses auch zulässig, die Auszahlung des Gewinnes nach Feststellung zu verlangen.

Diese Ansicht wird, soweit ersichtlich, nicht mehr vertreten. Der vormals noch weitverbreiteten[66] Auffassung war *Ballerstedt* entgegen getreten.[67] Der Beherrschungsvertrag lasse die organisatorische Einheit der beherrschten Gesellschaft unberührt. Auch seien die verschiedenen Arten von Unternehmensverträgen in ihrer Funktion zu trennen. Wenn das herrschende Unternehmen aber durch Weisungen auf eine Gewinnverlagerung hinwirke, so begründe es faktisch den Abschluss eines anderen Unternehmensvertragstypus. Dies könne ihm aber durch Weisung nicht möglich sein. Eine solche unzulässige Gewinnverlagerung könne auch durch die, daher unzulässige, Bestimmung bestimmter Preise bei konzerninternen Rechtsgeschäften erfolgen.

Die nun herrschende Ansicht argumentiert, ließe man eine Möglichkeit der Auszahlung des Gewinnes aufgrund Weisung im Beherrschungsvertrag zu, ebne man die gesetzlich vorgesehene Unterscheidung zwischen Beherrschungs- und Gewinnabführungsvertrag ein.[68] Nur Letzterer lasse eine

65 *Sonnenschein*, S. 426 ff.; so auch *Glaser*, S. 15 ff., der aber die Eintragung der Gewinnabführungsmöglichkeit in das Handelsregister verlangt.

66 Siehe Nachweise bei *Sonnenschein*, S. 425 sowie bei *Ballerstedt*, ZHR 137 (1973), 388 (388).

67 *Ballerstedt*, ZHR 137 (1973), 388.

68 *Koppensteiner* in Kölner Kommentar, § 308 Rn. 36; *Emmerich* in Emmerich/Habersack, Aktien- und GmbH-Konzernrecht, § 308 Rn. 43; *Eschenbruch*, Rz. 3053; *Exner*, S. 88 ff.; a.A. *Altmeppen* in MüKo AktG, § 308 Rn. 100, der dieses Argument wegen eines fehlenden Erkenntnisgewinns des Rechtsverkehrs aus der Unterscheidung zwischen den Vertragstypen nicht gelten lassen will.

Abschöpfung des Gewinnes zu.[69] Erstgenannte Ansicht sei daher nicht mit den §§ 291, 292 AktG in Einklang zu bringen. Sie nähme dem Gewinnabführungsvertrag seine gesetzlich vorgesehene Bedeutung, mache ihn zu einem bloßen Minus zum Beherrschungsvertrag.[70] Auch stehe einer Gewinnabführung nach Feststellung des Jahresabschlusses § 174 Abs. 1 Satz 1 AktG entgegen, der für die Entscheidung über die Gewinnverwendung eine Kompetenz der Hauptversammlung, nicht des Vorstandes annehme.[71] Die Einschränkung im Weisungsrecht bezieht die herrschende Ansicht jedoch entgegen der Meinung von *Ballerstedt* nicht auch auf die Bestimmung von konzerninternen Verrechnungspreisen, sondern lediglich auf die Weisung, den (gesamten) Gewinn abzuführen.[72] Die Bestimmung von für die beherrschte Gesellschaft ungünstigen Konzernverrechnungspreisen sei hingegen zulässig.[73] Auch die Weisung, eine Leistung, auch ohne Gegenleistung, an die herrschende Gesellschaft zu erbringen, sei durch den Beherrschungsvertrag legitimiert.[74] Ausgeschlossen ist nach dieser Ansicht demnach nur die Weisung, mit welcher die Abführung des Bilanzgewinns verlangt wird.

---

69 *Altmeppen* in MüKo AktG, § 308 Rn. 99; *Veil* in Spindler/Stilz, § 291 Rn. 17; *Krieger* in Münchener Handbuch des Gesellschaftsrechts, Band 4, § 71 Rn. 154; *Koppensteiner* in Kölner Kommentar, § 308 Rn. 36; *Fett* in Bürgers/Körber, § 308 Rn. 20; *Emmerich* in Emmerich/Habersack, Aktien- und GmbH-Konzernrecht, § 308 Rn. 43; *Eschenbruch*, Rz. 3053; *Exner*, S. 88 ff.

70 *Koppensteiner* in Kölner Kommentar, § 308 Rn. 36; zum selben Ergebnis, nämlich der Bedeutungslosigkeit des Gewinnabführungsvertrages, kam auch *Sonnenschein*, S. 436, als Vertreter der Gegenansicht.

71 *Veil* in Spindler/Stilz, § 291 Rn. 17; *Koppensteiner* in Kölner Kommentar, § 308 Rn. 36; *Altmeppen* in MüKo AktG, § 308 Rn. 99; *Emmerich* in Emmerich/Habersack, Aktien- und GmbH-Konzernrecht, § 308 Rn. 43.

72 Vgl. *Altmeppen* in MüKo AktG, § 308 Rn. 99; *Fett* in Bürgers/Körber, § 308 Rn. 20; *Krieger* in Münchener Handbuch des Gesellschaftsrechts, Band 4, § 71 Rn. 154.

73 Teilweise werden derartigen Gestaltungen von Verrechnungspreisen allerdings Regeln des Steuerrechts entgegenstehen, das bei konzerninternen Leistungsbeziehungen die Anwendung eines Drittvergleichsgrundsatzes verlangt.

74 *Krieger* in Münchener Handbuch des Gesellschaftsrechts, Band 4, § 71 Rn. 154; *Austmann*, ZGR 2009, 277 (292); so auch *Begründung RegE* in Kropff, S. 378, die ausführt, ein Beherrschungsvertrag verstoße nicht gegen die Grundsätze über die verdeckte Gewinnausschüttung, auch wenn die beherrschte Gesellschaft für eine Leistung keine Gegenleistung erhalte.

2.3.2 Stellungnahme

Dem ist zuzustimmen. Bereits aus der Wortwahl des Gesetzgebers ergibt sich, dass ein Beherrschungsvertrag auf die Übernahme der Leitung, ein Gewinnabführungsvertrag hingegen auf die Abführung von Gewinnen gerichtet sein muss. Insbesondere wegen der Bedeutung des Gewinnabführungsvertrages für das Recht des Aktionärs an der Teilhabe am wirtschaftlichen Erfolg der beherrschten Aktiengesellschaft, muss die Hauptversammlung und mit ihr insbesondere die außenstehenden Aktionäre der beherrschten Gesellschaft wissen, ob eine Gewinnabführung erfolgen soll oder nicht.[75] Denn wie bereits dargestellt erfährt die Gewinnverteilung unter der Geltung eines Gewinnabführungsvertrages eine maßgebliche Veränderung. Der Beherrschungsvertrag hingegen bewirkt eine ebenso tiefgehende Veränderung in der Organisationsstruktur der beherrschten Gesellschaft, deren Geschäftsleitung Weisungen unterworfen und am Konzerninteresse oder dem des herrschenden Unternehmens ausgerichtet wird.[76] Keineswegs ist also die Unterscheidung zwischen den verschiedenen Vertragstypen bedeutungslos. Die Weisung zur Auszahlung des Gewinnes an die herrschende Gesellschaft aufgrund eines Beherrschungsvertrages ist daher unzulässig. Der Abschluss eines kombinierten Beherrschungs- und Gewinnabführungsvertrages, und damit die Einräumung von Leitungsmacht und Gewinnabführungsrecht bleibt unbenommen.[77]

Für die erstgenannte Ansicht könnte zwar auf den ersten Blick der Wortlaut des § 291 Abs. 3 AktG angeführt werden, der von Leistungen bei Bestehen eines Beherrschungs- oder eines Gewinnabführungsvertrages spricht, und daher wohl davon ausgeht, dass auch auf Grundlage eines reinen Beherrschungsvertrages Zahlungen an die herrschende Gesellschaft fließen können. Dies ist auch insoweit zutreffend, als man Zahlungen oder sonstige Leistungen meint, die nicht auf der pauschalen Weisung, den Gewinn abzuführen, beruhen. Eine Aufhebung der Trennung zwischen den Typen des Beherrschungs- und des Gewinnabführungsvertrages befürwortet § 291 Abs. 3 AktG dennoch nicht. Schließlich wird

75 So auch *Koppensteiner* in Kölner Kommentar, § 308 Rn. 36.

76 Vgl. hierzu noch Kapitel 3.1.2.1.

77 Zudem ist bei praxisnaher Betrachtung zuzugeben, dass eine Umgehung des Verbots, mit einer pauschalen Weisung aufgrund des Beherrschungsvertrages die Gewinnabführung zu verlangen, unschwer durch einzelne Weisungen, die bereits die Entstehung von Gewinnen verhindern, bewerkstelligt werden kann. So auch *Altmeppen* in MüKo AktG, § 308 Rn. 99.

durch das Gesetz nicht festgelegt, welcher Vertragstypus welche Leistungen mit sich bringt.

Überzeugen kann ferner auch der Hinweis der herrschenden Meinung auf die Kompetenzverteilung des § 174 Abs. 1 Satz 1 AktG. Wenn die Hauptversammlung für die Gewinnverteilung nach Feststellung des Jahresabschlusses zuständig ist, so wird dies durch einen Beherrschungsvertrag, der lediglich den Vorstand den Weisungen des herrschenden Unternehmens unterstellt, nicht geändert.

Auch der Beherrschungsvertrag legitimiert also den Zugriff auf das Vermögen der beherrschten Gesellschaft. Anders ließen sich die umfangreichen Schutzmechanismen für außenstehende Aktionäre und Gläubiger nicht sinnvoll erklären. Es ließe sich ferner nicht trennscharf unterscheiden, wann eine Weisung einen Zugriff auf das Vermögen der abhängigen Gesellschaft mit sich bringe, und wann nicht. Ein solcher Zugriff darf jedoch, damit er zulässig ist, nicht auf der pauschalen Weisung, den gesamten Gewinn abzuführen, beruhen, sondern nur auf einzelnen Zugriffen auf das Vermögen. Der Anspruch, den Jahresüberschuss abzuführen, bleibt aber dem Gewinnabführungsvertrag vorbehalten.

2.4 Auszahlung auf Grundlage eines kombinierten Beherrschungs- und Gewinnabführungsvertrages

Unter Berücksichtigung oben gefundener Erkenntnisse zur Anwendbarkeit des § 58 Abs. 2 AktG bei Bestehen eines Gewinnabführungsvertrages ist an dieser Stelle nochmals an die Möglichkeit der Verwaltung der Zielgesellschaft zu erinnern, durch die Bildung von Rücklagen eine Gewinnverwendung bis zu einer Höhe von 50% des Jahresüberschusses zu verhindern.

Naheliegendes Mittel der Effektivierung der Kapitalabführung könnte daher der Abschluss eines kombinierten Beherrschungs- und Gewinnabführungsvertrages sein. Das Weisungsrecht des Beherrschungsvertrages, vgl. § 308 Abs. 1 Satz 1 AktG, könnte dem herrschenden Unternehmen die Möglichkeit der Einflussnahme auf den Vorstand, und mithin die Bildung bzw. die Unterlassung der Bildung von Gewinnrücklagen bieten. Es ist jedoch umstritten, ob ein solches Vorgehen von der Leitungsmacht gedeckt ist.

2.4.1 Meinungsstand

Eine Ansicht vertritt, eine derartige Weisung finde im Beherrschungs- oder Beherrschungs- und Gewinnabführungsvertrag keine Grundlage. Die Kompetenz in finanzverfassungsrechtlichen Angelegenheiten verbleibe bei Vorstand und Aufsichtsrat des beherrschten Unternehmens.[78] Dies ergebe sich daraus, dass die Leitungsmacht sich auf den nach § 76 Abs. 1 AktG dem Vorstand zugewiesenen Kompetenzbereich beziehe. Diesem unterfalle aber nur die Unternehmensplanung, die Unternehmensorganisation, sowie die Geschäfts- und Personalpolitik der beherrschten Gesellschaft, nicht aber finanzverfassungsrechtliche Angelegenheiten.[79] In einer Weisung, die Einfluss auf die Bilanzierung nehme, liege eine Umgehung der §§ 300 bis 302 AktG.[80] Denn es werde durch eine derartige Weisung die Höhe der Rücklage beeinflusst.

Die herrschende Meinung versteht hingegen die Rechnungslegung als Teil der unternehmerischen Leitungskompetenz der Geschäftsleitung. Die Rücklagenbildung sei daher von der Leitungsmacht umfasst.[81] Eine Ausnahme von der Reichweite des Weisungsrechts im „innerkorporativen Bereich" lehnt sie ab.[82] Sie weist darauf hin, dass es sich bereits nicht trennscharf abgrenzen ließe, wann eine von der Leitungsmacht umfasste unternehmerische Leitung, und wann eine von der Leitungsmacht ausgenommene organisatorische Maßnahme vorliege.[83] Auch die herrschende Ansicht weist auf den Übergang der in § 76 Abs. 1 AktG beschriebenen Vorstandskompetenzen hin.[84] Von diesen seien aber finanzverfassungsrechtliche Belange nicht ausgenommen, sondern ebenso umfasst.

2.4.2 Stellungnahme

Letztgenannter Ansicht ist zuzustimmen. Die Bildung einer Ausnahme des Bereichs der Finanzverfassung von der Reichweite der unternehmensvertraglichen

---

78 *Veil* in Spindler/Stilz, § 291 Rn. 19; *Glaser*, S. 24 ff.

79 *Veil* in Spindler/Stilz, § 291 Rn. 19.

80 *Glaser*, S. 24 f.

81 BGH, Beschluss vom 20.05.1997 – II ZB 9/96, NJW 1997, 2242 (2243); *Deilmann* in Hölters, § 301 Rn. 21; *Hüffer/Koch*, § 308 Rn. 12; *Leuering/Goertz* in Hölters, § 308 Rn. 24; *Langenbucher* in Schmidt/Lutter, § 308 Rn. 21; *Altmeppen* in MüKo AktG, § 308 Rn. 92 f.; *Koppensteiner* in Kölner Kommentar, § 308 Rn. 33; *Servatius* in Grigoleit, § 308 Rn. 5; *Emmerich* in Emmerich/Habersack, Aktien- und GmbH-Konzernrecht, § 308 Rn. 40; *Exner*, S. 105; *Sina*, AG 1991, 1 (1); so wohl auch *Fett* in Bürgers/Körber, § 308 Rn. 18.

82 *Koppensteiner* in Kölner Kommentar, § 308 Rn. 33; *Leuering/Goertz* in Hölters, § 308 Rn. 24; *Emmerich* in Emmerich/Habersack, Aktien- und GmbH-Konzernrecht, § 308 Rn. 40.

83 *Koppensteiner* in Kölner Kommentar, § 308 Rn. 33.

84 *Hüffer/Koch*, § 308 Rn. 12; *Langenbucher* in Schmidt/Lutter, § 308 Rn. 21; *Emmerich* in Emmerich/Habersack, Aktien- und GmbH-Konzernrecht, § 308 Rn. 38. So auch *Begründung RegE* in Kropff, S. 403.

Leitungsmacht vermag nicht zu überzeugen. Wenn Einigkeit hinsichtlich der Annahme besteht, die Leitungsmacht beziehe sich auf den dem Vorstand nach § 76 Abs. 1 AktG zugewiesenen Kompetenzbereich, so geht der Hinweis der Gegenansicht auf diese Vorschrift fehl. Die Bildung von Rücklagen fällt nach § 58 Abs. 2 Satz 1 AktG eben gerade in diesen Kompetenzbereich. Ferner stellt auch die Verwaltung von Rücklagen einen Teil der Unternehmensplanung, die ja auch nach der Gegenansicht von der Leitungsmacht umfasst sein soll, dar. Es erschiene willkürlich, beispielsweise die Beschaffung von Fremdkapital bei Kreditgebern als nicht finanzverfassungsrechtliche Unternehmensplanung aufzufassen, die Bildung von Rücklagen aber als finanzverfassungsrechtliche Angelegenheit von der Unternehmensplanung auszunehmen.

Bei Geltung eines Beherrschungs- und Gewinnabführungsvertrages kann die herrschende Gesellschaft somit den Vorstand der beherrschten Gesellschaft in der Frage, inwieweit er Gewinnrücklagen bilden oder ebendies unterlassen soll, anweisen.

2.5 § 292 KAGB

Das Kapitalanlagegesetzbuch ist die deutsche Umsetzung der AIFM-Richtlinie der Europäischen Union[85]. § 292 KAGB folgt der Unterstellung, Private Equity- und Hedgefonds würden die durch sie erworbenen Unternehmen ausplündern und zerschlagen.[86] Die Vorschrift soll ein solches Zerschlagen von Unternehmen durch Investmentgesellschaften verhindern und trifft hierfür verschiedene Bestimmungen, die auch die Abführung von Kapital aus einer Aktiengesellschaft betreffen können. § 292 Abs. 1 KAGB bestimmt, dass die Verwalter der dem Anwendungsbereich des KAGB unterfallenden Investoren innerhalb von 24 Monaten nach der Erlangung der Kontrolle über das entsprechende Zielunternehmen eine Ausschüttung nicht gestatten, ermöglichen oder unterstützen dürfen, sondern zu verhindern haben.

Zu beachten ist der weite Begriff der „Ausschüttung" des § 292 Abs. 3 Nr. 1 KAGB. Die Norm bestimmt, Ausschüttungen seien „insbesondere sämtliche Zahlungen von Dividenden und Zinsen in Zusammenhang mit Anteilen". Die Dividendenzahlung gemäß § 58 Abs. 4 AktG ist also Ausschüttung im Sinne des KAGB, und unterfällt daher dem Verbotstatbestand des § 292 Abs. 1 KAGB.

---

85 Richtlinie 2011/61/EU des Europäischen Parlaments und des Rates vom 8. Juni 2011 über die Verwalter alternativer Investmentfonds.

86 Vgl. *Zetzsche*, NZG 2012, 1164 (1164) ohne eine Äußerung zur Richtigkeit dieser These; ablehnend *Teichmann/Brunner*, CFL 2011, 321 (327).

Fraglich ist dies allerdings für die Zahlung zur Gewinnabführung auf Grundlage eines (Beherrschungs- und) Gewinnabführungsvertrages. Gegen eine Subsumtion unter den Ausschüttungsbegriff des KAGB spricht zunächst der Wortlaut des § 292 Abs. 3 Nr. 1 KAGB. Die Gewinnabführung ist weder eine Dividendenzahlung noch eine Zinszahlung in Zusammenhang mit Anteilen. Allerdings macht die Verwendung des Wortes „insbesondere" klar, dass der Gesetzgeber auch andere Geldflüsse als von dem Ausschüttungsbegriff erfasst sehen wollte. Ob die Gewinnabführung einen solchen Geldfluss darstellt, hat von der Frage abzuhängen, ob sie dem durch die Formulierung „insbesondere sämtliche Zahlungen von Dividenden und Zinsen in Zusammenhang mit Anteilen" umrissenen Oberbegriff unterstellt werden kann. Würde man als solchen Oberbegriff beispielsweise sämtliche Zahlungen der Zielgesellschaft an den Investor nach Anteilserwerb verstehen, so wäre auch die Gewinnabführung „Ausschüttung" im Sinne des § 292 Abs. 3 Nr. 1 KAGB. Allerdings zeigt die Einschränkung hinsichtlich Zinszahlungen, die durch die Verwendung des Zusatzes „in Zusammenhang mit Anteilen" nach dem Wort „Zinsen" vorgenommen wird, dass nur solche Zahlungen erfasst sein sollen, die mit der Anteilseignerschaft des Investors in Verbindung stehen. Nicht aber wären beispielsweise Zinszahlungen aus Darlehensverträgen oder sonst Leistungen aufgrund eines Vertrages erfasst.[87] Ebenso könnte es sich daher mit der Gewinnabführung verhalten, die ihren Ursprung nicht in der Stellung als Aktionär, sondern im Unternehmensvertrag findet. Der Verbotstatbestand des § 292 Abs. 1 KAGB würde somit zwar die Ausschüttung von Dividenden umfassen, nicht aber die Gewinnabführung.[88]

Die Frage kann für die vorliegende Untersuchung dahinstehen, da der sachliche Anwendungsbereich der §§ 287 ff. KAGB und mithin die Bedeutung des § 292 Abs. 1 KAGB für Sachverhalte der Refinanzierung des Anteilserwerbs ohnehin recht beschränkt ist. Unter den Anwendungsbereich der Norm fällt nach §§ 292 Abs. 1 KAGB der Kontrollerwerb durch Alternative Investmentfonds an nicht-börsennotierten Gesellschaften gleich welcher Rechtsform.[89] Es dürfte für eine Anwendbarkeit in Refinanzierungssachverhalten also zum Einen die Ziel-Aktiengesellschaft nicht börsennotiert sein, zum Anderen müsste es sich bei dem Erwerber um einen Alternativen Investmentfonds handeln. Alternative Investmentfonds im Sinne der Norm sind nach §§ 1 Abs. 3, Abs. 1 und 2 KAGB Organismen für gemeinsame Anlagen, die von einer Vielzahl von

87 So auch *Zetzsche*, NZG 2012, 1164 (1168).

88 A.A.: *Swoboda* in Weitnauer/Boxberger/Anders, § 292 Rn. 19.

89 Vgl. *Zetzsche*, NZG 2012, 1164 (1168).

Anlegern Kapital einsammeln, um dieses zum Nutzen der Anleger zu investieren, die nicht unter die OGAW-Richtlinie[90] fallen. Ein solcher Organismus, also ein Fonds, unterfällt der OGAW-Richtlinie, wenn er sich an ein breites Anlegerpublikum richtet.[91] Übrig bleiben für den Anwendungsbereich des KAGB mithin (die Verwalter von) Hedgefonds und Private Equity Fonds, die professionelle Anleger organisieren.[92]

Im Fall einer Aktiengesellschaft als Zielgesellschaft, also im dieser Betrachtung zugrunde liegenden Fall, führt § 292 KAGB allerdings ohnehin nicht zu einem Ausschüttungsverbot über die Regeln des AktG zur Kapitalbindung hinaus. Vielmehr bewirkt die Regelung, dass gebundenes Vermögen nicht an die Anteilseigner ausgezahlt werden darf.[93] Denn § 292 KAGB führt lediglich zu einer Anwendung des für die Aktiengesellschaft ohnehin geltenden Kapitalbindungssystems auch auf andere Gesellschaftsformen.[94]

Für die hier interessierende Frage der Auszahlung von Liquidität aus einer Aktiengesellschaft als Dividende oder als Gewinnabführung ergeben sich also zwischen diesen beiden Varianten keine Abweichungen von den zuvor gemachten Feststellungen, also kein Unterschied aus § 292 KAGB.

2.6 Ergebnis

Die erste der beiden eingangs aufgeworfenen Thesen lautete, für die Freisetzung von Kapital in einer Aktiengesellschaft und die Auszahlung von Kapital aus einer solchen sei ein Beherrschungs- und Gewinnabführungsvertrag rechtlich notwendige Voraussetzung. Ein Teil dieser Aussage, nämlich die Frage nach der Notwendigkeit des Unternehmensvertrages zur Auszahlung von Kapital, kann nun teilweise verifiziert werden.

Denn ein Beherrschungs- und Gewinnabführungsvertrag ist für die Auszahlung von Kapital aus einer Aktiengesellschaft rechtlich nicht unbedingt

---

90 Richtlinie 2009/65/EG des Europäischen Parlaments und des Rates vom 13.07.2009 zur Koordinierung der Rechts- und Verwaltungsvorschriften betreffend bestimmte Organismen für gemeinsame Anlagen in Wertpapieren.

91 Vgl. *Teichmann/Brunner*, CFL 2011, 321 (321 f.).

92 Vgl. *Teichmann/Brunner*, CFL 2011, 321 (321); *Hesse/Lamsa*, CFL 2011, 39 (40).

93 *Hesse/Lamsa*, CFL 2011, 39 (46).

94 Vgl. *Zetzsche*, NZG 2012, 1164 (1168). Der Regelungsgehalt des KAGB kann aber, wegen des hier anzuwendenden weiten Ausschüttungsbegriffs, auch über den Anwendungsfall der Ausschüttung hinaus gehen, und Geschäftsführungsmaßnahmen erfassen; vgl. *Zetzsche*, NZG 2012, 1164 (1168 f.) Siehe hierzu noch Kapitel 9.2.1.

notwendig. Auch das Instrument der Dividendenzahlung steht der Obergesellschaft zur Verfügung.

Der Beherrschungs- und Gewinnabführungsvertrag stellt aber die effektivste Möglichkeit der Abführung von Liquidität aus einer Aktiengesellschaft dar. Er verhindert, dass ein Gewinnverwendungsbeschluss der Hauptversammlung vor einer Auszahlung eingeholt werden muss. Er umgeht die Verpflichtung, (andere) Aktionäre neben dem herrschenden Unternehmen an der Ausschüttung zu beteiligen. Schließlich verhindert der Beherrschungs- und Gewinnabführungsvertrag eine Einflussnahme des Vorstands der beherrschten Gesellschaft auf die Höhe des zu verteilenden Anteils des Jahresüberschusses.

3 Freisetzung von Kapital in der Zielgesellschaft

Wie bereits ausgeführt, stellt die eben dargestellte Auszahlung von Liquidität erst den zweiten Schritt im Rahmen des Abzugs von Kapital dar. Soweit Kapital nicht als liquides Vermögen verfügbar ist, muss es zunächst in der Zielgesellschaft „geschaffen", freigesetzt werden, bevor es durch die soeben in Kapitel 2 beschriebenen Mechanismen abgeführt oder ausgeschüttet werden kann. Der Begriff des Freisetzens indessen vermag nur recht unzureichend zu beschreiben, wie unterschiedlich die Schaffung von Liquidität ausgestaltet sein kann und muss. Auf diese Möglichkeiten und die Sinnhaftigkeit oder sogar Notwendigkeit der Bildung eines Vertragskonzerns hierfür soll in diesem Kapitel eingegangen werden. Nachdem also bereits dargestellt wurde, inwieweit sich zwischen Vertrags- und faktischem Konzern Unterschiede bei der Abführung von Kapital ergeben, soll nun untersucht werden, was die Einbindung in einen Vertragskonzern hinsichtlich der Veranlassung zu Geschäftsführungsmaßnahmen, die Kapital freisetzen können, verändert.

Der wohl offenkundigste Weg, in der Zielgesellschaft Liquidität zum Abzug zu schaffen, ist der Verkauf von Wirtschaftsgütern aus dem Eigentum der Aktiengesellschaft. Immobilien, Beteiligungen an Tochtergesellschaften, Forderungen, Markenrechte, andere materielle oder immaterielle Wirtschaftsgüter oder ganze Unternehmensteile werden nach gängiger Praxis[95] veräußert, um Liquidität zu schaffen. Diese Liquidität fließt der Ziel-Aktiengesellschaft in Form des erzielten Kaufpreises zu, also als Barvermögen.

Wenn man bei der Freisetzung von Kapital zunächst in erster Linie an einen solchen Verkauf von Wirtschaftsgütern und den hiermit verbundenen Zufluss an Barvermögen denken mag, so besteht auch die Möglichkeit, Kapital allein im Wege der Bilanzierung freizusetzen. Eine solche Möglichkeit stellt die Aufdeckung stiller Reserven dar.

Unter einer stillen Reserve versteht man ein Wirtschaftsgut, das mit einem Buchwert in der Bilanz eines Unternehmens angesetzt ist, der geringer ist als der tatsächliche Wert. Stille Reserven entstehen daher durch Unterbewertung, also den Ansatz von Aktiva zu einem geringerem oder dem Ansatz von Passiva

95 Vgl. *Lutter* in FS Steindorff, 125 (128); *Habersack* in FS K. Schmidt, 523 (525); *Schneider*, NZG 2007, 888 (888).

zu einem höheren als dem wahren Wert.[96] Eine solche Unterbewertung entsteht häufig bei Grundstücken oder Beteiligungen, weil bei diesen oftmals erhebliche Wertsteigerungen gegenüber den ursprünglichen Anschaffungskosten eintreten.[97] Stille Reserven können aber auch beispielsweise in Rückstellungen bestehen, wenn die zu erwartende Forderung nicht mehr in der Höhe entstehen kann, die zum Zeitpunkt der Bildung der Rückstellung angenommen wurde. Ferner können stille Reserven auch in immateriellen Vermögenswerten, wie beispielsweise Konzessionen oder gewerblichen Schutzrechten bestehen, die oftmals überhaupt nicht bilanziell als Wert erfasst sind.[98] Dies wird oftmals am Aktivierungsverbot des § 248 HGB a.F. für selbst geschaffene immaterielle Vermögenswerte liegen, das bis zum BilMoG bestand.[99] In jedem Fall besteht ein in der Bilanz nicht erkennbarer, eben „stiller“ Wert bei einem Wirtschaftsgut.

Ein solcher kann „aufgedeckt“ werden. Als ein solches Aufdecken kann jede Maßnahme gesehen werden, die dazu führt, dass die Wertstellung des Wirtschaftsguts in der Bilanz zu einem anderen Wert, als dem bisherigen erfolgt. In einem solchen Fall erfolgt die buchmäßige Realisation des in der stillen Reserve enthaltenen Gewinns. Dies kann durch Veräußerungsgeschäfte, die Ausübung von Bilanzierungswahlrechten[100] oder durch die erstmalige Bilanzierung erreicht werden. Der wohl häufigste Weg der Aufdeckung stiller Reserven ist die Veräußerung eines Wirtschaftsguts zu einem Kaufpreis, der über dem in der Bilanz angesetzten Wert liegt.[101] Soll diese Veräußerung lediglich der Aufdeckung der stillen Reserve dienen und keinem weiteren wirtschaftlichen Zweck, wird sie oftmals als konzerninternes Rechtsgeschäft vorgenommen.

---

96 Vgl. zur Begrifflichkeit beispielsweise: *Arnold* in MüKo AktG, § 208 Rn. 18; *Merkt* in Baumbach/Hopt, § 252 Rn. 13; *Bezzenberger/Keul* in Münchener Handbuch des Gesellschaftsrechts, Band 2, § 85 Rn. 14; *Schubert* in Heidel, § 301 AktG Rn. 9; *Beatge/Kirsch/Thiele*, S. 115; *Parczyk*, S. 11 f.; *Küting*, DB 2012, 1937 (1942).

97 *König* in Buth/Hermanns, § 36 Rn. 63; vgl. auch *Hess*, Kapitel 3 Rn. 172, mit weiteren Beispielen.

98 Zu beachten ist bei immateriellen Vermögenswerten hinsichtlich Ausschüttung bzw. Abführung die Ausschüttungssperre des § 268 Abs. 8 HGB, sowie die korrespondierende Abführungssperre nach § 301 Satz 1 AktG.

99 Eine Aktivierung und mithin eine Aufdeckung der enthaltenen stillen Reserve war aber bereits vor den Änderungen durch das BilMoG als konzerninternes Rechtsgeschäft möglich, da ein erworbener immaterieller Wert nicht selbst geschaffen im Sinne des § 248 HGB a.F. ist, und mithin aktiviert werden konnte.

100 Vgl. *Beatge/Kirsch/Thiele*, S. 410; Spätestens seit dem BilMoG ist dies jedoch nur noch in Ausnahmefällen möglich, vgl. *Merkt* in Baumbach/Hopt, § 252 Rn. 28.

101 Zum Beispiel sogenannte „Sale-and-lease-back“-Geschäfte bei Immobilien.

Soweit sich durch die Aufdeckung der in der Bilanz angesetzte Wert des Wirtschaftsguts nach oben verändert oder ein Kaufpreis zufließt, der diesen Wert übersteigt, entsteht oder erhöht sich ein Jahresüberschuss (soweit natürlich nicht trotz der Aufdeckung der stillen Reserve ein Defizit erzielt wird). Mit diesem Überschuss könnte wie soeben beschrieben verfahren werden. Der realisierte Mehrwert der stillen Reserve könnte also als Dividende ausgeschüttet oder im Vertragskonzern als Gewinn abgeführt werden.[102]

Dies setzt entweder das Vorhandensein ausreichender liquider Mittel in der Gesellschaft, oder die Aufnahme von entsprechenden Krediten voraus, wenn die Aufdeckung der stillen Reserve nicht durch ein Veräußerungsgeschäft vorgenommen wird. Allein die Ausübung eines Bilanzierungswahlrechts oder die erstmalige bilanzielle Erfassung eines Wirtschaftsguts führt schließlich lediglich zu einer Erhöhung der Bilanz durch Buchgewinne ohne tatsächliche Zahlungen.[103] Die Aufdeckung einer stillen Reserve durch die erstmalige Bilanzierung ändert also nichts am Kontostand der Aktiengesellschaft. Gerade bei derartigen Gestaltungen ist die Aufnahme von Krediten daher naheliegendes Mittel zur Schaffung notwendiger Liquidität.[104] Durch die Aufdeckung der stillen Reserve kann also ein Jahresüberschuss erzielt werden, nicht aber Liquidität geschaffen werden, wenn die Aufdeckung nicht im Wege eines Veräußerungsgeschäfts erfolgt. Die Kreditaufnahme hingegen schafft Liquidität, beeinflusst aber das Jahresergebnis nicht, es liegt eine bloße Bilanzverlängerung vor. Die Freisetzung von Kapital durch die Aufdeckung einer stillen Reserve kann also entweder durch die Veräußerung des die stille Reserve bildenden Wirtschaftsguts, oder durch die veränderte oder erstmalige Bilanzierung des Wirtschaftsguts, in Kombination mit einer Kreditaufnahme, erreicht werden.

Maßnahmen, wie die Veräußerung von Wirtschaftsgütern, die Aufdeckung stiller Reserven und die Aufnahme von Krediten sind im Grundsatz Geschäftsführungsmaßnahmen, werden also durch den Vorstand der Zielgesellschaft vorgenommen.[105] Obgleich die Vornahme von Geschäftsführungsmaßnahmen durch den Vorstand einer abhängigen Aktiengesellschaft im Grundsatz eigenverantwortlich entschieden wird, bestehen, wie bereits angesprochen, Einflussmöglichkeiten eines herrschenden Unternehmens auf die Geschäftsleitung.

102 Vgl. oben Kapitel 2.
103 Vgl. *Beatge/Kirsch/Thiele*, S. 115.
104 Vgl. hierzu *Habersack* in FS K. Schmidt, 523 (525).
105 Vgl. aber noch Kapitel 3.2 zur Holzmüller-Gelatine-Problematik.

Im Vertragskonzern ergibt sich eine solche Einflussmöglichkeit gesetzlich vorgesehen als Leitungsmacht, als Weisungsrecht nach § 308 Abs. 1 Satz 1 AktG. Die Vorschrift bestimmt, dass bei Bestehen eines Beherrschungsvertrages das nach dem Vertrag herrschende Unternehmen dem Vorstand der abhängigen Aktiengesellschaft Weisungen hinsichtlich der Leitung der abhängigen Gesellschaft erteilen kann.[106]

Im faktischen Konzern besteht die Einflussmöglichkeit eines Mehrheitsaktionärs auf den Vorstand nicht gesetzlich fundiert, sondern eben nur faktisch.[107] Sie kann sich zum Beispiel auf die wirtschaftlich begründete Machtposition als Großaktionär, auf persönliche Beziehungen zu Mitgliedern der Verwaltung der Aktiengesellschaft, oder auf die Stimmmacht in der Hauptversammlung[108] und den damit beispielsweise verbundenen Einfluss auf die berufliche Zukunft der Geschäftsleitung, begründen. Da auch das Gesetz in §§ 311 ff. AktG davon ausgeht, wird das Vorhandensein einer derartigen Einflussmöglichkeit wohl niemand bestreiten.[109]

---

106 Unter einer Weisung hat man hierbei jede Willensäußerung des herrschenden Unternehmens zu verstehen, ungeachtet ihrer äußeren Gestalt, die aus der Sicht des Vorstands der beherrschten Gesellschaft in der Erwartung erfolgt, dass er sein Verhalten danach ausrichtet; vgl. *Hüffer/Koch*, § 308 Rn. 10; *Koppensteiner* in Kölner Kommentar, § 308 Rn. 13; *Langenbucher* in Schmidt/Lutter, § 308 Rn. 3; *Veil* in Spindler/Stilz, § 308 Rn. 5; *Leuering/Goertz* in Hölters, § 308 Rn. 11; *Fett* in Bürgers/Körber, § 308 Rn. 11.

107 Vgl. zu derartigen Einflussmöglichkeiten wie nachfolgend bspw. auch *Voigt*, S. 301; *Herwig*, S. 138 ff.; *Müller-Eising/Stoll*, GWR 2012, 315; *Henze*, BB 1996, 489 (497); *Altmeppen*, Managerhaftung S. 56, sowie in ZIP 1996, 693 (694); *Brüggemeier*, AG 1988, 93 (95); von *Drygala*, AG 2013, 198 (199) anschaulich als „Kamingespräche" bezeichnet.

108 Vgl. hierzu BGH (HVB/UniCredit), Urteil vom 26.06.2012 – II ZR 30/11, NZG 2012, 1030 (1031).

109 Vgl. zur Streitigkeit über die Frage, ob in den Normen zum faktischen Konzern die Billigung der Ausübung derartigen Einflusses oder die bloße Duldung liegen soll, beispielsweise die Übersicht bei *Hüffer/Koch*, § 311 Rn. 4 oder den Rückblick auf die Entwicklung des Gesetzeswortlauts bei *Neuhaus*, DB 1970, 1913 (1913 ff.). Die Problematik soll mangels Relevanz (vgl. auch *Zöllner*, ZHR 1998, 235 (240), der die Streitigkeit als einen „Eiertanz" bezeichnet) nicht weiter erläutert werden. Eine von den beiden Hauptmeinungen abweichende Ansicht vertritt *Bälz*, AG 1992, 277 (303 f.), der in den §§ 311 ff. AktG weder Duldung noch Legitimation des faktischen Konzerns, sondern Ausgestaltung einer Unrechtshaftung sieht.
Jedenfalls aber geht das Gesetz vom Vorhandensein faktischer Einflussmöglichkeiten von Aktionären auf den Vorstand aus.

Die folgende Betrachtung soll den noch zu behandelnden zweiten Teil der ersten These verifizieren, also die Frage, ob der Beherrschungsvertrag für die Freisetzung von Kapital notwendig ist. Sie soll daher aufzeigen, inwieweit sich bei der Beeinflussung des Vorstands in der Ziel-Aktiengesellschaft zum Verkauf von Wirtschaftsgütern, zur Auflösung stiller Reserven und zur Aufnahme von Krediten[110] durch das Weisungsrecht einerseits und durch die faktische Machtposition des Aktionärs andererseits Unterschiede ergeben. Die praktische Möglichkeit der Beeinflussung soll dabei, wie bereits bislang, vorausgesetzt werden. Dargestellt wird vielmehr, inwieweit diese Einflussnahme auf den Vorstand rechtlichen Grenzen unterliegt. Untersucht werden an dieser Stelle aus Gründen der Übersichtlichkeit nur diese Grenzen der Einflussnahme, also ob rechtlich eine Möglichkeit besteht, Einfluss entsprechend auszuüben. Die Rechtsfolgen einer Überschreitung dieser Grenzen, und damit die in These 2 aufgeworfene Frage nach der Möglichkeit ausgleichsloser Einflussnahme, sollen unten in Kapitel 4 erörtert werden.

3.1 Nachteilige und schädigende Maßnahmen

Einflussnahmen auf den Vorstand einer Aktiengesellschaft werden nur dann, wenn sie sich nachteilig oder schädigend[111] für die betreffende Gesellschaft auswirken, rechtlich erfasst. Denn unabhängig von einer Stellung als Aktionär oder als herrschendes Unternehmen in einem Vertragskonzern ist es rechtlich und praktisch unbedenklich, wenn ein für die Aktiengesellschaft vorteilhafter Einfluss auf ihren Vorstand ausgeübt wird. Eine Folgepflicht der Geschäftsleitung hinsichtlich derartiger Einflussnahmen besteht, solange kein Beherrschungsvertrag besteht, selbstverständlich nicht. Bedenklich und rechtlich zu erfassen wird die Einflussnahme auf die Geschäftsleitung vielmehr erst dann, wenn die abhängige Aktiengesellschaft zu nachteiligen oder schädigenden Maßnahmen angeleitet wird.

3.1.1 § 311 AktG

§ 311 Abs. 1 AktG bestimmt für den Fall des faktischen Konzerns, dass ein herrschendes Unternehmen seinen Einfluss auf eine abhängige Aktiengesellschaft nicht zu einer Veranlassung zu nachteiligen Rechtsgeschäften oder Maßnahmen

110 Im Folgenden soll von diesen drei Maßnahmen zusammenfassend als von „Maßnahmen zur Freisetzung von Kapital" gesprochen werden.

111 Siehe noch sogleich Kapitel 3.1.1.1.2 (a) zu den Begriffen Nachteil und Schaden.

nutzen darf, wenn die Nachteile nicht ausgeglichen werden. Die Norm trägt dem eben beschriebenen Umstand Rechnung, dass auch in Fällen, in welchen kein Beherrschungsvertrag abgeschlossen wurde, sich für einen Aktionär faktisch Einflussmöglichkeiten auf eine Aktiengesellschaft ergeben können. Verfolgt dieser Aktionär neben seinen „gewöhnlichen" Interessen als Aktionär auch eigene unternehmerische Interessen, so erscheint es zumindest möglich, dass eine Einflussnahme nicht immer nur im Interesse der abhängigen Aktiengesellschaft ausgeübt wird.[112] Denn neben die Sorge um das wirtschaftliche Wohlergehen der betreffenden Aktiengesellschaft tritt das Interesse am Erfolg des weiteren eigenen Unternehmens, dessen Ziele mit dem der Aktiengesellschaft nicht gleichgerichtet sein müssen. Diese Ziele könnte der Aktionär, so die dem § 311 AktG zugrunde liegende Vermutung, auch durch Einflussnahmen auf die von ihm abhängige Aktiengesellschaft zu verfolgen suchen. Einer solchen für die abhängige Aktiengesellschaft nachteiligen Einflussnahme soll der Nachteilsausgleich entgegengesetzt werden. Hierdurch soll § 311 AktG im Interesse des Außenseiterschutzes Vermögenseinbußen in der abhängigen Aktiengesellschaft verhindern, die durch Einflussnahmen verursacht werden, die durch gesellschaftsfremde Interessen motiviert sind.[113]

3.1.1.1 Tatbestand des § 311 AktG

Die Annahme einer Ausgleichspflicht verlangt somit einen Nachteil der abhängigen Gesellschaft durch eine durch das herrschende Unternehmen veranlasste Maßnahme oder veranlasstes Rechtsgeschäft.

Über das Tatbestandsmerkmal des Nachteils gibt das Gesetz zumindest auf den ersten Blick keine Auskunft. Eine genauere Bestimmung lässt sich jedoch aus dem Zweck des § 311 AktG ableiten. Denn die Norm dient, wie soeben gesagt, der Vermeidung von bestimmten Vermögenseinbußen in der abhängigen Aktiengesellschaft. Ein Nachteil kann in einer auf Einkommenserzielung gerichteten Kapitalgesellschaft daher nur in einer Verminderung der Vermögenslage

---

112 Kritisch gegenüber dieser dem deutschen Konzernrecht zugrunde liegenden Überlegung der Konzerngefahr: *Kellmann*, ZGR 1974, 220 (226) sowie in BB 1969, 1509 (1511); *Wackerbarth*, Der Konzern 2005, 562 (562 f.); *Dähnert*, S. 41. So wohl auch *Schmidt*, Gesellschaftsrecht, § 31 II 1. Ebenso kritisch für den GmbH-Konzern: *Ehricke* in FS Immenga, 537 (549 ff.). Vgl. auch *Bloß*, S. 112 ff. zur Diskussion um das Vorliegen eines Konzernkonflikts im englischen Recht.
Siehe noch Kapitel 10.1 zur Konzerngefahr.

113 Vgl. *Habersack* in Emmerich/Habersack, Aktien- und GmbH-Konzernrecht, § 311 Rn. 1; *Hüffer/Koch*, § 311 Rn. 1.

oder der Ertragslage, also der künftigen Vermögenslage, bestehen. Zutreffender Weise verlangt die ganz herrschende Meinung daher für die Annahme eines Nachteils eine Minderung oder konkrete Gefährdung der Vermögens- oder Ertragslage der abhängigen Gesellschaft.[114]

3.1.1.1.1 Die Minderung oder Gefährdung der Vermögens- oder Ertragslage

Offenkundig lässt sich eine Minderung der Vermögenslage dann annehmen, wenn ein einseitiger Abfluss aus dem Vermögen der abhängigen Aktiengesellschaft stattfindet. Eine Vermögensminderung besteht dann in Höhe der Leistung der abhängigen Aktiengesellschaft, der kein Anspruch oder sonst ein Ausgleich gegenüber steht.

Ungleich schwieriger allerdings lässt sich eine Gefährdung oder Minderung der Vermögens- oder Ertragslage bei Austauschgeschäften begründen. Stellte man hierbei auf die bilanziellen Auswirkungen der entsprechenden Maßnahme ab, so würden die Maßnahmen zur Freisetzung von Kapital zumindest vorerst nicht nachteilig wirken, denn dem Abfluss von Vermögen aus der abhängigen Aktiengesellschaft steht in deren Bilanz ein Gegenwert gegenüber. Eine Gefährdung oder Minderung des Vermögens lässt sich in diesen Fällen also dann annehmen, wenn entweder bereits bei bilanzieller Betrachtung der Gegenwert nicht dem Abfluss von Kapital entspricht, oder wenn eine Gefährdung der Vermögens- oder Ertragslage erzeugt wird, die sich in der Bilanz nicht niederschlägt.

Lässt sich also feststellen, dass der der abhängigen Aktiengesellschaft zufließende Gegenwert nicht ihrer Leistung, und mithin dem Abfluss aus ihrem Vermögen entspricht, so besteht eine Minderung ihrer Vermögenslage. Für die

---

114 BGH, Urteil vom 31.05.2011 – II ZR 141/09, NZG 2011, 829 (833); BGH, Urteil vom 01.12.2008 – II ZR 102/07, NJW 2009, 850 (851); BGH, Urteil vom 01.03.1999 – II ZR 312/97, NJW 1999, 1706 (1707); OLG Köln, Urteil vom 27.04.2006 – 18 U 90/05, BeckRS 2006, 05784; *Koppensteiner* in Kölner Kommentar, § 311 Rn. 34 ff.; *Hüffer/Koch*, § 311 Rn. 24; *Müller* in Spindler/Stilz, § 311 Rn. 27; *Vetter* in Schmidt/Lutter, § 311 Rn. 40 ff.; *Habersack* in Emmerich/Habersack, Aktien- und GmbH-Konzernrecht, § 311 Rn. 39; *Schatz/Schödel* in Heidel, § 311 AktG Rn. 53; *Bödeker* in Henssler/Strohn, § 311 AktG Rn. 16; *Fett* in Bürgers/Körber, § 311 Rn. 23; *Rothley* in Wachter, § 311 Rn. 13; *Leuering/Goertz* in Hölters, § 311 Rn. 51 f.; *Grigoleit* in Grigoleit, § 311 Rn. 27; *Krieger* in Handbuch Konzernfinanzierung, 4.32; *Lutter* in FS Peltzer, 241 (244 ff.); *Kakies*, S. 42; *Hogh*, S. 41 ff.; *Schöne/Heurung/Petersen*, DStR 2012, 1680 (1682); *Mülbert/Leuschner*, NZG 2009, 281 (284); siehe aber noch sogleich zum Merkmal der Abhängigkeitsfolge, das diese Ansicht darüber hinaus für das Vorliegen eines Nachteils verlangt.

Bestimmung, ob Leistung und Gegenwert bilanziell gleichwertig sind, gelten die gleichen Regeln wie im Rahmen der Vermögensbindung nach § 57 AktG.[115] Denn bei Vollwertigkeit des Gegenleistungsanspruchs liegt in der Bilanz der Ziel-Aktiengesellschaft ein bloßer Aktivtausch vor, und nach § 57 Abs. 1 Satz 3 AktG sind die Regeln des Verbots der Einlagenrückgewähr nicht verletzt. Auch eine Pflicht zum Nachteilsausgleich kann dann nicht bestehen.[116] Eine Bemessung von Leistung und Gegenleistung hat also nach den Grundsätzen der verdeckten Leistungen zu erfolgen, durch Anstellung eines Drittvergleichs.[117] Wenn hiergegen eingewendet wird, anders als im Rahmen der Vermögensbindung entspreche bei der Nachteilsbemessung der Nachteil der abhängigen Gesellschaft nicht unbedingt stets dem Vorteil des Aktionärs,[118] so ist das durchaus zutreffend. Das schadet aber insoweit nicht, als man die bilanzielle Gegenüberstellung von Leistung und Gegenleistung nicht als einzige Feststellungsmöglichkeit der Nachteilhaftigkeit annimmt.

Wie bereits angedeutet ist dies aber auch nicht der Fall. Denn auch wenn der Gegenwert bei einem Austauschgeschäft den eben beschriebenen Anforderungen entspricht, und somit in der Bilanz dem Abfluss von Vermögen eine gleichwertige Gegenleistung gegenüber steht, lässt sich unter Umständen eine Gefährdung der Vermögens- oder Ertragslage feststellen. Eine solche wird sich nämlich nicht immer aus der Bilanz ablesen lassen. Zwar ist das Ziel der Maßnahmen zur Freisetzung von Kapital, wie bereits festgestellt wurde, die wenn auch teilweise nur kurzfristige Erhöhung eines Jahresüberschusses. Aber wenn auch die kurzfristige Steigerung eines Jahresüberschusses Ziel und Resultat der Maßnahmen zur Freisetzung von Kapital sein wird, werden sie in den meisten Fällen dennoch auf längere Sicht Gewinneinbußen erwarten lassen.[119] Ob später Gewinneinbußen entstehen würden, wäre für das Tatbestandsmerkmal der Nachteiligkeit bei rein bilanzieller Betrachtung irrelevant. Dass dies jedoch

---

115 Siehe *Willms*, S. 46. So auch *Hüffer/Koch*, § 311 Rn. 27 m.w.N.

116 Siehe noch Kapitel 4 ausführlich zum Verhältnis zwischen § 311 AktG und § 57 AktG.

117 Vgl. zur verdeckten Leistung an Aktionäre beispielsweise *Hüffer/Koch*, § 57 Rn. 8 oder *Bayer* in MüKo AktG, § 57 Rn. 45 ff.

118 So *Hüffer/Koch*, § 311 Rn. 31 f.

119 Siehe noch Kapitel 3.1.1.2 ausführlich zur Nachteiligkeit von Maßnahmen zur Freisetzung von Kapital. Vgl. hierzu auch *Altmeppen* in MüKo AktG, § 311 Rn. 185 ff. Siehe auch *Eidenmüller*, DStR 2007, 2116 (2117) zu den langfristigen Gefahren von derartigen Maßnahmen im Rahmen einer Refinanzierung. Vgl. auch *Wackerbarth*, Der Konzern 2010, 337 (341), der einen Unternehmenskauf oder -verkauf stets als nachteilige Maßnahme ansieht, da ein solcher konkrete Gefahren mit sich bringe.

nicht zutreffend sein kann, ergibt sich bereits aus dem Sinn der §§ 311 ff. AktG und ihrer Frage nach der Nachteiligkeit, auch und vor allem langfristige Vermögenseinbußen aufgrund von Einflussnahmen abzuwehren. Zum Anderen lässt die herrschende Meinung alternativ zu einer Minderung der Vermögenslage auch eine bloße Gefährdung selbiger für die Annahme eines Nachteils ausreichen.[120] Eine solche Gefährdung aber lässt sich nicht unbedingt aus der Bilanz ablesen.[121] Ein Beispiel hierfür ist die – gewinnneutrale – Aufnahme von Krediten. Wirkt sie sich auch nicht auf das Jahresergebnis aus, so ist die Fremdkapitalquote doch ein wichtiger Indikator für die Zukunftsaussichten eines Unternehmens. Auch lässt sich beispielsweise die Minderung zukünftiger Erfolgsaussichten durch das Unterlassen von Renovierungs- oder Modernisierungsmaßnahmen nicht in einer Bilanz erkennen, solange sie sich noch nicht in einer Wertminderung von Maschinen oder anderen Wirtschaftsgütern niederschlägt, die die Bildung von Abschreibungen oder geringere Bewertungen bedingen würde.

Zu berücksichtigen sind vielmehr auch Auswirkungen der entsprechenden Maßnahme, die über den Niederschlag in der Bilanz hinaus gehen.[122] Die Nachteiligkeit der Maßnahmen zur Freisetzung von Kapital ist somit unabhängig von der Erhöhung des Jahresergebnisses zu beurteilen. Vielmehr müssen sämtliche Umstände einbezogen werden, die erkennbar einen Einfluss auf die Vermögenslage und -entwicklung der abhängigen Aktiengesellschaft haben können.

---

120 Siehe oben Kapitel 3.1.1.1.1. Noch weiter gehend *Zöllner*, ZHR 1998, 235 (242 f.), der für die Annahme eines Nachteils auch die schlichte Beeinträchtigung künftiger Selbstständigkeit ausreichen lassen möchte. Eine konkrete Minderung oder Gefährdung der Vermögens- und Ertragslage sei hierfür nicht notwendig.

121 So auch OLG Köln, Urteil vom 27.04.2006 – 18 U 90/05, BeckRS 2006, 05784; *Müller*, ZGR 1977, 1 (6 f.); *Burg/Hützen*, Der Konzern, 2010, 20 (23); *Kellmann*, BB 1969, 1509 (1513); ebenso *Zöllner*, ZHR 1998, 235 (240), der ausführt, die gesamte Wertverschiebungsproblematik des Konzernrechts ließe sich nicht mit den Möglichkeiten der Bewertung durch die Betriebswirtschaftslehre lösen. Ebenso wohl auch BGH (HVB/UniCredit), Urteil vom 26.06.2012 – II ZR 30/11, NZG 2012, 1030 (1032): „*Wenn* [Hervorhebung durch Verfasser] sich ein Nachteil bilanziell niederschlägt, muss der Vorteil bilanzierbar sein […]".

122 So auch OLG Köln, Urteil vom 27.04.2006 – 18 U 90/05, BeckRS 2006, 05784; *Habersack* in Emmerich/Habersack, Aktien- und GmbH-Konzernrecht, § 311 Rn. 51.

3.1.1.1.2 Das Tatbestandsmerkmal der Abhängigkeitsfolge

Neben einer Minderung oder Gefährdung der Vermögens- oder Ertragslage verlangt die herrschende Meinung für die Annahme eines Nachteils, dass sich diese Minderung oder Gefährdung als eine Abhängigkeitsfolge darstellt.[123]

Hiervon abweichende Ansichten in der Literatur möchten die Voraussetzung der Abhängigkeitsfolge nicht als Tatbestandsmerkmal anerkennen. Hierzu werden zwei Begründungen angeführt. Zum einen wird vertreten, Schaden und Nachteil seien identische Begriffe.[124] Daher verbiete sich eine subjektive Bestimmung der Nachteiligkeit.[125] Ein Nachteil sei jede Beeinträchtigung des gewöhnlichen Geschäftsablaufs. Da jede bewertbare Beeinträchtigung ein Schaden sei, seien die Begriffe deckungsgleich.[126] Ferner wird der herrschenden Ansicht vorgeworfen, sie vermische die objektive Bestimmung des Nachteils mit der subjektiven Vorwerfbarkeit.[127] Wenn beispielsweise der Vorstand der abhängigen Gesellschaft aufgrund einer Täuschung durch das herrschende Unternehmen die Nachteiligkeit nicht habe erkennen können, so sei nach der herrschenden Meinung fälschlicherweise kein Nachteil anzunehmen.[128]

(a) Die Unterscheidung zwischen Schaden und Nachteil

Die erste Aussage, Schaden und Nachteil seien identische Begriffe, ist nicht zutreffend. Schaden und Nachteil sind weder nach allgemeinem Sprachgebrauch, noch nach ihrer Verwendung im Konzernrecht Synonyme.

Nach allgemeinem Wortverständnis kann ein Schaden auch dann vorliegen, wenn kein Nachteil anzunehmen ist. Dies liegt an der Tatsache, dass der Begriff des Nachteils die Heranziehung eines Alternativszenarios zum Vergleich verlangt. Wird ein Geschäft abgeschlossen, das einen Profit erwirtschaftet, im Vergleich zu einem anderen Geschäft jedoch dieser Profit niedriger ist, so liegt unter Umständen zwar kein Schaden, wohl aber ein Nachteil vor. Wird demgegenüber ein Geschäft abgeschlossen, das einen Verlust mit sich bringt, dieser Verlust aber

---

123 Siehe Nachtweise unter Fn. 114.

124 *Möhring* in FS Schilling, S. 253 (264); *Voigt*, S. 333 f.

125 *Voigt*, S. 333 f.

126 *Möhring* in FS Schilling, S. 253 (264).

127 *Altmeppen* in MüKo AktG, § 311 Rn. 163 ff. sowie in NJW 2008, 1553 (1554) sowie in ZIP 2009, 49 (51); *Zöllner*, ZHR 1998, 235 (241); *Stöcklhuber*, Der Konzern 2011, 253 (255 ff.).

128 *Altmeppen* in ZIP 2009, 49 (51).

im Vergleich zum Maßstabsszenario geringer ist als in diesem Vergleich, so liegt zwar ein Schaden vor, nicht jedoch ein Nachteil.[129]

Der juristische Schadensbegriff indessen beinhaltet ebenso die Notwendigkeit, ein Vergleichsszenario zu seiner Bemessung heranzuziehen. Denn auch im konzernrechtlichen Zusammenhang richtet sich die Schadensermittlung nach den allgemeinen Regeln des Zivilrechts, den §§ 249 ff. BGB.[130] Für einen Schaden kommt es daher auf eine Einbuße an Rechtsgütern wie Eigentum oder Vermögen bei der Zielgesellschaft an.[131] Entsprechend der Differenzhypothese[132] ist somit bezüglich der Frage nach der Schädlichkeit einer Einwirkung auf eine abhängige Gesellschaft darauf abzustellen, inwieweit das Vermögen der betroffenen Aktiengesellschaft nach der potentiell schädlichen Einwirkung der Obergesellschaft geringer ist, als ohne dieselbe.[133] Die Schadensbemessung verlangt es also, einen Vergleich anzustellen. Das Vergleichsszenario ist bei der Schadensbemessung das Vermögen ohne die potentiell schädliche Einwirkung auf die Ziel-Aktiengesellschaft.

Bei der Bemessung des Nachteils im konzernrechtlichen Sinne wird auf die Frage abgestellt, ob die Maßnahme auch in einer unabhängigen Gesellschaft vorgenommen worden wäre.[134] Dies begründet sich auf die bereits erwähnte Intention der §§ 311 ff. AktG, Vermögenseinbußen durch Abhängigkeit zu vermeiden. Im Falle der §§ 311 ff. AktG ist daher der Bezugspunkt des Vergleichs für Schaden und Nachteil identisch, nämlich die Vermögenslage in der

---

129 Vgl. zu einem ähnlichen Beispiel m.w.N.: *Hogh*, S. 58.

130 Dies gilt für §§ 117, 309 sowie 317 AktG. Vgl. auch *Schiemann* in Staudinger, Vorbem zu § 249 ff Rn. 6; *Oetker* in MüKo BGB, § 249 Rn. 2; *Grüneberg* in Palandt, Vorb v § 249 Rn. 4; *Teichmann* in Jauernig, Vor §§ 249–253 Rn. 1; *Ebert* in Erman, Vor §§ 249 Rn. 4; *Looschelders,* Rn. 32; *Medicus/Lorenz*, Rn. 623, zum Anwendungsbereich der §§ 249 ff. BGB.
Vgl. auch zuletzt OLG Stuttgart, Beschluss vom 19.06.2012 - 20 W 1/12, NZG 2012, 1150 oder OLG Frankfurt a.M., Urteil vom 22.03.2011 - 5 U 29/06, GWR 2011, 218 zur Anwendung von § 249 BGB bei aktienrechtlichen Schadenersatzansprüchen.

131 Vgl. *Grüneberg* in Palandt, Vorb v § 249 Rn. 9; *Schubert* in Bamberger/Roth, § 249 Rn. 10; *Ebert* in Erman, Vor §§ 249 Rn. 14.

132 Vgl. zur Differenzhypothese bspw. *Grüneberg* in Palandt, Vorb v § 249 Rn. 10; *Teichmann* in Jauernig, Vor §§ 249–253 Rn. 5; *Schubert* in Bamberger/Roth, § 249 Rn. 12; *Ebert* in Erman, Vor §§ 249 Rn. 14; *Medicus/Lorenz*, Rn. 635.

133 So auch zur Schadensbemessung im Rahmen des § 317 AktG: *Koppensteiner* in Kölner Kommentar, § 317 Rn. 15.

134 Tatsächlich ist nicht danach zu fragen, ob man die Maßnahme hätte vornehmen dürfen, sondern ob sie vorgenommen worden wäre. Siehe hierzu noch sogleich.

abhängigen Gesellschaft ohne die Einwirkung des herrschenden Unternehmens. Identisch sind die beiden Begriffe Schaden und Nachteil allerdings trotz dieser Gemeinsamkeit nicht. Ein Unterschied, der auch im Ergebnis zu einem Auseinanderfallen von Schaden und Nachteil führen kann, liegt nämlich in den differierenden Beurteilungszeitpunkten.[135]

Maßgeblich für die Beurteilung der Nachteiligkeit ist nach fast einhelliger Meinung der Zeitpunkt der Vornahme der jeweiligen Maßnahme.[136] Zur Begründung wird ausgeführt, der Geschäftsleiter müsse bereits zum Zeitpunkt seiner Entscheidung über Befolgung oder Nichtbefolgung der Einflussnahme wissen, ob die Maßnahme nachteilig sei. Das ist zutreffend. Der Geschäftsleiter hat zu entscheiden, ob er der Einflussnahme Folge leistet, oder nicht. Dem Wille des herrschenden Unternehmens darf er nur dann folgen, wenn für eventuelle Nachteile durch das herrschende Unternehmen Ausgleich geleistet wird.[137] Diesem Zeitpunkt der Entscheidung des Vorstands der abhängigen Aktiengesellschaft über die Vornahme der betreffenden Maßnahme muss auch die für die Entscheidung notwendige Bestimmung des Nachteils dieser Maßnahme entsprechen.

Der Nachteil beurteilt sich also nach dem bislang Festgestellten im Zeitpunkt der Vornahme der betreffenden Maßnahme aufgrund momentaner und künftiger Umstände und ist dabei unabhängig von den Auswirkungen der Maßnahme auf die Bilanz der Aktiengesellschaft. Dagegen ist ein Schaden, und hierhin liegt der entscheidende Unterschied zwischen den beiden Begriffen, nach allgemeiner Zivilrechtslehre im Zeitpunkt der Geltendmachung eines entsprechenden Anspruchs zu beurteilen, also ex post.[138] Dieser unterschiedliche

---

135 Siehe auch noch sogleich zur darüber hinaus gehenden Unterscheidung betreffend das Tatbestandsmerkmal der Abhängigkeitsfolge.

136 BGH, Urteil vom 01.12.2008 – II ZR 102/07, NJW 2009, 850 (852); *Hüffer/Koch*, § 311 Rn. 26; *Habersack* in Emmerich/Habersack, Aktien- und GmbH-Konzernrecht, § 311 Rn. 44; *Koppensteiner* in Kölner Kommentar, § 311 Rn. 39; *Müller* in Spindler/Stilz, § 311 Rn. 29; *Leuering/Goertz* in Hölters, § 311 Rn. 57; *Bödeker* in Henssler/Strohn, § 311 Rn. 18; *Vetter* in Schmidt/Lutter, § 311 Rn. 45; *Grigoleit* in Grigoleit, § 311 Rn. 29; *Rothley* in Wachter, § 311 Rn. 14; *Strohn*, S. 67 ff.; *Kakies*, S. 42; *Mülbert/Leuschner*, NZG 2009, 281 (286); wohl a.A.: *Raiser/Veil*, in der 5. Auflage § 53 Rn. 24, die davon ausgingen, dass sich die Nachteiligkeit einer Maßnahme erst später zeigen kann, und auch später aufgrund positiver Entwicklungen wieder entfallen kann. Ähnlich auch *Kellmann*, ZGR 1974, 220 (220 ff.); *Stöcklhuber*, Der Konzern 2011, 253 (255 f.). Wie die h.M. nunmehr *Raiser/Veil* in der 6. Auflage: § 61 Rn. 24.

137 Siehe hierzu und zum sogenannten „Konzernprivileg“ noch Kapitel 4.

138 *Grüneberg* in Palandt, Vorb v § 249 Rn. 127; *Teichmann* in Jauernig, Vor §§ 249–253, Rn. 55; *Schubert* in Bamberger/Roth, § 249 Rn. 166 ff.; *Ebert* in Erman, § 249 Rn. 28 f.;

Beurteilungszeitpunkt hat zur Folge, dass Geschehensabläufe, die zum Zeitpunkt der Vornahme der Maßnahme in ihren Auswirkungen noch nicht absehbar sind, oder die sich anders als prognostiziert entwickeln, sich anders auf eine Nachteiligkeit als auf eine Schädlichkeit auswirken. Wird also beispielsweise auf Einwirkung der Obergesellschaft hin ein Geschäftszweig verkauft, so bestimmt sich die Nachteiligkeit dieser Maßnahme im Zeitpunkt ihrer Vornahme, also im Moment der Veräußerung. Ist zu diesem Zeitpunkt absehbar, dass die Gesellschaft ohne diesen Geschäftszweig auf Dauer Verluste einfahren wird, so ist die Maßnahme nachteilig. Entwickelt sich später die allgemeinwirtschaftliche Lage völlig abseits jeder Erwartung, so entfällt die Nachteiligkeit nicht rückwirkend dadurch, dass es sich im Nachhinein als vorteilhaft erweist, den Geschäftszweig abgestoßen zu haben. Ein Schaden tritt dann aber nicht ein.[139] Denn im Zeitpunkt der Geltendmachung eines Schadenersatzanspruchs wird sich die tatsächliche Vermögenslage der abhängigen Gesellschaft besser darstellen als hypothetisch ohne die veranlasste Maßnahme. Umgekehrt ist die nicht nachteilige Veräußerung eines nach einer Prognose zum Zeitpunkt der Maßnahme Verluste einbringenden Geschäftsteils schädlich, wenn sich später herausstellt, dass die betreffende Prognose falsch war.[140]

Richtigerweise ist daher nach allgemeiner Zivilrechtslehre[141] und auch im konzernrechtlichen Zusammenhang[142] nicht jeder Nachteil ein Schaden.

(b) Die Unterscheidung zwischen Verschulden und Kausalität

Der zweite Vorwurf, die herrschende Ansicht vermische die objektive Bestimmung des Nachteils mit der subjektiven Vorwerfbarkeit, ist allerdings zutreffend. Tatsächlich beurteilt die herrschende Ansicht das Tatbestandsmerkmal des Nachteils danach, ob die Auswirkung auf die Vermögens- oder Ertragslage der

---

ebenso zu den unterschiedlichen Beurteilungszeitpunkten für Schaden und Nachteil *Kuhlmann/Ahnis*, Rn. 131; ebenso *Altmeppen* in MüKo AktG, § 317 Rn. 35.

139 Vgl. aber noch unten Kapitel 5.1.1.3 zur Frage, ob der Nachteil im Rahmen des § 317 AktG den zu ersetzenden Mindestschaden darstellen muss.

140 Eine Schadenersatzpflicht wird dann von der Frage abhängen, inwieweit diese Prognose in korrekter Weise gestellt und durch die Geschäftsleitung beachtet wurde. Vgl. hierzu noch Kapitel 5.

141 So auch *Grüneberg* in Palandt, Vorb v § 249 Rn. 9; a.A. aber *Brüggemeier*, AG 1988, 93 (99).

142 So auch *Leuering/Goertz* in Hölters, § 311 Rn. 60; *Habersack* in Emmerich/Habersack, Aktien- und GmbH-Konzernrecht, § 311 Rn. 44; *Bödeker* in Henssler/Strohn, § 311 Rn. 18; *Beck*, BB 2015, 1289 (1289).

abhängigen Aktiengesellschaft eine Abhängigkeitsfolge ist, ob also ein ordentlicher und gewissenhafter Geschäftsleiter einer unabhängigen Gesellschaft die Maßnahme ebenso vorgenommen hätte.[143] Dem Nachteilsbegriff müsse gleichsam eine Sorgfaltspflichtverletzung innewohnen.[144]

Das ist jedoch nach dem eben zur Heranziehung eines Vergleichsszenarios Gesagten nur insoweit zutreffend, als die Maßnahme am Vorgehen des Vorstands einer unabhängigen Aktiengesellschaft zu messen ist. Allerdings ist es hierbei nicht von Bedeutung, ob dieser ordentlich und gewissenhaft gehandelt hätte, und ob ihm die Maßnahme nach diesem Maßstab erlaubt gewesen wäre. Ausschlaggebend ist vielmehr, ob der unabhängige Geschäftsleiter sie tatsächlich vorgenommen hätte. Normzweck des § 311 Abs. 1 AktG ist, das abhängige Unternehmen so zu stellen, als wäre es unabhängig.[145] Nicht aber soll die abhängige Gesellschaft so gestellt werden, als hätte sie einen ordentlichen und gewissenhaften Geschäftsleiter, wenn sie einen solchen tatsächlich nicht hat. Dem herrschenden Unternehmen werden eben nicht die Unzulänglichkeiten der Geschäftsführung des abhängigen Unternehmens auferlegt, sondern lediglich die Folgen seiner eigenen Einflussnahme. Die, für die Erfüllung des Normzwecks durchaus notwendige, Frage nach der Abhängigkeitsfolge ist daher eine der Kausalität zwischen der nachteiligen Maßnahme oder dem nachteiligen Rechtsgeschäft, und der Einwirkung des herrschenden Unternehmens, also der Veranlassung,[146] nicht aber des Verschuldens. Daher muss es also auf die Frage ankommen, wie sich der unabhängige Vorstand verhalten hätte.[147] An dieser Stelle irrelevant ist hingegen, wie sich der unabhängige Vorstand idealer Weise hätte verhalten sollen.[148]

(c) Ergebnisunterschiede zur herrschenden Meinung

Die Anwendung der hier vertretenen Ansicht kann neben den beiden soeben angestellten Erwägungen zur Unterscheidung zwischen Schaden und Nachteil

---

143 Siehe Nachweise in Fn. 114.

144 *Fleischer*, NZG 2008, 371 (372).

145 *Leuering/Goertz* in Hölters, § 311 Rn. 51; *Koppensteiner* in Kölner Kommentar, § 311 Rn. 38: *Kuhlmann/Ahnis*, Rn. 117.

146 Als Veranlassung genügt jegliche Einflussnahme durch das herrschende Unternehmen. Vgl. hierzu näher *Hüffer/Koch*, § 311 Rn. 16 ff.

147 Siehe aber noch sogleich zur praktischen Schwierigkeit bei der Ermittlung dieser Kausalität.

148 Von Bedeutung ist die Frage der Pflichtverletzung dann bei der Beurteilung eventueller Schadenersatzansprüche; vgl. hierzu noch Kapitel 5.

und zwischen Verschulden und Kausalität für sich verbuchen, in bestimmten Fällen zu treffenderen Ergebnissen als die herrschende Meinung zu gelangen.

Wird zu einer Maßnahme beeinflusst, die dem Sorgfaltsmaßstab eines ordentlichen und unabhängigen Geschäftsleiters entspricht, und die in der abhängigen Gesellschaft auch ohne die Beeinflussung vorgenommen worden wäre, so kommen beide Ansichten zu dem Ergebnis, dass ein Nachteil im Sinne des § 311 AktG nicht vorliegt. Beeinflusst das herrschende Unternehmen zu einer Maßnahme, die dem Sorgfaltsmaßstab widerspricht, und die in der abhängigen Gesellschaft ohne die Einflussnahme nicht vorgenommen worden wäre, so ist nach beiden Ansichten ein Nachteil anzunehmen, wenn durch die Maßnahme eine Vermögenseinbuße oder -gefährdung herbeigeführt wird.

Entspricht die Maßnahme der Sorgfalt eines ordentlichen und unabhängigen Geschäftsleiters, wäre aber ohne die Einflussnahme nicht vorgenommen worden, so kommen beide Ansichten mit unterschiedlicher Begründung zur Ablehnung eines Nachteils, auch wenn eine Vermögenseinbuße oder -gefährdung anzunehmen ist. Nach der herrschenden Meinung ist ein Nachteil mangels Abhängigkeitsfolge nicht anzunehmen. Auch nach der hier vertretenen Ansicht scheitert die Annahme eines Nachteils. Denn die Vermögenseinbuße oder -gefährdung beruht nicht kausal auf der Einflussnahme.

Widerspricht schließlich die Maßnahme dem Sorgfaltsmaßstab, wäre aber in der Gesellschaft auch ohne die Einflussnahme vorgenommen worden, so unterscheiden sich die Ergebnisse nach den beiden Ansichten. Nach der herrschenden Meinung wäre in diesem Fall ein Nachteil anzunehmen, nach der hier vertretenen Ansicht aber mangels Kausalität abzulehnen. Dies entspricht aber den soeben gemachten Ausführungen, dass die Gesellschaft nicht auf Kosten des herrschenden Unternehmens besser zu stellen ist als ohne die Einflussnahme. Denn die Einflussnahme führt in dem Fall, in welchem die Maßnahme ohnehin vorgenommen worden wäre, eben zu keinem durch die Abhängigkeit verursachten Nachteil. Nur ein solcher aber ist durch das herrschende Unternehmen zu tragen.

3.1.1.2 Maßnahmen zur Freisetzung von Kapital als nachteilige Maßnahmen

Wenn die Auflösung stiller Reserven, die Aufnahme von Krediten oder die Veräußerung von Wirtschaftsgütern der Freisetzung von Kapital gilt, wird man die nachteilige Natur dieser Maßnahmen meist annehmen müssen.

Wie bereits angesprochen hat die Frage nach dem Beurteilungszeitpunkt in diesem Zusammenhang eine besondere Bedeutung. Denn im Zeitpunkt der

Vornahme der jeweiligen Maßnahme zur Freisetzung von Kapital wird diese entsprechend der hinter ihr stehenden Intention einen Jahresüberschuss erhöhen. Schließlich soll in der abhängigen Aktiengesellschaft ein Jahresüberschuss erzielt oder erhöht werden, der dann entsprechend den in Kapitel 2 gemachten Feststellungen als Dividende an die Obergesellschaft ausgeschüttet werden kann. Zumindest recht naheliegend ist allerdings die Vermutung, dass eine Minderung oder konkrete Gefährdung der Vermögens- oder Ertragslage der kurzfristigen Anhebung des Bilanzgewinns folgen wird.[149]

Eine Veräußerung von Aktivposten wie Beteiligungen, Immobilien oder Produktionsanlagen kann schließlich, selbst bei Zuführung eines Ausgleichsbetrages, materielle Beeinträchtigungen für das Vermögen einer Aktiengesellschaft bedeuten.[150] Die Rentabilität von im Unternehmen eingesetzten Wirtschaftsgütern wird für gewöhnlich höher sein, als ein mit dem entsprechenden Bargeldbestand erzielter Zinsertrag, selbst bei Verbleib des Kapitals in der abhängigen Gesellschaft.

Ähnlich verhält es sich mit der Aufnahme von Krediten. Zwar lässt sich eine pauschale Aussage über die Nachteiligkeit einer Erhöhung der Fremdkapitalquote nicht treffen. Die optimale Fremdkapitalquote ergibt sich aus verschiedenen Faktoren wie den Preisen für Fremd- und Eigenkapital, der Ertragsquote des betreffenden Unternehmens oder der Schwankungsbreite der Rentabilität. Gleichwohl lässt die Verwendungsabsicht, also die Kreditaufnahme nicht zur Vornahme von Investitionen, sondern um Kapital zur Ausschüttung zur Verfügung zu haben, den Eintritt späterer Einbußen oder Gefährdungen der Vermögenslage sehr vermuten. Zudem wird eine Erhöhung der Fremdkapitalquote stets eine, wenn auch unterschiedlich hohe, Erhöhung des Insolvenzrisikos mit sich bringen.

Schwierigkeiten bei der Beurteilung der Nachteiligkeit wird im Allgemeinen die Frage nach der Kausalität bereiten, ob also die Maßnahme auch in einer unabhängigen Gesellschaft ebenso vorgenommen worden wäre.[151] Die Frage, wie sich der unabhängige Vorstand ohne die Einflussnahme verhalten hätte, wird sich oftmals kaum klären lassen. Wenn allerdings die abhängige Gesellschaft eine Maßnahme vornimmt, die eine – zum Zeitpunkt der Maßnahme erkennbare – Gefährdung oder Minderung ihrer Vermögens- oder Ertragslage

---

149 Siehe auch *Koppensteiner* in Kölner Kommentar, § 311 Rn. 43, zur Nachteiligkeit strukturverändernder Geschäfte.

150 *Immenga*, ZHR 1976, 301 (303).

151 So auch *Neuhaus*, DB 1970, 1913 (1918). Siehe bereits oben Kapitel 3.1.1.1.2.

bedingt, so kann vermutet werden, dass die Maßnahme in einer unabhängigen Gesellschaft nicht vorgenommen worden wäre. Wenn eine nachteilige Entwicklung zu diesem früheren Moment bereits absehbar ist,[152] so wird ein gewissenhafter Geschäftsleiter die entsprechende Maßnahme nicht vornehmen.[153] Da es aber nach dem eben Gesagten nicht darauf ankommt, ob ein sorgfältiger Geschäftsleiter die Maßnahme vorgenommen hätte, sondern ob sie tatsächlich vorgenommen worden wäre,[154] ist dem herrschenden Unternehmen hinsichtlich dieser Vermutung des Tatbestandsmerkmals der Kausalität ein Gegenbeweis auf zwei Arten möglich. Zum einen kann bewiesen werden, dass ein sorgfältiger und gewissenhafter Geschäftsleiter die Maßnahme trotz der erkennbaren Gefährdung oder Minderung der Vermögens- oder Ertragslage ebenso vorgenommen hätte, dass also die Voraussetzungen der Vermutung nicht vorliegen. Zum anderen kann das herrschende Unternehmen auch beweisen, dass sich der Vorstand der abhängigen Gesellschaft auch ohne die Einflussnahme des herrschenden Unternehmens nicht an den ihm auferlegten Sorgfaltsmaßstab gehalten hätte, und die Vermutung damit widerlegen.

3.1.1.3 Der nicht quantifizierbare Nachteil

Aus dem aus § 311 AktG folgenden Erfordernis des Ausgleichs der Nachteile einer Einflussnahme erschließt sich ein praktisch bedeutsames Problem in der Anwendung des faktischen Konzerns. Das von § 311 AktG konstituierte System des Einzelausgleichs vermag nämlich dann nicht mehr zu funktionieren, wenn eine Einflussnahme in ihren Auswirkungen nicht abschließend erfasst werden kann.

Diese Problematik wurde für die GmbH früher unter dem Stichwort des „qualifiziert faktischen Konzerns“ diskutiert, und von der damals herrschenden Meinung durch eine analoge Anwendung der Regelungen zum Vertragskonzern gelöst.[155] Ausgelöst durch die grundlegende Entscheidung „Bremer Vulkan“ des BGH,[156] erfolgte im GmbH-Recht ein Übergang zur Haftung für

152 Siehe bereits Kapitel 3.1.1.1.2 zum Beurteilungszeitpunkt.

153 Anders *Kellmann*, BB 1969, 1509 (1515), der zwar eine Vermutung anerkennen will, aber ausführt, es käme bei riskanten Geschäften nicht auf eine Vorhersehbarkeit von Nachteilen an. Hierbei wird allerdings verkannt, dass in dem Fall, in welchem bei einem riskanten Geschäft Nachteile nicht vorhersehbar sind, auch keine Nachteiligkeit i.S.d. § 311 AktG vorliegt.

154 Siehe Kapitel 3.1.1.1.2.

155 Vgl. beispielsweise die Übersichten bei *Altmeppen* in MüKo AktG, § 317 Anh. oder *Krieger* in Münchener Handbuch des Gesellschaftsrechts, Band 4, § 70 Rn. 141 ff.

156 BGH, Urteil vom 17.09.2001 – II ZR 178/99, NJW 2001, 3622.

existenzvernichtenden Eingriff unter Anwendung des § 826 BGB. Für den Aktienkonzern ist die Frage nach der Haftungsgrundlage weiterhin umstritten.[157]

Da § 311 AktG eine nachteilige Einflussnahme nur dann legitimiert, wenn die Nachteile ausgeglichen werden, muss die Tatsache, dass Nachteile mangels Quantifizierbarkeit einem Ausgleich nicht zugänglich sind, zwangsläufig zur Unzulässigkeit der entsprechenden Einflussnahme führen.[158] Eine intensivere Konzernführung ist nur durch den Abschluss eines Beherrschungsvertrages legitimierbar.

Dies vermag durchaus ein Problem bei der Anleitung der abhängigen Gesellschaft zur Freisetzung von Kapital zu begründen. Denn wenn sich bei der Aufnahme von Krediten die Nachteile oftmals noch berechnen lassen werden, so wird dies hinsichtlich der Auflösung stiller Reserven und des Verkaufs von Wirtschaftsgütern doch erheblich schwieriger.[159] Wird beispielsweise ein Betriebsgrundstück veräußert und vom Erwerber gepachtet, so lassen sich die wirtschaftlichen Folgen dieses Vorgangs nur schwer bemessen. Wie wirkt sich die Abhängigkeit von einem Vermieter, aber auch eine möglicherweise höhere Flexibilität in der Standortwahl zukünftig auf die Geschäftstätigkeit aus? Hätte das Grundstück einen Wertzuwachs erzielt und welche Rendite kann durch das als Kaufpreis eingenommene Kapital erwirtschaftet werden? Noch unwägbarer erscheinen die Konsequenzen, wenn wichtige Beteiligungen, Geschäftszweige oder andere Wirtschaftsgüter veräußert werden.

---

157 Vgl. hierzu noch Kapitel 5.2.

158 Diesbezüglich besteht Einigkeit; vgl. BVerfG, Beschluss vom 07.09.2011 – 1 BvR 1460/10, DB 2011, 2594 (2596); *Altmeppen* in MüKo AktG, § 311 Rn. 307; *Vetter* in Schmidt/Lutter, § 311 Rn. 112; *Müller* in Spindler/Stilz, § 311 Rn. 40; *Koppensteiner* in Kölner Kommentar, § 311 Rn. 99; *Hüffer/Koch*, § 311 Rn. 42; *Grigoleit* in Grigoleit, § 311 Rn. 28; *Leuering/Goertz* in Hölters, § 311 Rn. 91; *Fett* in Bürgers/Körber, § 311 Rn. 30; *Habersack* in Emmerich/Habersack, Aktien- und GmbH-Konzernrecht, Anh. § 317 Rn. 5; *Ulmer* in FS Hüffer, 999 (1003); *Lutter* in FS Peltzer, 241 (250 f.); *Strohn*, S. 66; *Henze*, WM 2005, 717 (723); *Wackerbarth*, Der Konzern 2010, 337 (348). Siehe aber noch sogleich zur teilweise angenommenen Ausnahme.

159 Vgl. zu den Schwierigkeiten bei der Quantifizierung von Nachteilen auch *Müller*, ZGR 1977, 1 (20 f.); *Neuhaus*, DB 1970, 1913 (1917) oder *Vetter* in Schmidt/Lutter, § 317 Rn. 47. Im Speziellen zur mangelnden Quantifizierbarkeit bei Strukturmaßnahmen, insbesondere der Veräußerung von Unternehmensteilen: *Ulmer* in FS Hüffer, 999 (1003). Siehe auch *Wilhelm*, NZG 2012, 1287 (1291), der von einer Unmöglichkeit der Quantifizierung ausgeht, dafür aber auch die pauschale Vereinbarung, das herrschende Unternehmen solle alle etwaigen Nachteile ausgleichen, als Nachteilsausgleich genügen lassen will.

Es kann an dieser Stelle auch nicht weiter helfen, dass teilweise eine Ausnahme von der Regel, dass eine nicht quantifizierbare Nachteilszufügung im faktischen Konzern unzulässig sein soll, gemacht wird.[160] Diese soll eingreifen, wenn nicht quantifizierbare Nachteile durch nicht quantifizierbare Vorteile ausgeglichen werden. Man wird wohl das Bestehen dieser Möglichkeit bereits deswegen ablehnen müssen, da sich, wenn weder Nachteil noch Vorteil bezifferbar sind, kaum je feststellen lassen wird, ob ein Ausgleich erfolgt ist, oder nicht.[161] Die teilweise anerkannte Ausnahme wird sich daher – so man sie überhaupt anerkennen möchte – auf Fälle beziehen müssen, in welchen die konkrete Ausgleichshöhe noch nicht bekannt ist, die Nachteile also nicht *nicht* quantifizierbar, sondern *noch* nicht quantifizierbar sind. Dass mit der endgültigen Bezifferung des Ausgleichs jedoch abgewartet werden kann, ergibt sich aber ohnehin bereits aus dem sogenannten „Konzernprivileg" des § 311 Abs. 2 AktG.[162] Zudem wird sich ein entsprechender Vorteil im Rahmen von Maßnahmen zur Freisetzung von Kapital auch nur schwer finden lassen. Der Intention des Abzugs von Kapital aus einer Ziel-Aktiengesellschaft wenig dienlich erschiene es schließlich, beispielsweise für die Veräußerung eines Unternehmensteils der Gesellschaft einen anderen Unternehmensteil zu überlassen.

3.1.1.4 Die Einzelausgleichspflicht des § 311 AktG

Während diese Feststellung bereits die meisten Einwirkungen zur Freisetzung von Kapital betreffen und zur Unzulässigkeit derselben führen wird, so stellt die von § 311 AktG geforderte Ausgleichspflicht auch für viele weitere Maßnahmen zumindest ein Rentabilitätshindernis dar. Der auszugleichende Nachteil wird für gewöhnlich dem finanziellen Vorteil der Obergesellschaft aus der jeweiligen Maßnahme entsprechen. Wird beispielsweise zu einem Vertragsschluss zwischen Obergesellschaft und abhängiger Gesellschaft angeleitet, der für die Obergesellschaft günstige Preise beinhaltet, so wird der Nachteil in der Preisdifferenz zu einem fiktiven Vertrag, den die Obergesellschaft mit einer unabhängigen

---

160 *Leuering/Goertz* in Hölters, § 311 Rn. 84; *Wirth* in LA Winter, S. 780 f.; *Wilhelm*, NZG 2012, 1287 (1291); a.A. aber BGH, Urteil vom 26.06.2012 – II ZR 30/11, BB 2012, 2395; *Mülbert/Leuschner*, NZG 2009, 281 (286); *Lutter* in FS Peltzer, 241 (254).

161 So auch *Lutter* in FS Peltzer, 241 (254): „Wie kann es möglich sein, eine nicht berechenbare Größe durch eine ebenfalls nicht feststellbare Größe auszugleichen?"

162 Siehe hierzu noch ausführlich Kapitel 4.2.

Gesellschaft geschlossen hätte, bestehen.[163] In genau diesem Betrag jedoch erschöpft sich auch ihr Vorteil aus dem angeleiteten Vertragsschluss.

Die Einzelausgleichspflicht des § 311 Abs. 1 AktG sorgt, wenn sie von der Obergesellschaft im Rahmen der Einflussnahme zur Freisetzung von Kapital befolgt wird, dafür, dass sich entsprechende Maßnahmen für die abhängige Aktiengesellschaft jeweils zumindest erfolgsneutral auswirken werden. Diese Erfolgsneutralität für die abhängige Gesellschaft wird für die Gegenseite, also die Obergesellschaft, bedeuten, dass der Erfolg des Abzugs von Kapital durch den Nachteilsausgleich verringert oder sogar völlig aufgezehrt wird.

Und soll diese umfangreiche Ausgleichspflicht durch die Einräumung eines Ausgleichsanspruchs erfüllt werden, wie es das „Konzernprivileg" erlaubt,[164] so ergibt sich hierbei unter Umständen eine weitere Hürde für den Abzug von Kapital. Denn gleich der Anforderung des § 57 Abs. 1 Satz 3 AktG an den Rückgewähranspruch verlangen Rechtsprechung und Literatur auch im Rahmen des § 311 Abs. 1 AktG die Vollwertigkeit des Ausgleichsanspruchs.[165] Dies kann insbesondere in einer Refinanzierungssituation unter Beteiligung einer in geringem Maße mit Kapital ausgestatteten Erwerbsgesellschaft[166] ein Hindernis beim Zugriff auf Kapital der Ziel-Aktiengesellschaft darstellen.

3.1.1.5 Ergebnis

§ 311 AktG und seine Nachteilsausgleichspflicht stehen der Einflussnahme zu Maßnahmen der Freisetzung von Kapital somit sehr weitgehend entgegen. § 311 AktG verbietet eine Einflussnahme durch die Obergesellschaft dann, wenn sich die Nachteile nicht quantifizieren lassen. Darüber hinaus wird die Einzelausgleichspflicht auch in den übrigen Fällen ein Rentabilitätshindernis beim Abzug von Kapital darstellen, weil der Ziel-Aktiengesellschaft ein entstehender Nachteil spiegelbildlich als Vorteil wieder zugeführt werden muss.

3.1.2 § 308 Abs. 1 Satz 2 AktG

Anders steht es um die Nachteilszufügung im Vertragskonzern. § 308 Abs. 1 Satz 2 AktG bestimmt, dass bei Bestehen eines Beherrschungsvertrages auch

---

163 Vgl. oben Kapitel 3.1.1.2.

164 Siehe hierzu noch Kapitel 4.2.

165 BGH, Urteil vom 01.12.2008 – II ZR 102/07, NJW 2009, 850 (MPS). Vgl. ausführlich zur Übertragung des Vollwertigkeitsmerkmals von § 57 AktG auf § 311 AktG durch die MPS-Entscheidung: *Cahn*, Der Konzern 2009, 67 (68 ff.).

166 Vgl. zu dieser Gestaltung Kapitel 1.2.2.

Weisungen erteilt werden können, die für die abhängige Aktiengesellschaft nachteilig sind, wenn sie den Belangen des herrschenden Unternehmens oder konzernverbundener Unternehmen dienen. Die Zufügung von Nachteilen wird durch § 308 Abs. 1 Satz 2 AktG im Vertragskonzern anders als im faktischen Konzern, wo ein Ausgleich von Nachteilen bei der abhängigen Gesellschaft notwendig ist, also dann legitimiert, wenn die angewiesene Maßnahme dem herrschenden Unternehmen oder einem konzernverbundenen Unternehmen dient.[167]

Ein erheblicher Vorteil im Rahmen der Konzernverwaltung und auch hinsichtlich der Einflussnahme zur Freisetzung von Kapital ergibt sich aus der Tatsache, dass die Quantifizierbarkeit des Nachteils bei Bestehen eines Beherrschungsvertrages nicht von Bedeutung ist. Die Pflicht, einzelne Nachteile auszugleichen, wie sie § 311 AktG im faktischen Konzern vorsieht, besteht im Vertragskonzern nicht. Die soeben dargestellte Schwierigkeit der Bemessung von Nachteil und Vorteil und die hieraus resultierende Unzulässigkeit für einen Großteil von Einflussnahmen zur Freisetzung von Kapital entfällt also, wenn ein Beherrschungsvertrag abgeschlossen wurde.

Wenngleich daher ein Nachteilsausgleich und daher die im faktischen Konzern so problematische Bemessung des Nachteils im Vertragskonzern nicht erforderlich ist, ist die Frage, ob eine angeleitete Maßnahme nachteilig ist, dennoch zu klären, denn hieraus ergibt sich, ob die Weisung den Anforderungen des § 308 Abs. 1 Satz 2 AktG, also dem Interesse des herrschenden Unternehmens oder eines anderen Konzernunternehmens zu entsprechen hat.

Ob eine veranlasste Maßnahme nachteilig für die beeinflusste Aktiengesellschaft ist, bestimmt sich für § 308 Abs. 1 Satz 2 AktG ebenso wie für § 311 AktG.[168] Nachteilig sind daher Weisungen, die eine Minderung oder konkrete Gefährdung der Vermögens- oder Ertragslage der beherrschten Gesellschaft zur Folge haben.[169] Hinsichtlich der nachteiligen Natur von Maßnahmen zur Freisetzung von Kapital lassen sich daher die oben zu § 311 AktG gemachten

167 Das Gesetz lässt die Möglichkeit zu, ein Verbot der Nachteilszufügung im Beherrschungsvertrag zu vereinbaren. Praktisch ist dies jedoch ohne Relevanz; vgl. *Hüffer/Koch*, § 308 Rn. 15; a.A. aber *Geßler*, ZHR 1976, 433 (435), der es als offensichtliche Aufgabe von Vorstand und Aufsichtsrat der abhängigen Gesellschaft ansieht, eine Begrenzung des Weisungsrechts unternehmensvertraglich zu vereinbaren.

168 Vgl. *Hüffer/Koch*, § 308 Rn. 15; *Koppensteiner* in Kölner Kommentar, § 308 Rn. 26; *Langenbucher* in Schmidt/Lutter, § 308 Rn. 26; *Fett* in Bürgers/Körber, § 308 Rn. 21; *Leuering/Goertz* in Hölters, § 308 Rn. 28.

169 Vgl. Nachweise in Fn. 114.

Überlegungen übertragen. Eine Nachteiligkeit der Maßnahmen wird bei Weisungen zur Freisetzung von Kapital also für gewöhnlich anzunehmen sein. Denn wenn das kurzfristige Ziel der Einwirkung auch eine Erhöhung des abführbaren Jahresüberschusses ist, liegt die Annahme späterer Vermögenseinbußen dennoch nahe.[170]

3.1.2.1 Die Änderung des Interessenmaßstabs zum Konzerninteresse

Als Anforderung an die Weisung stellt § 308 Abs. 1 Satz 2 AktG dann das Erfordernis auf, dass die angewiesene Maßnahme dem Interesse des herrschenden Unternehmens oder dem Interesse konzernverbundener Unternehmen zu entsprechen habe. Im Vertragskonzern verändert § 308 AktG also den Interessenmaßstab in der beherrschten Gesellschaft weg von deren eigenem Unternehmensinteresse hin zum Interesse des herrschenden Unternehmens oder wahlweise zum Interesse anderer konzernverbundener Unternehmen. § 308 AktG und seine Voraussetzung, die für die beherrschte Gesellschaft nachteilige Weisung müsse dem Interesse des herrschenden Unternehmens oder eines anderen konzernverbundenen Unternehmens dienen, ist durch die Verschiebung des Maßstabs der Geschäftsführung vom Einzelunternehmen hin zum Gesamtunternehmen Konzern begründet.[171] Die Zweckbindung der Gesellschaftsorgane an den Gesellschaftszweck der beherrschten Gesellschaft selbst wird gegen den Gesellschaftszweck des herrschenden Unternehmens oder eines anderen Konzernunternehmens ausgetauscht.[172]

So verständlich diese Intention des Gesetzgebers, den Interessenmaßstab vom Einzelunternehmen hin zum Gesamtunternehmen des Konzerns zu verschieben, auch auf den ersten Blick erscheinen mag, so schwer zu erfassen ist ebendiese Verschiebung doch bei genauerer Betrachtung. Was nämlich soll dieses Gesamtunternehmen sein, besitzt es ein eigenes Interesse und worin sollte selbiges bestehen? Eine juristische Person zumindest ist der Konzern nicht.

Dementsprechend möchte *Koppensteiner* ein dem Konzern eigenes Konzerninteresse überhaupt nicht anerkennen.[173] Es sei der Konzern bereits kein

---

170 Siehe oben Kapitel 3.1.1.2.

171 *Koppensteiner* in Kölner Kommentar, § 308 Rn. 24; *Altmeppen* in MüKo AktG, § 308 Rn. 104; *Immenga*, ZHR 1976, 301 (304); vgl. auch *Möhring* in FS Schilling, S. 253 (256).

172 *Servatius* in Grigoleit, § 308 Rn. 10; vgl. auch *Veil* in Spindler/Stilz, § 308 Rn. 23. Siehe auch *Dähnert*, S. 40 f., der von einer „Instrumentalisierung [der abhängigen Gesellschaft] im Sinne des Ganzen" spricht.

173 *Koppensteiner* in Kölner Kommentar, § 308 Rn. 25.

taugliches Zuordnungssubjekt für ein eigenes Interesse.[174] Auch spreche der Wortlaut des § 308 AktG nicht vom Konzerninteresse, sondern von Interessen des herrschenden Unternehmens oder anderer Konzernunternehmen.[175]

Größtenteils aber wird dieses Konzerninteresse als Zusammenfassung des im Gesetz verwendeten Ausdrucks des Interesse des herrschenden Unternehmens oder eines anderen Konzernunternehmens verstanden.[176] Mit der Formulierung im Gesetz seien die den einzelnen Konzerngesellschaften übergeordneten Konzerninteressen gemeint.[177] Der Konzern biete als wirtschaftliche Einheit, als ertrags- und vermögensmäßige Zusammenfassung der ihn bildenden Konzerngesellschaften, ein Zuordnungssubjekt für ein eigenes Konzerninteresse.[178] Dieses unterscheide sich von den einzelnen Interessen der Konzerngesellschaften, gehe diesen vor.[179]

Schließlich wird von Hüffer/*Koch* vertreten, das Konzerninteresse sei mit dem Interesse des herrschenden Unternehmens gleichzusetzen.[180]

Diese letzte Ansicht hat sich allerdings dem Vorwurf auszusetzen, dass sie dem Wortlaut des Gesetzes widerspricht. Denn wenn der Gesetzgeber das Konzerninteresse mit dem Interesse des herrschenden Unternehmens gleichsetzen hätte wollen, so hätte er nicht vom Interesse des herrschenden *oder* eines anderen konzernverbundenen Unternehmens gesprochen. Durch die Formulierung wird vielmehr klargestellt, dass auch andere Interessen als die des herrschenden Unternehmens eine nachteilige Weisung zu rechtfertigen vermögen.

Die herrschende Meinung geht von einer Zusammenfassung der Interessen im Konzern gleichsam einer Fiktion der Rechtseinheit, wie sie die Konzerngesellschaften in steuerlicher Hinsicht erfahren, aus. Diese Zusammenfassung von Interessen wird dann als Konzerninteresse bezeichnet. Schlüssig ist dieser Gedanke auch deswegen, weil die einheitliche Leitung nach § 18 Abs. 1 Satz 1 AktG das

---

174 *Koppensteiner* in Kölner Kommentar, § 308 Rn. 25; wohl ebenso mit Zweifeln *Glaser*, S. 114.

175 Vgl. *Koppensteiner* in Kölner Kommentar, § 308 Rn. 25.

176 *Langenbucher* in Schmidt/Lutter, § 308 Rn. 27; *Altmeppen* in MüKo AktG, § 308 Rn. 106; *Servatius* in Grigoleit, § 308 Rn. 10; *Veil* in Spindler/Stilz, § 308 Rn. 23 ff.; *Glaser*, S. 110 ff.; *Immenga*, ZHR 1976, 301 (304); *Geßler*, ZHR 1976, 433 (437); vgl. auch *Begründung RegE* in Kropff, S. 374 und 403. Offen gelassen bei *Fett* in Bürgers/Körber, § 308 Rn. 21.

177 *Geßler*, ZHR 1976, 433 (437).

178 *Geßler*, ZHR 1976, 433 (437).

179 Vgl. *Begründung RegE* in Kropff, S. 374.

180 *Hüffer/Koch*, § 308 Rn. 16.

bestimmende Wesensmerkmal des Konzerns[181] ist. Das Gesetz geht also in § 18 Abs. 1 Satz 1 AktG ebenso von einer Zusammenfassung von Interessen im Konzern aus. Denn da ein Konzernunternehmen nach § 18 Abs. 1 Satz 1 AktG stets eines ist, das einer einheitlichen gemeinsamen Leitung untersteht, wird das Interesse jedes Konzernunternehmens durch ebendiese einheitliche Leitung bestimmt. § 308 Abs. 1 Satz 2 AktG spricht demnach, wenn vom Interesse der herrschenden oder einer anderen Konzerngesellschaft die Rede ist, zwangsläufig von dem gemeinsamen Interesse, wie es die einheitliche Konzernleitung verfolgt, dem Konzerninteresse. Das Konzerninteresse wird durch diese einheitliche Leitung auf sämtliche Konzernunternehmen übertragen.[182] Dieses Konzerninteresse ist demnach nicht nur das Interesse des herrschenden Unternehmens. Es ist mit diesem aber deckungsgleich, da das herrschende Unternehmen die einheitliche Konzernleitung bestimmt.

Diesem Konzerninteresse der einheitlichen Konzernleitung hat eine nachteilige Weisung an eine beherrschte Gesellschaft dienlich zu sein. Dies ist nach einhellig vertretener Auffassung dann der Fall, wenn die Auswirkung der Weisung unmittelbar oder mittelbar der Ertragslage eines Konzernunternehmens zu Gute kommt.[183]

§ 308 Abs. 1 Satz 2 AktG verändert also im Vergleich zu § 311 AktG für den Fall einer nachteiligen Einflussnahme den Empfänger des dem Nachteil entsprechenden Vorteils von der abhängigen Gesellschaft auf den Gesamtkonzern. Diese Änderung gründet sich, wie eben festgestellt wurde, auf die Verschiebung des Interessenmaßstabs weg von der beherrschten Aktiengesellschaft hin zum Gesamtkonzern.

3.1.2.2 Der Ausgleich von Nachteilen im Vertragskonzern

Es wurde bereits gesagt, dass eine Bemessung von Nachteil und Vorteil im Vertragskonzern im Gegensatz zum faktischen Konzern nicht erforderlich ist. Der systematische Unterschied geht also über die Änderung des Interessenmaßstabs hin zum Konzerninteresse hinaus. Statt eines Einzelausgleichs wie im faktischen

---

181 Vgl. hierzu beispielsweise die Zusammenfassung bei *Hüffer/Koch*, § 18 Rn. 8 ff.; vgl. auch bereits *Bericht von Ebecke über Beratungen des Konzernrechtsausschusses 1935* in Schubert, Ausschuss für Aktienrecht, S. 521.

182 So auch *Conac*, ECFR 2013, 194 (195): „[…] the parent company will determine what is the interest of the group."

183 Vgl. *Hüffer/Koch*, § 308 Rn. 17; *Langenbucher* in Schmidt/Lutter, § 308 Rn. 27; *Veil* in Spindler/Stilz, § 308 Rn. 26.

Konzern gilt nach § 308 AktG im Vertragskonzern ein pauschales Ausgleichssystem, das es gerade nicht verlangt, jedem Nachteil einen entsprechenden Vorteil gegenüber zu stellen. Der Vorteil für den Konzern wird nicht gegen den Nachteil der beherrschten Gesellschaft aufgerechnet. § 308 AktG sorgt gegenüber § 311 AktG also nicht nur für die Möglichkeit, den dem Nachteil gegenüberstehenden Vorteil einer anderen Gesellschaft als der beherrschten zu Gute kommen zu lassen.

Dieser Vorteil muss dem Nachteil auch nicht in berechenbarer Weise und in gleicher Höhe gegenüber stehen.[184] Anstatt nur den Adressaten des Vorteils zu variieren, verändert der Vertragskonzern auch die qualitativen Anforderungen an den Vorteil, der aus einer für die beherrschte Gesellschaft nachteiligen Maßnahme erwächst. Denn durch den Beherrschungsvertrag wird eine wirtschaftliche Fusion erreicht, wird ein Gesamtunternehmen begründet.[185] Dieser Fusionswirkung entsprechend erhält die Konzernleitung Freiheit bei der Abwägung von Vor- und Nachteilen einer Maßnahme. Innerhalb eines Unternehmens kann es schließlich zum großen Teil der Unternehmensleitung überlassen werden, welche Unternehmensteile welche Aufgabe zu erfüllen haben. Die Abwägung von Vor- und Nachteilen ist dann nicht mehr auf die simple und strenge Gegenrechnung von Vor- und Nachteilen, wie sie § 311 AktG im faktischen Konzern verlangt, beschränkt, sondern erlaubt die Abwägung und Gegenüberstellung der Auswirkungen einer Maßnahme nach unternehmerischen Erwägungen mit Bezug auf das Gesamtunternehmen des Konzerns.

Ein Großteil der Literatur verlangt allerdings neben einer Überprüfung der Weisung am Interesse des Konzerns auch eine Überprüfung der Verhältnismäßigkeit der Weisung.[186] Ein Nachteil der beherrschten Gesellschaft ohne einen dem Nachteil in seiner Wertigkeit entsprechenden Vorteil für das herrschende Unternehmen oder ein anderes Konzernunternehmen könne nicht im Interesse des Konzerns liegen, und widerspreche daher § 308 Abs. 1 Satz 2 AktG.[187] Eine derartige Weisung sei unzulässig, dürfe also vonseiten des herrschenden Unternehmens nicht erteilt, bei Erteilung durch die beherrschte Aktiengesellschaft nicht befolgt werden.

---

184 Siehe aber noch sogleich zur Voraussetzung der Verhältnismäßigkeit.

185 *Veil* in Spindler/Stilz, § 308 Rn. 23. Siehe auch die Ausführungen und Nachweise in Kapitel 3.1.2.1.

186 So *Hüffer/Koch*, § 308 Rn. 17; *Veil* in Spindler/Stilz, § 308 Rn. 26 und § 291 Rn. 16; *Immenga*, ZHR 1976, 301 (305).

187 *Hüffer/Koch*, § 308 Rn. 17.

Nach der Gegenansicht, vertreten von *Altmeppen*, sei die Frage der Verhältnismäßigkeit eine der Haftung, also des § 309 AktG.[188] Ob der Nachteil einer Weisung für ihre Empfängerin in Verhältnis zu ihrem Vorteil für den Weisenden stehe, sei zwar bei der Beurteilung der Rechtmäßigkeit von Bedeutung. Die Rechtswidrigkeit allerdings sei für die Frage der Beachtlichkeit, also der Folgepflicht des Vorstands der beherrschen Aktiengesellschaft, irrelevant. Beachtlich seien nach § 308 Abs. 2 Satz 2 AktG auch rechtswidrige Weisungen, soweit kein Fall des evidenten Missbrauchs vorliege.[189]

Die Ansicht der herrschenden Meinung kann als Argument für sich verbuchen, dass sie zu einem Gleichlauf von Rechtswidrigkeit und Folgepflicht von Weisungen führt. Wenn eine Weisung rechtswidrig ist, so kann der Adressat ihre Befolgung verweigern. Die Annahme der von *Altmeppen* vertretenen Ansicht hingegen lässt einen solchen Gleichlauf nicht zu.

Im Ergebnis ist jedoch eine Verhältnismäßigkeit als ungeschriebenes Tatbestandsmerkmal für die Rechtmäßigkeit einer Weisung nicht zu verlangen.

Eben wurde dargestellt, dass die im Vertragskonzern gewährte Freiheit für die Konzerngeschäftsleitung, einen einer beherrschten Gesellschaft zugefügten Nachteil durch einen nicht näher zu bemessenden Vorteil zugunsten einer anderen Konzerngesellschaft zu rechtfertigen, ohne dass ein der Höhe nach exakt entsprechender Ausgleich notwendig ist, um der Errichtung des Gesamtunternehmens Konzern willen erfolgt. Es wird also die Notwendigkeit einer einheitlichen Leitung aller Konzernunternehmen unter Verringerung ihrer Selbstständigkeit durch das Gesetz anerkannt. Widersinnig wäre es nun, wollte man innerhalb dieses Gesamtunternehmens nun aber eine Abwägung verlangen, welche Vor- und Nachteile eine Maßnahme den einzelnen beteiligten Konzerngesellschaften bringen würde. Diese Abwägung muss im Gesamtunternehmen vielmehr Teil des unternehmerischen Ermessens der Konzerngeschäftsleitung sein, und ist daher nur im Rahmen einer möglichen Haftung dieser wegen Pflichtverletzungen von Bedeutung.

Das Argument, eine Weisung, die die beherrschte Gesellschaft außer Verhältnis zum Vorteil des übrigen Konzerns benachteilige, könne überhaupt nicht im Interesse des herrschenden Unternehmens sein, leuchtet zwar ein. Die Entscheidung über diese Frage allerdings weist das Gesetz der Konzernleitung zu. Diese wird ohnehin keine Weisung erteilen, die weder im Interesse der beherrschten, noch irgendeiner anderen Konzerngesellschaft liegt. Tut sie dies doch, so ist dies

188 So *Altmeppen* in MüKo AktG, § 308 Rn. 114 ff.
189 *Altmeppen* in MüKo AktG, § 308 Rn. 117s.

aber nicht bei der Frage der Rechtmäßigkeit der Weisung, sondern nur hinsichtlich der Haftung der Geschäftsleiter von Bedeutung. Zudem erscheint die Einschränkung des Weisungsrechts dahin gehend, dass eine Benachteiligung, um rechtmäßig zu sein, im Interesse dessen liegen muss, der sie veranlasst, ohnehin eher eigentümlich.[190] Die Beurteilung, ob Belastungen eines Konzernteils im Verhältnis zu Vorteilen eines anderen Konzernteils stehen, muss der Konzernleitung überlassen bleiben. Weder notwendig noch sinnvoll erscheint daher eine Erweiterung der Anforderungen des § 308 Abs. 1 Satz 2 AktG über seinen Wortlaut hinaus um das Tatbestandsmerkmal der Verhältnismäßigkeit.

Verstanden werden sollte die Regelung des § 308 Abs. 1 Satz 2 AktG, also dass nachteilige Weisungen im Interesse des Konzerns zu liegen haben, daher nicht als Rechtmäßigkeitsschwelle für Weisungen, sondern lediglich als Ausformulierung der Verschiebung des Interessenmaßstabs vom Einzelunternehmen zum Konzern.

3.1.2.3 Die Vorteile von Maßnahmen zur Freisetzung von Kapital für andere Konzernunternehmen

Es wurde bereits beschrieben, dass Maßnahmen zur Freisetzung von Kapital, insbesondere die Aufdeckung stiller Reserven, häufig als konzerninterne Rechtsgeschäfte realisiert werden.[191] Ist das herrschende Unternehmen oder eine andere Konzerngesellschaft an der Freisetzung von Kapital als Partei des betreffenden Rechtsgeschäfts beteiligt, so kann sich bereits hieraus der dem Nachteil gegenüberstehenden Vorteil ergeben.[192] Wenn das Rechtsgeschäft der beherrschten Gesellschaft keinen Nachteil bringt, so ist auch ein Vorteil für eine andere Konzerngesellschaft (jedenfalls aus Sicht der beherrschten Gesellschaft selbst) nach § 308 Abs. 1 Satz 2 AktG nicht erforderlich. Der Vorteil der einen Partei wird bei einem zweiseitigen Rechtsgeschäft stets dem Nachteil der anderen Partei entsprechen. Auch im Fall eines für die beherrschte Gesellschaft nachteiligen Geschäfts ist also den Anforderungen des § 308 Abs. 1 Satz 2 AktG genügt. Eine hiervon abweichende Ansicht verlangt in Fällen konzerninterner zweiseitiger Rechtsgeschäfte, dass in der begünstigten Konzerngesellschaft Vorteile ausgelöst werden, die die Nachteile der beherrschten Gesellschaft überwiegen.[193] Hierbei wird jedoch übersehen, dass das Gesetz nach dem eben Gesagten nicht verlangt,

190 Zit. nach *Altmeppen* in MüKo AktG, § 308 Rn. 105.

191 Vgl. Kapitel 3.

192 So auch *Bommert*, S. 150; *Willms*, S. 46.

193 *Glaser*, S. 119.

dass die Weisung dem Konzern insgesamt einen Vorteil bringen muss, sondern nur, dass durch die Weisung in irgendeiner Konzerngesellschaft ein Vorteil erzeugt werden muss.

Werden die Maßnahmen zur Freisetzung von Kapital nicht als konzerninternes Rechtsgeschäft vorgenommen, so kann sich aus dem Rechtsgeschäft selbst noch kein Vorteil für den Konzern ergeben, der dem Nachteil der beherrschten Gesellschaft gegenüber stehen könnte. Aus der Tatsache, dass sich diese Maßnahmen in der beherrschten Gesellschaft (zunächst) gewinnneutral oder mit einer Erhöhung eines Jahresüberschusses auswirken werden,[194] lässt sich noch nicht auf einen Vorteil für den Konzern schließen. Ein nachteiliger Verkauf von Wirtschaftsgütern beispielsweise an einen Dritten bringt dem Konzern zumindest keinen unmittelbaren Vorteil. Allerdings kann ein Vorteil für den Konzern in der Verfügbarkeit der Liquidität in der beherrschten Aktiengesellschaft gesehen werden. Diese Liquidität steht der einheitlichen Konzernleitung zur Verwendung im Konzerninteresse zur Verfügung. Da der Vorteil für den Konzern, wie eben festgestellt, dem Nachteil für die beherrschte Gesellschaft nicht in seiner Höhe entsprechen muss, kann auch diese Verfügbarkeit von Liquidität als ein dem § 308 Abs. 1 Satz 2 AktG genügender Vorteil gewertet werden.

3.1.2.4 Ergebnis

Im Ergebnis lässt § 308 AktG die Weisung zu einer nachteiligen Maßnahme zur Freisetzung von Kapital zu. Die Nachteile für die beherrschte Aktiengesellschaft sind nicht, wie dies § 311 AktG für den faktischen Konzern verlangt, konkret zu bemessen. Vielmehr genügt es den Anforderungen des Gesetzes im Vertragskonzern, wenn die Maßnahme einer anderen Konzerngesellschaft dient, also deren Vermögenslage zu Gute kommt. Dies wird für Maßnahmen zur Freisetzung von Kapital, die das herrschende Unternehmen in seinem eigenen Interesse vornehmen wird, kein Hindernis darstellen. Dieser Vorteil für eine andere Konzerngesellschaft hat sich für die Frage der Zulässigkeit der Weisung auch nicht im Sinne einer Verhältnismäßigkeitsprüfung mit dem Nachteil für die beherrschte Gesellschaft zu messen.

3.1.3 § 117 AktG

Eine schädigende Einflussnahme auf die Geschäftsleitung einer Aktiengesellschaft, unabhängig von der Frage, durch wen sie ausgeübt wird, verbietet

194 Vgl. Kapitel 3.1.1.2 und 6.2.

§ 117 AktG. § 117 Abs. 1 Satz 1 AktG konstituiert eine Schadenersatzpflicht desjenigen, der seinen Einfluss auf eine Aktiengesellschaft vorsätzlich dazu nutzt, Verwaltungsmitglieder der Gesellschaft dazu zu bestimmen, zum Schaden der Aktiengesellschaft zu handeln. Ein solcher Einfluss kann durch die Stellung als Aktionär, die Mitgliedschaft des Einwirkenden in Gesellschaftsorganen oder Arbeitnehmervertretungen, oder durch vertragliche Beziehungen zur Aktiengesellschaft oder zu einem Organmitglied begründet sein.[195] Infrage käme somit eine Haftung der Obergesellschaft, die die Geschäftsleitung der abhängigen Zielgesellschaft zu Maßnahmen zur Freisetzung von Kapital anweist, soweit selbige einen Schaden verursachen.[196]

Wie bereits festgestellt zielen diese Maßnahmen auf eine zumindest kurzfristige Erhöhung des Jahresüberschusses in der abhängigen Gesellschaft ab. Ihre für die abhängige Aktiengesellschaft im Allgemeinen nachteilige Natur wurde mit Hinblick auf langfristig mögliche Entwicklungen bejaht.[197] Zur Unterschiedlichkeit von Schaden und Nachteil wurde bereits Stellung genommen.[198] Mit der Erkenntnis über die Nachteiligkeit von Maßnahmen zur Freisetzung von Kapital ist demnach nichts über eine mögliche Schädlichkeit für die abhängige Gesellschaft gesagt.

Neben dieser Frage des Schadenseintritts stellt sich im Rahmen des § 117 AktG darüber hinaus die Frage, ob für die durch vertragliche oder faktische Konzernierung geschaffene Einflussmöglichkeit die Regeln des faktischen Konzerns oder des Vertragskonzern nicht Spezialregelungen darstellen, die dem § 117 AktG vorzugehen haben.

3.1.3.1 Schadenseintritt

Ob ein Schaden im Sinne des § 117 Abs. 1 Satz 1 AktG vorliegt, ist nach den allgemeinen Regeln des Zivilrechts, also den §§ 249 ff. BGB, zu bestimmen.[199] Bereits ausgeführt wurde zur nachteiligen Qualität von Maßnahmen zur Freisetzung von Kapital. Als Unterschied zwischen Nachteil und Schaden wurde bereits

---

195 Vgl. *Hüffer/Koch*, § 117 Rn. 3.

196 Vgl. bspw. *Wagner* in MüKo BGB, § 826 Rn. 146 zu § 117 AktG als Haftungsnorm bei Ausplünderung einer Aktiengesellschaft durch einen Mehrheitsaktionär.

197 Vgl. Kapitel 3.1.1.2.

198 Vgl. Kapitel 3.1.1.1.2.

199 Vgl. bereits Kapitel 3.1.1.1.2.
Siehe aber zur Besonderheit der Schadensberechnung aufgrund des Verlustausgleichs- und des Gewinnabführungsanspruchs Kapitel 7.1.2.

der differierende Beurteilungszeitpunkt herausgestellt. Dieser bedingt, wie bereits festgestellt wurde, dass Schaden und Nachteil auseinanderfallen können, wenn sich Geschehensabläufe unvorhergesehen entwickeln. Wie sich auch bei der Frage nach der Nachteiligkeit im Allgemeinen feststellen lassen wird, dass sich Maßnahmen zur Freisetzung von Kapital zumindest langfristig negativ auf die Vermögens- oder Ertragslage der betroffenen Aktiengesellschaft auswirken werden,[200] so wird sich auch aus der ex-post-Perspektive der Schadenbemessung im Allgemeinen dasselbe Bild ergeben.

3.1.3.2 Das Verhältnis zwischen § 117 AktG und den §§ 311 und 308 AktG

Fraglich ist aber die Anwendbarkeit des § 117 AktG im faktischen und im Vertragskonzern. Die §§ 308 ff. AktG und §§ 311 ff. AktG könnten hinsichtlich der Schadenszufügung im Vertragskonzern bzw. im faktischen Konzern abschließende Spezialregelungen darstellen, die § 117 AktG unanwendbar machen könnten. Schließlich erlauben diese Normen die Zufügung von Nachteilen unter bestimmten Voraussetzungen. Anders gewendet: Erlaubt die Einbindung einer Aktiengesellschaft in einen Konzern die Schädigung derselben oder geht § 117 AktG vor? Nun erschließt sich die Antwort auf diese Frage nicht ohne Weiteres aus den §§ 308 und 311 AktG, welche unter bestimmten Voraussetzungen die Zufügung von Nachteilen erlauben. Der Begriff des Nachteils ist schließlich nicht identisch mit dem des Schadens.[201] Wenn in der Literatur dennoch die Lösung für eben aufgeworfene Frage durch die Annahme von Spezialität zu diesen Normen gesucht wird, so ist dies jedoch trotzdem im Ergebnis zutreffend.

Einhellige Ansicht in der Literatur ist, dass § 117 AktG im Anwendungsbereich des § 311 AktG von diesem verdrängt wird.[202] Begründet wird diese Ansicht mit der Annahme, § 311 AktG sei lex specialis zu § 117 AktG. Erfolge allerdings kein von § 311 AktG vorgesehener angemessener Ausgleich, so sei § 117 AktG neben § 317 AktG anwendbar.

Methodisch zweifelhaft erscheint es indessen, die Qualifizierung einer Norm als lex specialis im Einzelfall davon abhängig zu machen, ob die Anforderungen

---

200 Vgl. Kapitel 3.1.1.2.

201 Vgl. Kapitel 3.1.1.1.2.

202 *Hüffer/Koch*, § 117 Rn. 14; *Leuering/Goertz/Drinhausen* in Hölters, § 117 Rn. 18; *Schall* in Spindler/Stilz, § 117 Rn. 8 und Rn. 10; *Spindler* in Schmidt/Lutter, § 117 Rn. 34 sowie in MüKo AktG, § 117 Rn. 90; *Israel* in Bürgers/Körber, § 117 Rn. 8; *Kort* in Großkommentar AktG, § 117 Rn. 262 f.; *Dähnert*, S. 138.

der Spezialnorm vom Normadressaten erfüllt werden. Dies wäre natürlich insoweit korrekt, als eine Spezialnorm stets nur dann zur Anwendung kommt, wenn ihr Tatbestand erfüllt ist. Nur in diesem Anwendungsbereich kann sie weniger spezielle Normen verdrängen. Die herrschende Meinung allerdings macht die Anwendbarkeit von § 117 AktG nicht davon abhängig, ob die Voraussetzungen des § 311 AktG erfüllt sind, sondern ob ein angemessener Ausgleich gewährt wurde. Diese Erfüllung der Ausgleichspflicht aber betrifft nicht die Frage des Anwendungsbereichs des § 311 AktG, sondern ist vielmehr die Rechtsfolge der Norm, die keinen Einfluss auf die Qualifikation als lex specialis haben kann.

Auch im Vertragskonzern soll nach herrschender Ansicht § 117 AktG bei unzulässiger Ausübung von Leitungsmacht neben die Haftung aus § 309 AktG treten.[203]

Nach anderer Ansicht wird § 117 AktG durch § 309 AktG in seiner Anwendbarkeit auch für Fälle der Überschreitung der Grenzen des Weisungsrechts verdrängt.[204] Zur Anwendung käme somit stets nur § 309 AktG.

Die Lösung für das Verhältnis zwischen § 117 AktG und den Normen des Konzernrechts kann jedoch eher als in §§ 308 und 311 AktG in den Normen gefunden werden, die einen Aufschluss darüber geben, wie das Verhältnis zwischen Nachteil und Schaden in diesem Zusammenhang zu sehen ist: Dies sind §§ 309 und 317 AktG, die jeweils eine Schadenersatzhaftung bei unzulässiger Nachteilszufügung anordnen. Der Schaden, der schädliche Einfluss im Sinne des Konzernrechts, muss nach der Systematik des Gesetzes stets die Folge der unzulässigen Nachteilszufügung sein. Denn nur bei einer unzulässigen Nachteilszufügung kann sich ein Nachteil überhaupt bis zum späteren Beurteilungszeitpunkt[205] zu einem Schaden entwickeln. Nur durch eine unzulässige Nachteilszufügung wird also überhaupt die Anwendung der konzernrechtlichen Schadenersatznormen eröffnet.

Dass darüber hinaus § 117 AktG bei der Erteilung von rechtmäßigen Weisungen keine Haftung anordnen kann, ergibt sich bereits daraus, dass für nach allgemeinem Konzernrecht rechtmäßige Maßnahmen nicht gehaftet werden darf.[206]

---

203 *Hüffer/Koch*, § 117 Rn. 14; *Leuering/Goertz/Drinhausen* in Hölters, § 117 Rn. 18; *Schall* in Spindler/Stilz, § 117 Rn. 9; *Spindler* in Schmidt/Lutter, § 117 Rn. 34 sowie in MüKo AktG, § 117 Rn. 89; *Kort* in Großkommentar AktG, § 117 Rn. 259; *Israel* in Bürgers/Körber, § 117 Rn. 8.

204 *Eschenbruch*, Rz. 3069.

205 Siehe bereits Kapitel 3.1.1.1.2.

206 Ebenso *Schall* in Spindler/Stilz, § 117 Rn. 8; *Kort* in Großkommentar AktG, § 117 Rn. 249.

Dieses Ergebnis darf durch § 117 AktG nicht überholt werden, was wohl auch der leider wenig aussagekräftige § 117 Abs. 7 Nr. 1 AktG zum Ausdruck bringen will. Es liegt bei einer durch das Konzernrecht legitimierten Einflussnahme also zwar ein Schaden im Sinne des § 117 AktG vor, die Einflussnahme ist allerdings dann nicht rechtswidrig.[207]

Dass also § 117 AktG im Bereich der Einflussnahme im Konzern nur dann zur Anwendung kommt, wenn auch §§ 309 f. bzw. 317 AktG anwendbar sind, und er ansonsten keine Schadenersatzpflicht für schädigende Einflussnahme konstituiert, liegt nicht an einem Spezialitätsverhältnis. Vielmehr ist die Rechtswidrigkeit im Tatbestand des § 117 AktG bei Vorliegen eines Konzerns konzernspezifisch als unzulässige Nachteilszufügung zu verstehen. Der Tatbestand des § 117 AktG ist mithin dann nicht erfüllt, es liegt keine Rechtswidrigkeit vor, wenn den §§ 308 bzw. 311 AktG in ihren Anforderungen Genüge getan ist.

Demnach entfaltet § 117 AktG im Konzern kein Verbot der Schadenszufügung. Es bleibt daher bei den oben festgestellten Wertungen der §§ 308 und 311 AktG, also der unter bestimmten Voraussetzungen zulässigen Nachteilszufügung. Werden diese Voraussetzungen bei der nachteiligen Einflussnahme nicht erfüllt, und dadurch ein Schaden verursacht, so greift neben den konzernrechtlichen Haftungsnormen auch § 117 AktG.

3.1.4 Ergebnis

Als Zwischenergebnis lässt sich festhalten, dass eine Einflussnahme durch einen Mehrheitsaktionär oder ein herrschendes Unternehmen im faktischen Konzern und im Vertragskonzern grundsätzlich zulässig ist. Auch die Anleitung zu nachteiligen Geschäftsführungsmaßnahmen erlauben sowohl der faktische Einfluss als auch die Leitungsmacht. Hier macht die Nachteilsausgleichspflicht im faktischen Konzern jedoch eine Rentabilität der entsprechenden Maßnahme für Gewöhnlich zunichte. Ein wesentlicher Unterschied zwischen faktischem und Vertragskonzern ergibt sich ferner, wenn die Nachteile einer Einflussnahme nicht quantifizierbar sind. Im faktischen Konzern hat die Anleitung der Geschäftsleitung des Zielunternehmens in diesem – nicht seltenen Fall – zu unterbleiben.

---

207 Vgl. beispielsweise *Hüffer/Koch*, § 117 Rn. 6 zum Tatbestandsmerkmal der Rechtswidrigkeit in § 117 AktG.

3.2 Außergewöhnliche Maßnahmen

Kein Verbot, die Einwirkung vorzunehmen, jedoch eines, selbige dann durch den Vorstand umzusetzen, könnte aus einer Qualifikation von Maßnahmen zur Freisetzung von Kapital als außergewöhnliche Maßnahmen resultieren.

Namentlich könnten der Durchführung der Geschäftsführungsmaßnahme ohne vorherige Zustimmung der Hauptversammlung der abhängigen Gesellschaft die Grundsätze der Holzmüller-[208] und Gelatine-[209]Rechtsprechung entgegen stehen. Hiernach besteht bei Geschäftsführungsmaßnahmen, die in ihrer Auswirkung auf die Aktiengesellschaft einer Satzungsänderung gleich kommen, ein Mitspracherecht der Hauptversammlung. Wollte man also Maßnahmen zur Freisetzung von Kapital, wie beispielsweise den Verkauf von Wirtschaftsgütern, als außergewöhnliche Maßnahme, als Strukturmaßnahme im Sinne der Holzmüller-Gelatine-Dogmatik auffassen, so wären sie nicht ohne einen Hauptversammlungsbeschluss in der abhängigen Aktiengesellschaft umsetzbar.

3.2.1 Die Beeinflussung zu außergewöhnlichen Maßnahmen im faktischen Konzern

Dass im faktischen Konzern die Grundsätze der Holzmüller- und Gelatine-Entscheidungen Anwendung finden, wird in Literatur und Rechtsprechung, soweit ersichtlich, nicht problematisiert. Dies ist mangels Strukturveränderung durch eine faktische Konzernierung auch nicht anzuzweifeln.

Die sich stellende Frage wäre demnach nur die der Qualifikation des Verkaufs von Wirtschaftsgütern, der Auflösung stiller Reserven oder der Aufnahme von Krediten als außergewöhnliche Maßnahmen, die in ihrer Wirkung einer Satzungsänderung gleichkommen, als Strukturmaßnahmen im Sinne der Rechtsprechung.

Nach gefestigter Rechtsprechung nach den Gelatine-Entscheidungen kann ein solches Zustimmungserfordernis nur in absoluten Ausnahmefällen, die den Großteil des Vermögens der beherrschten Gesellschaft betreffen, vorliegen.[210]

---

208 BGH, Urteil vom 25.02.1982 – II ZR 174/80, NJW 1982, 1703; vgl. zur Holzmüller-Dogmatik auch beispielsweise *Hoffmann* in Spindler/Stilz, § 119 Rn. 22 ff.

209 BGH, Urteil vom 26.04.2004 – II ZR 155/02, NZG 2004, 571 und BGH, Urteil vom 26.04.2004 – II ZR 154/02, NZG 2004, 575; vgl. zur Gelatine-Rechtsprechung auch beispielsweise *Drinhausen* in Hölters, § 119 Rn. 20.

210 Vgl. zu den Grundsätzen der Gelatine-Entscheidungen statt vieler die Übersichten bei *Liebscher*, ZGR 2005, 1 (12 ff.); *Fuhrmann*, AG 2004, 339 (340 f.) oder *Arnold*, ZIP 2005, 1573 (1574 f.).

Die vorzunehmenden Geschäftsführungsmaßnahmen müssten in ihrer Auswirkung auf die Aktionäre einer Satzungsänderung gleich kommen.

Bei der Annahme einer derartigen Schwere zeigte sich das BVerfG hinsichtlich des Verkaufs von Wirtschaftsgütern zurückhaltend. Denn die Veräußerung von Wirtschaftsgütern aus einer Aktiengesellschaft habe nur dann eine ausreichend schwere Auswirkung, wenn es sich um solche Vermögensgegenstände handelt, die fast das gesamte Vermögen der Zielgesellschaft ausmachen. Auch die Veräußerung eines kompletten Unternehmensteils, so das BVerfG, berühre in der Regel nicht die durch Art. 14 GG geschützte mitgliedschaftliche Komponente des Aktieneigentums.[211]

Dem ist zuzustimmen. Eine Veränderung der aktienrechtlich vorgegebenen Kompetenzverteilung zwischen Vorstand und Hauptversammlung, die Letztere im Grundsatz von der Geschäftsleitung ausschließt, kann nur in absoluten Ausnahmefällen vorgenommen werden. Abzustellen ist mit der Argumentation des BVerfG nicht auf die Auswirkung der Maßnahme auf die Aktiengesellschaft, sondern auf ihre Wirkung für den Aktionär. Ein solcher Ausnahmefall kann jedoch in der Veräußerung von Wirtschaftsgütern erst angenommen werden, wenn die Veräußerung durch ihre Tragweite der Entscheidung gleichkommt, die Gesellschaft zu beenden. Die Auflösung stiller Reserven, die direkt nur bilanzielle Auswirkungen nach sich zieht, kann man wohl überhaupt kaum als außergewöhnliche Maßnahme ansehen. Ebenso verhält es sich mit der Aufnahme von Krediten. Die Beschaffung von Fremdkapital kann schwerlich in ihren Auswirkungen einer Satzungsänderung gleich kommen.

Maßnahmen zur Freisetzung von Kapital in der Zielgesellschaft unterfallen der Holzmüller-Gelatine-Rechtsprechung mithin nur in absoluten Ausnahmefällen.

3.2.2 Die Weisung zu außergewöhnlichen Maßnahmen kraft Beherrschungsvertrages

Bei Annahme einer strengeren Auffassung, also der Einordnung der Maßnahmen zur Freisetzung von Kapital als außergewöhnliche Maßnahmen, könnte möglicherweise ein Beherrschungsvertrag über das Erfordernis eines Hauptversammlungsbeschlusses hinweg helfen.

---

211 BVerfG, Beschluss vom 07.09.2011 – 1 BvR 1460/10, DB 2011, 2594 (2595).

3.2.2.1 *Meinungsstand*

Teilweise wird davon ausgegangen, es bestehe keine Befugnis des herrschenden Unternehmens, zu außergewöhnlichen Maßnahmen anzuweisen.

Das OLG Stuttgart[212] möchte einen weisungsfesten Kernbereich anerkennen, in welchem im GmbH-Konzern die Entscheidungskompetenz bei der Gesellschafterversammlung bleiben soll. Zudem scheint das Gericht in seiner Entscheidung dazu zu tendieren, grundlegende Fragen der Geschäftsführung oder außergewöhnliche Geschäfte wie beispielsweise die Veräußerung eines bedeutenden Unternehmensteils, als vom Weisungsrecht nicht erfasst anzusehen.

Dem wird schon für den GmbH-Konzern in der Literatur teilweise widersprochen.[213] Eine Einschränkung des Weisungsrechts durch eine Abstufung nach der Wichtigkeit der Geschäftsführungsmaßnahme stehe in Widerspruch zu der durch den Beherrschungsvertrag etablierten Kompetenz der herrschenden Gesellschaft. Diese Kompetenz sei generell umfassend und lasse ein Mitspracherecht der Gesellschafterversammlung nicht zu.[214] Vielmehr reduziere sich die Rolle der Gesellschafterversammlung im GmbH-Vertragskonzern auf das Ausmaß der Zuständigkeit einer Hauptversammlung in einer Aktiengesellschaft.[215] Es sei ferner bereits grundsätzlich problematisch, die Entscheidung über grundlegende Geschäftsführungsmaßnahmen den Gesellschaftern zuzuweisen.[216] Auch hätten die Gesellschafter die Entscheidung über künftige Geschäftsführungsmaßnahmen, auch über außergewöhnliche, bereits in ihrer Entscheidung über den Beherrschungsvertrag gefällt.[217] Soweit nun ein Schutz von außenstehenden Gesellschaftern bei einer außergewöhnlichen Entscheidung angestrebt werde, so hätten sich diese auch in einer Gesellschafterversammlung ohnehin nicht durchsetzen können.[218]

Teilweise wird dem Urteil jedoch zugestimmt.[219] Ein Beherrschungsvertrag sei zwar darauf ausgerichtet, die Geschäftsführungszuständigkeit auf das herrschende Unternehmen zu übertragen. Dennoch verblieben die Kompetenzen

---

212 OLG Stuttgart, Urteil vom 29.10.1997 - 20 U 8/97, NZG 1998, 601.

213 *Altmeppen* in Roth/Altmeppen, Anh. § 13 Rn. 49 ff.; *Servatius* in Michalski, Syst. Darst. 4, Rn. 124; *Rottnauer*, NZG 1999, 337 (338 f.).

214 *Rottnauer*, NZG 1999, 337 (339).

215 *Rottnauer*, NZG 1999, 337 (339).

216 *Altmeppen* in Roth/Altmeppen, Anh. § 13 Rn. 51.

217 *Altmeppen* in Roth/Altmeppen, Anh. § 13 Rn. 51.

218 *Altmeppen* in Roth/Altmeppen, Anh. § 13 Rn. 51.

219 *Liebscher* in MüKo GmbHG, Anh. § 13 Rn. 798; *Casper* in Ulmer/Habersack/Winter, Anh. § 77 Rn. 218; *Beurskens* in Baumbach/Hueck, KonzernR Rn. 119.

für die Entscheidung über Grundlagenentscheidungen wie Satzungsänderungen oder solchen gleichkommenden Strukturänderungen bei der Gesellschafterversammlung.[220]

Die Frage der Einschränkung des Weisungsrechts bei außergewöhnlichen Maßnahmen wird für den Aktien-Konzern nur von wenigen Autoren diskutiert. Zu erörtern ist auch hier nicht die Frage, ob für die Hauptversammlung der herrschenden Gesellschaft die Holzmüller-Gelatine-Grundsätze anzuwenden sind. Dies steht außer Frage. Fraglich ist vielmehr, ob die Hauptversammlung der beherrschten Aktiengesellschaft ein Mitbestimmungsrecht bei Strukturmaßnahmen haben soll.[221]

Teilweise wird angenommen, die ungeschriebenen Hauptversammlungskompetenzen nach den Holzmüller-Gelatine-Grundsätzen blieben auch im Vertragskonzern bestehen.[222] Der beherrschungsvertragliche Einfluss könne sich auf diese Bereiche nicht beziehen, da der Kernbereich der Mitgliedschaft der außenstehenden Aktionäre und mithin deren gesetzliche Verfassungskompetenz betroffen sei.

Die Gegenansicht will die Holzmüller-Gelatine-Grundsätze im Vertragskonzern nicht anwenden.[223] Es wird argumentiert, ein Schutz der außenstehenden Aktionäre durch eine Hauptversammlungskompetenz sei nicht notwendig. Vielmehr werde ein entsprechender Schutz bereits durch die dem Konzernrecht eigenen Abfindungs- und Ausgleichsansprüche erreicht.[224] Eine Einschränkung des herrschenden Unternehmens, das ohnehin das wirtschaftliche Risiko zu tragen habe, sei daher nicht notwendig.[225] Im Übrigen hätten die Aktionäre der beherrschten Gesellschaft eben aufgrund dieser Zuweisung des wirtschaftlichen Risikos andernfalls eine Schädigungsmöglichkeit zulasten des herrschenden Unternehmens in der Hand.[226] Auch hätten die außenstehenden Aktionäre

---

220 *Liebscher* in MüKo GmbHG, Anh. § 13 Rn. 798; *Casper* in Ulmer/Habersack/Winter, Anh. § 77 Rn. 218.

221 Vgl. *Sieger/Hasselbach*, AG 1999, 241 mit einer ausführlichen Übersicht über die Problematik.

222 *Veil* in Spindler/Stilz, § 291 Rn. 14; *Liebscher* in Handbuch AG, § 15 Rn. 135; *Wimmer-Leonhardt*, S. 57; *Liebscher*, ZGR 2005, 1 (32); *Sina*, AG 1991, 1 (4).

223 *Servatius* in Grigoleit, § 308 Rn. 4; *Krieger* in Münchener Handbuch des Gesellschaftsrechts, Band 4, § 71 Rn. 177; *Arnold*, ZIP 2005, 1573 (1578 f.); *Sieger/Hasselbach*, AG 1999, 241 (245 ff.); *Fuhrmann*, AG 2004, 339 (342).

224 *Arnold*, ZIP 2005, 1573 (1578 f.); *Fuhrmann*, AG 2004, 339 (342); *Sieger/Hasselbach*, AG 1999, 241 (245 f.).

225 *Arnold*, ZIP 2005, 1573 (1578 f.).

226 *Sieger/Hasselbach*, AG 1999, 241 (246).

bereits im Zustimmungsbeschluss zum Unternehmensvertrag zu allen Leitungsmaßnahmen zugestimmt. Das Mitwirkungsrecht der Aktionäre trete hinter dem Weisungsrecht zurück.[227]

3.2.2.2 Stellungnahme

Im Ergebnis ist mit letztgenannten Stimmen in der Literatur eine Hauptversammlungskompetenz bei Strukturmaßnahmen im Vertragskonzern abzulehnen.

Dies ergibt sich zwar nicht bereits aus einer Rechtsunsicherheit, die aus einer solchen Kompetenzverschiebung in Einzelfällen resultieren könnte. Eine solche Rechtsunsicherheit für die Erteilung und die Befolgungspflicht von Weisungen wird angenommen, wenn wertungsoffene Begriffe, wie beispielsweise „Außergewöhnlichkeit", als Tatbestandsvoraussetzung vorausgesetzt werden.[228]

Durch die Gelatine-Entscheidungen bestehen nach den Wirrungen durch die Holzmüller-Rechtsprechung nunmehr gefestigten Reglements zu ungeschriebenen Hauptversammlungszuständigkeiten.[229] Die Rechtsprechung hat sich darauf festgelegt, dass ungeschriebene Hauptversammlungskompetenzen ein Ausnahmefall bleiben. Es hielte sich eine Rechtsunsicherheit daher in Grenzen.

Praktische Erwägungen sprechen allerdings gegen eine übermäßige Zustimmungskompetenz von Hauptversammlungen.[230] So ist vor allem bei Gesellschaften, deren Anteile sich zum Teil in Streubesitz befinden von vielen Aktionären kaum eine geschäftlichen Ansprüchen genügende, auf fundierter Information basierende Entscheidung zu erwarten.[231] Auch hinsichtlich der vertraulichen Behandlung können sich, ganz besonders bei transaktionsbezogenen, kapitalmarktrelevanten Informationen, Probleme ergeben.[232]

Maßgeblich gegen einen Ausschluss der Kompetenz des herrschenden Unternehmens für die Entscheidung zu außergewöhnlichen Maßnahmen spricht auch die Systematik des Vertragskonzernrechts. Die beherrschte Gesellschaft wird durch den Abschluss eines Beherrschungsvertrages zum unselbstständigen Teil

---

227 *Krieger* in Münchener Handbuch des Gesellschaftsrechts, Band 4, § 71 Rn. 177.

228 So *Langenbucher* in Schmidt/Lutter, § 308 Rn. 31.

229 Siehe die unter Fn. 206 angeführten Übersichten.

230 Ebenso ablehnend zur Hauptversammlungskompetenz im Richtlinienentwurf zu Transaktionen mit nahestehenden Unternehmen und Personen: *Wiersch*, NZG 2014, 1131 (1136).

231 Vgl. *Drygala*, AG 2013, 198 (209).

232 Vgl. *Drygala*, AG 2013, 198 (209).

eines Unternehmensverbandes. Ihre Geschäftsführung ist durch die Leitungsmacht beeinflussbar und am Konzerninteresse orientiert.[233] Auch im weisungsfreien Raum darf die Geschäftsführung in der beherrschten Gesellschaft daher dem Konzerninteresse nicht widersprechen.[234] Widersinnig wäre es nun, wollte man den Gesellschaftern der beherrschten Gesellschaft für Fragen eine Kompetenz zusprechen, die für die beherrschte Gesellschaft von grundlegender Bedeutung sein könnten. Die Gesellschafter hätten die entsprechende Frage anhand des Konzerninteresses zu entscheiden, aber nicht mehr in eigenem Interesse. Dies würde offensichtlich wenig Sinn machen. Darüber hinaus könnte eine entsprechende Entscheidung der Gesellschafter durch eine Weisung des herrschenden Unternehmens jederzeit überholt werden.

Zudem müsste aus den Tatsachen, dass beispielsweise die Geschäftsleitung am Konzerninteresse ausgerichtet ist, die Kapitalerhaltung in der beherrschten Gesellschaft suspendiert ist, und das wirtschaftliche Risiko auf den Gesamtkonzern oder das herrschende Unternehmen verlagert ist, zwangsläufig der Schluss gezogen werden, dass auch die Frage der Außergewöhnlichkeit der betreffenden Maßnahme am Konzern, nicht aber an der beherrschten Gesellschaft zu bemessen wäre. Ein Großteil der für die beherrschte Gesellschaft bedeutsamen Maßnahmen würde, gemessen am Gesamtkonzern, jedoch ohnehin nicht ins Gewicht fallen.

3.2.3 Ergebnis

Unterfällt die von der Obergesellschaft als herrschendem Unternehmen oder als Aktionär in der Ziel-Aktiengesellschaft angestrebte Maßnahme als außergewöhnliche Maßnahme der Holzmüller-Gelatine-Dogmatik, so ergibt sich ein Unterschied zwischen faktischem und Vertragskonzern: Nach der hier vertretenden Ansicht wäre für die Durchführung dieser Maßnahme im faktischen Konzern die Zustimmung der Hauptversammlung einzuholen, im Vertragskonzern hingegen nicht, wenn auf Weisung des herrschenden Unternehmens gehandelt wird.

Jedoch wird nur die Veräußerung von Wirtschaftsgütern, und auch das nur in Ausnahmefällen der Holzmüller-Gelatine-Dogmatik zu unterstellen sein. Im Übrigen stellt die Fassung eines Hauptversammlungsbeschlusses für den Mehrheitsaktionär nur eine zusätzliche Formalität dar. Zu bemerken ist jedoch der Verlust an Rechtssicherheit durch die Gefahr der Anfechtbarkeit des

233 Siehe bereits Kapitel 3.1.2.1.

234 *Rothley* in Wachter, § 308 Rn. 22; *Fischbach*, S. 255 ff.

Beschlusses.[235] Zu berücksichtigen ist ferner der organisatorische und finanzielle Aufwand der Abhaltung einer Hauptversammlung, soweit diese nicht ohnehin stattfindet. Dieses Kriterium kann bei Maßnahmen, die unter Zeitdruck vorgenommen werden sollen, an Bedeutung gewinnen.

3.3 Existenzgefährdende Maßnahmen

Wenn bereits festgestellt wurde, dass die Zufügung von Nachteilen oder Schäden durch Einflussnahme des herrschenden Unternehmens grundsätzlich durch den faktischen und den Vertragskonzern legitimierbar ist, so ist diese Aussage jedoch noch zu ergänzen. Nimmt eine solche Beeinflussung nämlich Ausmaße an, die in ihrer Intensität eine Existenzgefährdung der abhängigen Aktiengesellschaft bewirken, so könnte eine solche Einflussnahme untersagt sein.

3.3.1 Die Beeinflussung zu existenzgefährdenden Maßnahmen im faktischen Konzern

Unter Weiterführung oben angestellter Überlegungen zur Unzulässigkeit von Einflussnahmen, deren Folgen sich mangels Quantifizierbarkeit nicht ausgleichen lassen, ist festzustellen, dass auch die Herbeiführung einer Existenzgefährdung im faktischen Konzern nicht zulässig sein kann.[236] Wenn zu einer Maßnahme nur angeleitet werden darf, wenn sich ihre Auswirkungen bemessen lassen, so muss dies erst recht für eine Maßnahme gelten, die die Existenz der abhängigen Gesellschaft in Gefahr bringt. In diesem Fall schließlich lassen sich die Folgen der Maßnahme überhaupt nicht mehr quantifizieren und ausgleichen.

3.3.2 Die Weisung zu existenzgefährdenden Maßnahmen kraft Beherrschungsvertrages

Eine Einschränkung für das Weisungsrecht der herrschenden Gesellschaft im Vertragskonzern könnte sich aus der viel diskutierten Problematik der existenzgefährdenden Weisungen ergeben.

---

235 Vgl. hierzu beispielsweise BGH, Urteil vom 26.06.2012 – II ZR 30/11, BB 2012, 2395. Im entschiedenen Fall (HVB/UniCredit) hatten Minderheitsaktionäre die Zustimmungsbeschlüsse zur Veräußerung von Vermögensgegenständen angefochten.
Siehe auch *Drygala*, AG 2013, 198 (208) zur häufigen Anfechtung von Hauptversammlungsbeschlüssen, die aufgrund der Holzmüller-Dogmatik notwendig sind.

236 So auch *Altmeppen* in MüKo AktG, § 317 Anh. Rn. 46; *Vetter* in Schmidt/Lutter, § 311 Rn. 111.

3.3.2.1 Meinungsstand

Nach ganz herrschender Ansicht sollen Weisungen, die die Lebensfähigkeit der abhängigen Gesellschaft gefährden, unzulässig sein.[237] Eine Ausdehnung der Leitungsmacht so weit, dass die abhängige Gesellschaft in die Krise gestürzt werde, sei nicht zulässig. Dies begründe sich darauf, dass der Abschluss eines Beherrschungsvertrages nicht das Einverständnis zur totalen Ausbeutung und systematischen Zerstörung bedeuten könne.[238] Die Erlaubnis, die beherrschte Gesellschaft so weit zu schädigen, dass sie alleine nicht mehr lebensfähig sei, könne ferner auch deswegen nicht bestehen, weil sonst das Recht zur Kündigung des Unternehmensvertrages für das beherrschte Unternehmen faktisch ausgeschlossen sei.[239] Es ergebe sich aus einer verfassungskonformen Auslegung der §§ 291 Abs. 1, 308 Abs. 1 AktG unter Berücksichtigung der von Art. 14 GG geschützten Rechte der außenstehenden Aktionäre, dass nachteilige Weisungen nur in einem Umfang erteilt werden dürften, der die beherrschte Gesellschaft auch nach dem Ende des Unternehmensvertrages lebensfähig erhalte.[240] Zwar ergebe sich diese Folge nicht aus dem Wortlaut des Gesetzes, wohl aber aus seiner Systematik. Die §§ 302 bis 305 AktG gingen vom Fortbestand der beherrschten Gesellschaft während der Dauer des Vertragskonzerns, sowie von ihrer Überlebensfähigkeit nach Vertragsende aus.[241]

Noch weiter gehend möchte *Grüner*[242] ein generelles Schädigungsverbot für die herrschende Gesellschaft annehmen, sobald Minderheitsgesellschafter an

---

237 OLG Düsseldorf, Beschluss vom 07.06.1990 – 19 W 13/86, BeckRS 1990, 31003557 (B.II.2.c); *Hüffer/Koch*, § 308 Rn. 19; *Langenbucher* in Schmidt/Lutter, § 308 Rn. 31; *Leuering/Goertz* in Hölters, § 308 Rn. 36; *Fett* in Bürgers/Körber, § 308 Rn. 24; *Rothley* in Wachter, § 308 Rn. 17; *Krieger* in Münchener Handbuch des Gesellschaftsrechts, Band 4, § 71 Rn. 153; *Eschenbruch*, Rz. 3051; *Kantzas*, S. 109 f.; *Wimmer-Leonhardt*, S. 39; *Sina*, AG 1991, 1 (7); *Schulze-Osterloh*, ZHR 1978, 519 (523); *Priester*, ZIP 1989, 1301 (1303); *Henze*, WM 2005, 717 (723); *Habersack/Schürnbrand*, NZG 2004, 689 (690); *Geßler*, ZHR 1976, 433 (439).
So auch *Forum Europaeum on Company Groups*, ZGR 2015, 507 (512) in der Empfehlung für ein europäisches Regelungssystem zum Konzernrecht. (Siehe zu diesem noch Kapitel 10.1)

238 *Kantzas*, S. 109 f.

239 *Schulze-Osterloh*, ZHR 1978, 519 (523).

240 OLG Düsseldorf, Beschluss vom 07.06.1990 – 19 W 13/86, BeckRS 1990, 31003557 (B.II.2.c).

241 *Hüffer/Koch*, § 308 Rn. 19; *Langenbucher* in Schmidt/Lutter, § 308 Rn. 31; *Fett* in Bürgers/Körber, § 308 Rn. 24; *Sina*, AG 1991, 1 (7); *Geßler*, ZHR 1976, 433 (438 f.).

242 *Grüner*, S. 11 sowie S. 20 f.

der abhängigen Gesellschaft beteiligt sind. Das gesetzliche System, das einen Minderheitsgesellschafter vor die Wahl stelle, entweder gegen Abfindung aus der abhängigen Gesellschaft auszutreten, oder einen Verlust der mit seiner Gesellschafterstellung verbundenen Mitwirkungsrechte ausgleichslos hinzunehmen, zwinge zum Austritt. Der Abschluss eines Beherrschungs- und Gewinnabführungsvertrages wirke faktisch wie ein Squeeze-out.[243] Der Gesetzgeber aber habe eine tatsächlich bestehende Möglichkeit, in der Gesellschaft zu verbleiben, schaffen wollen. Ferner sei dem Eigentumsrecht des Art. 14 GG nur dann Genüge getan, wenn zum Ende des Unternehmensvertrages für die Minderheitsgesellschafter der gleiche materielle Wert in ihren Anteilen bestünde wie zu Beginn des Vertragskonzerns.

Der hierdurch entstehenden Schutzlücke sei durch ein Schädigungsverbot zu begegnen. Dieses Schädigungsverbot sei derart umzusetzen, als nachteilige Weisungen nur zulässig sein sollen, wenn sich die Nachteiligkeit nur auf die Erwerbsaussichten der abhängigen Gesellschaft beziehe. Eine Schädigung des Gesellschaftsvermögens, also eine Verminderung der Vermögenssubstanz, sei hingegen nicht zulässig. Im Ergebnis müsse, damit eine das Vermögen der beherrschten Gesellschaft betreffende Weisung zulässig sei, diese im Interesse der abhängigen Gesellschaft liegen. Dass sie im Interesse des Konzerns liege, reiche gerade nicht aus.[244]

Die Gegenansicht argumentiert, das Gesetz biete keine Anhaltspunkte für die Annahme, bei der Zufügung von Nachteilen durch Weisungen dürften diese Nachteile niemals so schwer wiegen, dass die Lebensfähigkeit der abhängigen Gesellschaft gefährdet würde.[245] Der Gesetzgeber sei vielmehr davon ausgegangen, dass durch einen Beherrschungsvertrag die Überlebensfähigkeit der abhängigen Gesellschaft gefährdet würde. Dies zeige bereits der Wortlaut des § 308 AktG, der an erlaubte Weisungen keine weiteren Anforderungen als die Förderung des Konzerninteresses stelle.[246] Die Befugnis zur Schädigung der abhängigen Aktiengesellschaft im Konzerninteresse sei das Wesenstypische des Beherrschungsvertrages.

---

243 *Grüner*, S. 16.

244 *Grüner*, S. 26 f.

245 *Koppensteiner* in Kölner Kommentar, § 308 Rn. 50; *Veil* in Spindler/Stilz, § 291 Rn. 16; *Glaser*, S. 11 ff.; *Burg/Hützen*, Der Konzern, 2010, 20 (27); ebenso, jedoch mit abweichendem Gesamtkonzept *Altmeppen* in MüKo AktG, § 308 Rn. 2, siehe hierzu noch sogleich; ähnlich *Wellkamp*, WM 1993, 2155 (2156) und *Immenga*, ZHR 1976, 301 (316), die als Grenze des Weisungsrechts erst die Weisung annehmen wollen, die unmittelbar zum Konkurs der beherrschten Gesellschaft führe.

246 *Koppensteiner* in Kölner Kommentar, § 308 Rn. 50.

Gläubiger und außenstehende Gesellschafter seien durch die Regelungen des AktG ausreichend geschützt.[247] Auch habe der Bestand der abhängigen Gesellschaft als juristischer Person keinen Eigenwert, den es zu erhalten gelte. Vielmehr sei sie lediglich Teil einer Unternehmenseinheit, der es möglich sein müsse, einzelne Glieder zu opfern.[248]

Wenn das AktG insbesondere mit dem § 303 AktG Regelungen für die Zeit nach dem Ende des Unternehmensvertrages treffe, so bestünde in diesen eine abschließende Regelung für diese Sachverhalte. Der Normzweck bestünde aber nicht darin, der herrschenden Unternehmen die Verantwortung für die spätere Überlebensfähigkeit der beherrschten Gesellschaft zu übertragen.[249]

Ebenso geht die Begründung zum Regierungsentwurf zum AktG davon aus, dass die beherrschte Gesellschaft mit dem Ende des Unternehmensvertrages unter Umständen nicht mehr alleine lebensfähig ist.[250]

Auch der BGH führt aus, es sei dem herrschenden Unternehmen möglich, die abhängige Gesellschaft ihrer Vermögenswerte soweit zu entkleiden, dass es ihr nach der Beendigung des Vertragskonzerns nicht mehr möglich sei, aus eigener Kraft fortzubestehen.[251]

Nach der Ansicht von *Altmeppen*[252] schließlich soll die Frage nach einer Existenzgefährdung der beherrschten Gesellschaft überhaupt nicht zu stellen sein. Er begründet, aus der Existenz der Verlustausgleichspflicht resultiere, dass eine Existenzgefährdung der abhängigen Gesellschaft ohnehin nicht eintreten könne. Dies sei lediglich in den Fällen anders zu sehen, in welchen die Solvenz der herrschenden Gesellschaft nicht mehr gegeben sei, oder wenn der Verlustausgleich am Jahresende wegen einer Zahlungsunfähigkeit zu spät komme. Eine Einschränkung des Weisungsrechts dahin gehend, dass existenzgefährdende Weisungen unzulässig und nicht zu befolgen seien, sei darüber hinaus unpraktikabel, weil dies eine stetige Unsicherheit über potentielle Nachwirkungen von Weisungen nach sich ziehen würde. Grundsätzlich sei aber aus der Existenz der Verlustausgleichspflicht zu folgern, dass während der Dauer des

247 *Koppensteiner* in Kölner Kommentar, § 308 Rn. 50; *Burg/Hützen*, Der Konzern, 2010, 20 (27).

248 *Koppensteiner* in Kölner Kommentar, § 308 Rn. 50 und Rn. 51; *Veil* in Spindler/Stilz, § 291 Rn. 16.

249 *Beck*, NZI 2015, 258 (259).

250 *Begründung RegE* in Kropff, S. 393 sowie 397.

251 BGH, Beschluss vom 20.05.1997 – II ZB 9/96, NJW 1997, 2242 (2243).

252 *Altmeppen* in Roth/Altmeppen, Anh. § 13 Rn. 58 ff. sowie in MüKo AktG, § 308 Rn. 119 ff. sowie in Managerhaftung, S. 8 und S. 23.

Beherrschungs- und Gewinnabführungsvertrages die Existenz nicht gefährdet werden dürfe. Für die Zeit nach dem Ende des Unternehmensvertrages hingegen sei ein Existenzschutz nicht gesetzlich vorgesehen.

3.3.2.2 Stellungnahme

Zu widersprechen ist der Idee eines umfassenden Schädigungsverbots ebenso wie der weitverbreiteten pauschalen Aussage, existenzgefährdende Weisungen seien rechtswidrig.

Zuzustimmen ist zum einen den Stimmen in Literatur und Rechtsprechung, die eine Schädigung der beherrschten Gesellschaft als durch den Beherrschungs- und Gewinnabführungsvertrag gestattet, ja sogar als seinen ureigensten Zweck ansehen. Gerade die Legitimation der schädigenden Einwirkung ist der Sinn des Unternehmensvertrages. Eine Grenze bei der Gefährdung der abhängigen Gesellschaft zu ziehen, würde eine erhebliche Rechtsunsicherheit nach sich ziehen, da sich kaum sicher beurteilen ließe, wie sicher die Zahlungsunfähigkeit der beherrschten Gesellschaft durch die Befolgung einer Weisung herbeigeführt würde, und welches Maß an Sicherheit oder Unsicherheit das Tatbestandsmerkmal der Existenzgefährdung erfüllen würde.

Wenn die herrschende Meinung begründet, die §§ 302 bis 305 AktG gingen vom Fortbestand der beherrschten Gesellschaft während der Dauer des Vertragskonzerns, sowie von ihrer Überlebensfähigkeit nach Vertragsende aus, so mag dem insoweit zuzustimmen sein, als die Vorschriften tatsächlich Regelungen für den Fall des Fortbestehens der beherrschten Gesellschaft treffen. Hieraus kann jedoch nicht der Schluss gezogen werden, für dieses Fortbestehen habe das herrschende Unternehmen Sorge zu tragen.

Dies wird das herrschende Unternehmen, dem durch die Verlustausgleichspflicht das wirtschaftliche Risiko jeder Existenzgefährdung auferlegt ist, während der Vertragsdauer jedoch ohnehin tun. Die Einschränkung des Weisungsrechts ist hier mithin nicht erforderlich, sondern wäre nur hinderlich.[253] Nach dem Ende des Unternehmensvertrages hingegen ist die ehemals beherrschte Gesellschaft jedoch als eigenständiges Unternehmen selbst für die Erhaltung ihrer Existenz verantwortlich.

Wie noch zu zeigen sein wird, ist die Grenze des Weisungsrechts vielmehr erst bei der Herbeiführung einer Lage, die in eine Zahlungsunfähigkeit der

---

253 Siehe auch noch Kapitel 6.4.5, zur Frage der Bewertung zu Zerschlagungswerten für die Ausgleichsbilanz und den hierdurch erzielten Ausgleich für Existenzgefährdungen.

beherrschten Gesellschaft mündet, erreicht.[254] Die Existenzvernichtung ist dem herrschenden Unternehmen somit nicht gestattet. Die Weisung hingegen, die eine – wie intensiv, wie sicher, wie zeitnah auch immer man verlangen möchte – Gefährdung der beherrschten Gesellschaft bewirkt, ist zulässig.

3.3.3 Ergebnis

Auch betreffend die Einflussnahme zur Vornahme von existenzgefährdenden Maßnahmen in der abhängigen Gesellschaft ergeben sich nach der hier vertretenden Auffassung Unterschiede im faktischen und im Vertragskonzern. Während die Herbeiführung einer Existenzgefährdung im faktischen Konzern mangels Möglichkeit des Nachteilsausgleichs nicht zulässig ist, und damit Schadenersatzpflichten begründen kann, ist die Grenze des Weisungsrechts nach hier vertretener Ansicht mit der Herbeiführung einer Existenzgefährdung noch nicht erreicht. Vielmehr legitimiert der Beherrschungsvertrag eine Einflussnahme auch bis zu einem Ausmaß, das eine Existenzgefährdung der beherrschten Gesellschaft bewirkt.

3.4 Existenzvernichtende Maßnahmen

Die Existenzvernichtung, also der Entzug der wirtschaftlichen Überlebensfähigkeit der Gesellschaft,[255] durch Einflussnahme eines Aktionärs oder herrschenden Unternehmens mag zunächst wenig sinnvoll erscheinen, haben doch grundsätzlich Aktionäre und Vertragspartner im Unternehmensvertrag ein Interesse am Fortbestehen der abhängigen Aktiengesellschaft und einer gewinnbringenden Tätigkeit derselben. Der Fall mag allerdings selten sein,[256] er kann dennoch vorkommen: Wenn durch Maßnahmen zur Freisetzung von Kapital wie eben die Zerschlagung der Zielgesellschaft unter Auflösung stiller Reserven und die Veräußerung von Wirtschaftsgütern in Einzelteilen ein sofortiger Erlös erzielt

254 So auch *Wellkamp*, WM 1993, 2155 (2156).

255 Vgl. zum Begriff der Existenzvernichtung bspw. *Henzler*, S. 13.

256 Anders *Schneider*, AG 2006, 577 (578 f.), der die Zerschlagung von Zielgesellschaften eher als die ausschließliche Tätigkeit von Private Equity-Investoren anzusehen scheint. *Riegger*, ZGR 2008, 233 (244) hingegen hält es bereits für einen Ausnahmefall, dass ein Investor eine Gefährdung der Zielgesellschaft hinnimmt. Vielmehr gehöre es zum Geschäftsmodell, dass die Zielgesellschaft mehr Liquidität generiere, und auch einen gewinnbringenden Ausstieg aus dem Investment ermögliche. Wie eingangs bereits erwähnt wird dies insbesondere nach den Entwicklungen durch die Finanzkrise eher zutreffend sein. Ebenso auch *Eidenmüller*, DStR 2007, 2116 (2117).

werden kann, der die künftig zu erwartenden Erträge übersteigt, besteht tatsächlich ein wirtschaftliches Interesse der Obergesellschaft an der Existenzvernichtung der Zielgesellschaft.

3.4.1 Die Beeinflussung zu existenzvernichtenden Maßnahmen im faktischen Konzern

Aus eben zur Unzulässigkeit der Existenzgefährdung Gesagtem ergibt sich ohne Weiteres, dass eine existenzvernichtende Einwirkung im faktischen Konzern unzulässig sein muss. Denn auch im Fall einer Existenzvernichtung lassen sich die Nachteile für die abhängige Aktiengesellschaft nicht quantifizieren und ausgleichen. Die entsprechende Einflussnahme ist daher unzulässig. Ob diese Unzulässigkeit aus der vom BGH für die GmbH begründeten Rechtsprechung zum existenzvernichtenden Eingriff oder aus den Überlegungen zum qualifiziert faktischen Konzern resultieren muss, ist für die an dieser Stelle genügende Feststellung der Unzulässigkeit der Einwirkung nicht relevant.[257]

Würde eine Maßnahme der Freisetzung von Kapital zu einer Existenzvernichtung, also zur Zahlungsunfähigkeit der Ziel-Aktiengesellschaft führen, so kann zu dieser Maßnahme nicht durch die Obergesellschaft angeleitet werden, ohne dass sie Schadenersatzpflichten fürchten muss. Dies steht weniger bei der Aufnahme von Krediten oder der Auflösung stiller Reserven zu befürchten, als vielmehr beim Verkauf von Wirtschaftsgütern. Nimmt ein solcher Verkauf ein Ausmaß an, das auf eine Zerschlagung der Aktiengesellschaft hinaus läuft, so wird sich die Obergesellschaft als einwirkender Aktionär schadenersatzpflichtig machen.

3.4.2 Die Weisung zu existenzvernichtenden Maßnahmen kraft Beherrschungsvertrages

Bereits zur Frage der existenzgefährdenden Weisung wurde angedeutet, dass die Grenze des Weisungsrechts zwar nicht bei Verursachung einer Existenzgefährdung, wohl aber bei einer Existenzvernichtung erreicht ist. Die Weisung zu einer Maßnahme, die zur Zahlungsunfähigkeit und mithin zur Insolvenz der beherrschten Gesellschaft führt, ist nicht zulässig.

Eine solche Weisung entspräche nämlich der Entscheidung, die wirtschaftliche Tätigkeit einzustellen, und die Abwicklung der Gesellschaft zu betreiben. Hierin würde eine Änderung des Gesellschaftszweckes liegen, die nur die

257 Vgl. hierzu aber noch Kapitel 5.2.

Hauptversammlung vornehmen dürfte. Auch entspräche diese Zweckänderung inhaltlich einem Auflösungsbeschluss,[258] für welchen § 262 Abs. 1 Nr. 2 AktG wiederum der Hauptversammlung die Kompetenz einräumt. Bei der Entscheidung, die Gesellschaft aufzulösen, handelt es sich nicht mehr um eine – möglicherweise zustimmungspflichtige – Geschäftsführungsmaßnahme, sondern um eine der Hauptversammlung zugewiesene Kompetenz. Diese Kompetenz ändert auch der Unternehmensvertrag, der eben nur die Geschäftsleitung dem Weisungsrecht unterstellt, nicht.

Zudem enthält das Liquidationsverfahren besondere Regelungen zum Schutz Dritter, insbesondere der Gläubiger der Gesellschaft. Auch diese in den §§ 264 ff. AktG enthaltenen Anforderungen dürfen nicht durch die Existenzvernichtung, also den Entzug der Lebensfähigkeit der Gesellschaft ohne Einhaltung des vorgesehenen Liquidationsverfahrens umgangen werden.[259] Auch diese Tatsache ändert sich durch die Errichtung eines Vertragskonzerns nicht, was zur Rechtswidrigkeit der existenzvernichtenden Weisung führen muss.

Hier also, bei der Erteilung der existenzvernichtenden Weisung, zeigt sich die Rechtmäßigkeitsgrenze des Weisungsrechts. Denn während § 308 Abs. 1 Satz 2 AktG mit seiner Voraussetzung, eine Weisung müsse dem Konzerninteresse dienen, wie gezeigt eher eine theoretische Anforderung für die Rechtmäßigkeit aufstellt,[260] ist eine tatsächliche Grenze erst in der Rechtwidrigkeit der Weisung zur Existenzvernichtung zu sehen.

Dieser theoretischen Erkenntnis folgend ist jedoch die Frage zu klären, wann eine Weisung existenzvernichtend ist, in welchem zeitlichen und kausalen Zusammenhang also Weisung und Zahlungsunfähigkeit zu stehen haben. Zu eng wird die Annahme sein, die Weisung müsse die Zahlungsunfähigkeit unmittelbar hervorrufen, denn auch eine zeitlich verzögerte Insolvenz muss nach soeben angestellten Überlegungen zur Rechtswidrigkeit der entsprechenden Weisung führen. Ebenso zu eng greift die durch die entsprechende Gesetzesbegründung für die gleiche Fragestellung im Rahmen des § 64 S. 3 GmbHG entwickelte Formel. Hiernach sollen Zahlungen verboten sein, die „ohne Hinzutreten weiterer

258 Vgl. zur Auflösung als Zweckänderung *Hüffer/Koch*, § 262 Rn. 2; *Riesenhuber* in Schmidt/Lutter, § 262 Rn. 1; *Bachmann* in Spindler/Stilz, § 262 Rn. 5; *Füller* in Bürgers/Körber, § 262 Rn. 1; *Hirschmann* in Hölters, § 262 Rn. 4; *Wermeckes* in Heidel, § 262 AktG Rn. 2.

259 Vgl. *Henzler*, S. 130 ff., der aus der Existenz und der Wertung der Liquidationsvorschriften im GmbHG ein Verbot der Existenzvernichtung begründet.

260 Vgl. 3.1.2.3.

Kausalbeiträge zur Zahlungsunfähigkeit der Gesellschaft führen".[261] Denn auch bei Hinzutreten weiterer Faktoren, die die Insolvenz begründen, ist dennoch die Maßnahme, die die Zahlungsunfähigkeit maßgeblich begründet, als rechtswidrig zu erfassen. Passender auch für den hier diskutierten Fall der existenzvernichtenden Weisung erscheint daher die in der Literatur zu § 64 S. 3 GmbHG entwickelte Formel, durch die fragliche Maßnahme müsse ein wesentlicher Beitrag zur Herbeiführung oder Beschleunigung der Zahlungsunfähigkeit geleistet werden.[262]

Unter Übertragung dieser Abgrenzung auf den vorliegenden Fall ist eine Weisung also rechtswidrig, wenn durch das herrschende Unternehmen zu einer Maßnahme angewiesen wird, die einen wesentlichen Beitrag zur Herbeiführung oder Beschleunigung der Existenzvernichtung der beherrschten Gesellschaft leistet.

3.5 Sonderfall: Die Aufdeckung stiller Reserven bei Bestehen eines Beherrschungs- und Gewinnabführungsvertrages

Die Vornahme des Rechtsgeschäfts oder die Ausübung des Bilanzierungswahlrechts, wodurch die Aufdeckung einer stillen Reserve bewirkt wird,[263] ist Geschäftsführungsmaßnahme, unterliegt also der Kompetenz des Vorstands. Im faktischen Konzern ergibt sich hierbei keinerlei Besonderheit: Der Aktionär nutzt seinen Einfluss auf den Vorstand, der die Auflösung stiller Reserven entsprechend oben dargestellter Vorgehensweisen betreibt. Der entstehende Ertrag wird nach Fassung eines Gewinnverwendungsbeschlusses als Dividende ausgeschüttet.

Vergleichbar unproblematisch könnte man den Sachverhalt im Vertragskonzern sehen: Das herrschende Unternehmen weist den Vorstand zur Auflösung stiller Reserven an,[264] und es entsteht ein (bei Bestehen eines Gewinnabführungsvertrages fiktiver) Jahresüberschuss. Nun ergibt sich, wenn neben dem Beherrschungsvertrag auch ein Gewinnabführungsvertrag abgeschlossen wurde, allerdings die Besonderheit, dass der fiktive Jahresüberschuss dann kraft

---

261 Vgl. Begründung zum Regierungsentwurf zum MoMiG, Stand 23.05.2007, S. 106 f.

262 So *Haas* in Baumbach/Hueck, § 64 Rn. 136.

263 Vgl. hierzu bereits Kapitel 3.

264 Es soll an dieser Stelle der Übersichtlichkeit halber und aufgrund mangelnder praktischer Relevanz davon ausgegangen werden, dass kein Verbot des Abzugs stiller Reserven im Unternehmensvertrag vereinbart wurde, was jedoch möglich wäre, vgl. *Kantzas*, S. 90.

des Unternehmensvertrages an das herrschende Unternehmen ausgezahlt werden könnte.

Dass diese Möglichkeit besteht, wird von einer verbreiteten Ansicht in der Literatur kritisiert, teilweise sogar bestritten.

3.5.1 Die Kritik an der geltenden Gesetzeslage

Teilweise wird in der Auszahlungsmöglichkeit der Erlöse aus der Auflösung stiller Reserven eine Unbilligkeit gesehen. Diese Erträge stünden nach der Kapitalbeteiligung auch den außenstehenden Gesellschaftern zu.[265] Die Substanz der beherrschten Gesellschaft gehöre anteilig auch den Minderheitsgesellschaftern.[266] Auch werde die Kapitalgrundlage der Gesellschaft geschmälert, und stehe daher nicht mehr zur Sicherung von Gläubigern und außenstehenden Gesellschaftern zur Verfügung.[267]

Die Auszahlung nach einem Gewinnabführungsvertrag jedoch erfolgt nur an die herrschende Gesellschaft. Die außenstehenden Aktionäre werden nicht berücksichtigt.

3.5.2 Lösungsansätze

In der Literatur werden Lösungsmöglichkeiten für das Problem dieser Unbilligkeit erörtert. Namentlich wird die Lösung in einem Verbot des Abzugs stiller Reserven gesucht.[268] Einen Ansatzpunkt findet diese Ansicht in § 301 AktG. § 301 AktG setzt für die Gewinnabführung an die herrschende Gesellschaft nach einem Unternehmensvertrag eine Höchstgrenze. Wie bereits dargestellt ergibt sich bereits aus dem gesetzlich vorgesehenen Gliederungsschema der Bilanz nach § 158 AktG, dass die Auflösung von Rücklagen einen Jahresüberschuss nicht erhöhen kann, und mithin nicht als Gewinn im Rahmen des Unternehmensvertrages an das herrschende Unternehmen ausgezahlt werden kann. § 301 Satz 2 AktG legt eine Ausnahme für während der Vertragsdauer

---

265 *Koppensteiner* in Kölner Kommentar, § 301 Rn. 22; *Sonnenschein*, S. 324. So wohl auch *Emmerich/Habersack*, Konzernrecht, § 20 Rn. 24.

266 *Emmerich* in Emmerich/Habersack, Aktien- und GmbH-Konzernrecht, § 301 Rn. 1.

267 *Veil* in Spindler/Stilz, § 301 Rn. 8.

268 Nach diversen Verweisen (vgl. beispielsweise *Emmerich/Habersack*, Konzernrecht, § 20 Rn. 24; *Wimmer-Leonhardt*, S. 38) soll diese Ansicht durch *Grüner* begründet worden sein. Der Verfasser vermag der Arbeit von *Grüner* jedoch keine entsprechende Aussage zu entnehmen. Die Ansicht soll, wenn auch nicht geklärt werden kann, durch wen sie begründet wurde, der Vollständigkeit halber dargestellt werden.

gebildete Rücklagen fest. Im Umkehrschluss bestätigt die Norm, was sich bereits aus § 158 AktG ergibt. Vorvertragliche Rücklagen können nur als Dividende an die Aktionäre ausgeschüttet werden, nicht aber auf Grundlage des Gewinnabführungsvertrages ausgezahlt werden. Eine analoge Anwendung von § 301 Satz 2 AktG soll nach dieser Ansicht ein Verbot zur Abführung des Ertrages aus der Auflösung stiller Reserven allein an das herrschende Unternehmen konstituieren.

Eine andere Ansicht wollte den Vorstand der beherrschten Gesellschaft bei Abschluss des Unternehmensvertrages in der Verpflichtung sehen, ein Verbot für den Abzug stiller Reserven, so solche vorhanden sind, unternehmensvertraglich zu vereinbaren.[269] Dies wird, soweit ersichtlich, nicht mehr vertreten.

3.5.3 Die herrschende Meinung

Das BVerfG vermag indessen keine Schutzlücke zu erkennen. Das Gericht stellt fest, das Gesetz enthalte bereits ausreichende Schutzmechanismen für die außenstehenden Aktionäre.[270] Sie könnten zunächst bereits eine Anfechtungsklage gegen den Zustimmungsbeschluss der Hauptversammlung zum Abschluss des Unternehmensvertrages nach § 293 AktG anstreben. Zudem erhielten sie nach § 304 AktG einen angemessenen Ausgleich und könnten nach § 305 AktG ihre Aktien gegen eine Abfindung der herrschenden Gesellschaft andienen. Sie würden daher, so das BVerfG, für den Verlust ihrer Rechtsposition „im Prinzip wirtschaftlich voll entschädigt". Eine Gefahr sah das Gericht lediglich in der Möglichkeit, diese Schutzmechanismen auf der Rechtsanwendungsebene zu unterlaufen. Die verfassungsrechtlich notwendige wirtschaftliche Entschädigung für außenstehende Aktionäre könne nicht immer allein durch einen Ausgleich nach § 304 AktG garantiert werden. Es müsse daher stets für jeden Minderheitsgesellschafter die Möglichkeit bestehen, gegen Abfindung aus der Gesellschaft auszuscheiden.

Nach derzeit geltender Gesetzeslage kommt auch die ganz herrschende Meinung in der Literatur, wenn auch teilweise unter oben dargestellter Kritik, zu dem Ergebnis, dass § 301 Satz 2 AktG auf stille Reserven keine Anwendung finde. Vielmehr bliebe es bei dem gesetzlichen Regelfall, dass Beträge aus der Auflösung stiller Reserven den – im Vertragskonzern abführbaren – Jahresüberschuss

---

269 Damals *Geßler* in MuKo AktG, 1. Auflage. Siehe hierzu unter Aufgabe dieser Ansicht *Altmeppen* in MüKo AktG, § 301 Rn. 36 ff.

270 BVerfG, Beschluss vom 27.01.1999 – 1 BvR 1638/94, AG 1999, S. 217 (S. 217); wortgleich BVerfG, Beschluss vom 27.01.1999 – 1 BvR 1805/94, AG 1999, S. 218 (S. 218).

erhöhen.[271] Die Auflösung stiller Reserven könne also den ausschließlich an die herrschende Gesellschaft nach dem Unternehmensvertrag abzuführenden Gewinn erhöhen, obwohl die stillen Reserven nach der kapitalmäßigen Beteiligung auch den außenstehenden Gesellschaftern zustünden.

Dies bestätigt auch die Rechtsprechung des BGH[272] sowie der Instanzgerichte[273]. Zur Begründung wird angeführt, die §§ 300 ff. AktG sollten lediglich die nominale Substanzerhaltung in der beherrschten Gesellschaft sicher stellen, nicht aber die zu Beginn des Unternehmensvertrages bestehenden stillen Reserven bewahren.[274] Die Minderheitsgesellschafter hätten die Möglichkeit, bei Abschluss des Beherrschungsvertrages gegen eine Ausgleichszahlung aus der Gesellschaft auszuscheiden, wenn sie eine Wertverschlechterung ihrer Beteiligung – beispielsweise durch den Abzug stiller Reserven – fürchteten.[275] Wählten sie dennoch den Verbleib in der Gesellschaft, so hätten sie auch das wirtschaftliche Risiko der Wertminderung zu tragen.

3.5.4 Stellungnahme

Mit der Rechtsprechung ist entgegen der vielfach geäußerten Kritik eine Schutzlücke des Gesetzes zulasten der außenstehenden Aktionäre nicht anzunehmen.

Dieser Kritik ist zwar insoweit zuzustimmen, als die in stillen Reserven bestehende Vermögenssubstanz tatsächlich den außenstehenden Gesellschaftern nach dem Anteil ihrer Beteiligung zustehen muss. Dies kann aber vergleichbar der Lage bei Rücklagen nur dann gelten, wenn der Wertzuwachs der stillen

---

271 *Hüffer/Koch,* § 301 Rn. 4; *Emmerich/Habersack*, Konzernrecht, § 20 Rn. 24; *Emmerich* in Emmerich/Habersack, Aktien- und GmbH-Konzernrecht, § 301 Rn. 18; *Koppensteiner* in Kölner Kommentar, § 301 Rn. 22; *Deilmann* in Hölters, § 301 Rn. 20; *Schenk* in Bürgers/Körber, § 301 Rn. 6; *Veil* in Spindler/Stilz, § 301 Rn. 8; *Schubert* in Heidel, § 301 AktG Rn. 9; *Müller* in FS Goerdeler, 375 (390 f.); *Sonnenschein*, ZGR 1981, 429 (441); *Priester*, ZIP 1989, 1301 (1302); *Bicker*, DZWIR 2007, 284; *Burg/Hützen*, Der Konzern, 2010, 20 (23).

272 BGH, Beschluss vom 20.05.1997 – II ZB 9/96, NJW 1997, S. 2242 (S. 2243), wenn auch mit der Feststellung, durch eine solche Maßnahme würden die Anteile der außenstehenden Gesellschafter ganz oder zum Teil entwertet.

273 OLG Düsseldorf, Beschluss vom 07.06.1990 – 19 W 13/86, BeckRS 1990, 31003557 (B.I); LG Frankfurt a.M., Beschluss vom 02.05.2006 – 3–5 O 160/04.

274 OLG Düsseldorf, Beschluss vom 07.06.1990 – 19 W 13/86, BeckRS 1990, 31003557 (B.II.2.c); ebenso zum Zweck der Norm: *Emmerich* in Emmerich/Habersack, Aktien- und GmbH-Konzernrecht, § 301 Rn. 1.

275 Bei der Bemessung des Ausgleichs ist der Wert der stillen Reserven nach der Rechtsprechung zu berücksichtigen, siehe hierzu noch sogleich.

Reserven auch während der Zeit der Beteiligung der außenstehenden Aktionärs eingetreten ist.

Zudem trägt das Gesetz aber auch mit den Regelungen über Ausgleichs- und Abfindungsansprüche den Interessen der außenstehenden Aktionäre Rechnung. Für die Berechnung der Ausgleichshöhe nach § 304 AktG sind die zukünftigen hypothetischen Erträge entscheidend, die die abhängige Gesellschaft als selbstständiges Unternehmen voraussichtlich erwirtschaftet hätte.[276] Hierbei ist die vergangene Geschäftstätigkeit für die letzten drei bis fünf Jahre, in Ausnahmefällen auch über fünf Jahre, zu berücksichtigen.[277] Da ein Ausgleich von der Rechtsprechung jedoch nur dann als „voll" anerkannt wird, wenn er den wahren Wert der Unternehmensbeteiligung unter Einschluss der stillen Reserven widerspiegelt,[278] erfolgt eine Beteiligung am Wert der stillen Reserven auch der außenstehenden Aktionäre. Wählt der Aktionär hingegen die Andienung seiner Anteile gegen Abfindung, so richtet sich diese nach dem Betrag, den er bei einer freien Desinvestitionsentscheidung erhalten hätte.[279] Selbst wenn stille Reserven, die dem Markt ja nicht bekannt sein müssen, den Marktpreis wohl nicht immer beeinflussen werden, so obliegt die Entscheidung zwischen Abfindung und Ausgleich, und damit auch die Wahl der Entschädigung für den potentiellen Abzug stiller Reserven dem außenstehenden Aktionär.

Selbst wenn man dieser Ansicht nicht folgen wollte, so erkennen auch die Stimmen in der Literatur, die Kritik an der geltenden Gesetzeslage üben, selbige an. De lege lata besteht nach fast ausnahmslos[280] allen Stimmen in Literatur und Rechtsprechung die Möglichkeit, die Auflösung stiller Reserven in der beherrschten Gesellschaft zu betreiben und den Ertrag allein an das herrschende Unternehmen abzuführen.

Auch ist § 301 Satz 2 AktG nicht auf stille Reserven anwendbar. Einer Analogie ist, abgesehen von eben angeführten teleologischen Argumenten, bereits deswegen zu widersprechen, weil sie den Sinngehalt von § 301 Satz 2 AktG verkennen würde. Der als analogiefähig angenommene Aussagegehalt der Norm ist nicht, dass Rücklagen nicht an den Investor abgeführt werden dürfen. Dies

---

276 BGH, Urteil vom 13.02.2006 – II ZR 392/03, NJW 2006, 1663; *Begründung RegE* in Kropff, S. 395; *Paulsen* in MüKo AktG § 304 Rn. 80; siehe ausführlich: *Schwenn*, S. 70 ff.

277 *Paulsen* in MüKo AktG § 304 Rn. 78; *Schmidt, Jochen*, S. 62.

278 Vgl. BVerfG, Beschluss vom 27.04.1999 – 1 BvR 1613/94, NJW 1999, 3769 (3771).

279 Vgl. BVerfG, Beschluss vom 27.04.1999 – 1 BvR 1613/94, NJW 1999, 3769 (3771).

280 Die einzige Ausnahme bildet die angeblich von *Grüner* vertretene Ansicht mit der eben dargestellten Analogiebildung zu § 301 Satz 2 AktG.

ergibt sich aus § 301 Satz 2 AktG zwar im Umkehrschluss, aber eigentlich bereits aus § 158 AktG.[281] Vielmehr konstituiert § 301 Satz 2 AktG gerade eine Ausnahme von diesem Abführungsverbot. Im Ergebnis würde durch die vorgenommene Analogiebildung also ein Normgehalt analog übertragen, der der Norm nicht zu entnehmen ist.

3.6 § 71a AktG

Denkbar wäre in einem Refinanzierungsszenario die Nichtigkeit von Maßnahmen zur Freisetzung von Kapital im faktischen oder im Vertragskonzern nach § 71a Abs. 1 AktG. Die Norm basiert auf der EU-Kapitalrichtlinie[282] und ordnet die Nichtigkeit von Rechtsgeschäften an, welche die Gewährung eines Vorschusses, eines Darlehens oder die Leistung einer Sicherheit durch eine Aktiengesellschaft an einen anderen zum Zweck des Erwerbs von Anteilen der betreffenden Gesellschaft zum Gegenstand haben. Die Einschlägigkeit des § 71a Abs. 1 AktG hinsichtlich der Freisetzung von Kapital erschließt sich daher zumindest nicht auf den ersten Blick, erfolgt doch eine Refinanzierung zeitlich nach dem Anteilserwerb und scheint daher zumindest dem Wortlaut des § 71a AktG zu widersprechen. Allerdings wird das in der Norm enthaltende Verbot der Financial Assistance nach verbreiteter Ansicht als ein Verbot des Leveraged Buyout verstanden, und könnte daher auch für Maßnahmen zur Freisetzung von Kapital die Nichtigkeit bedeuten, wenn die Abführung von Kapital im Rahmen eines refinanzierten Erwerbs erfolgen soll.

§ 71a AktG dient in erster Linie dem § 71 AktG als Schutz vor Umgehung und flankiert das Verbot der Einlagenrückgewähr des § 57 AktG.[283]

Nach wohl einhelliger Meinung besitzt § 71a AktG über diese Funktion des Umgehungsschutzes hinaus jedoch auch einen übernahmerechtlichen Bezug.[284] Ob sich dieser darauf beschränkt, dass die Norm ein Verbot konstituiert, das Vermögen einer Ziel-Aktiengesellschaft vor dem Anteilserwerb für die Finanzierung ihrer Übernahme heranzuziehen, oder ob § 71a AktG darüber hinaus

---

281 Vgl. oben Kapitel 2.

282 Richtlinie 77/91/EWG vom 13. Dezember 1976.

283 Vgl. *Bezzenberger* in Schmidt/Lutter, § 71a Rn. 7 f.; *Lutter/Drygala* in Kölner Kommentar, § 71a Rn. 6 ff.; *Wieneke* in Bürgers/Körber, § 71a Rn. 1; *Laubert* in Hölters, § 71a Rn. 1; *Habersack* in FS Röhricht, 155 (165).

284 *Lutter/Drygala* in Kölner Kommentar, § 71a Rn. 9; *Oechsler* in MüKo AktG, § 71a Rn. 3 f.; *Laubert* in Hölters, § 71a Rn. 2.

eine allgemeine Wertentscheidung des Gesetzgebers gegen den Leveraged Buyout enthält, ist umstritten.[285]

Die weiter gehende Ansicht vertritt, § 71a AktG wolle im Allgemeinen Gestaltungen beim Erwerb einer Aktiengesellschaft verbieten, bei welchen die Akquisitionsfinanzierung durch das Vermögen der erworbenen Gesellschaft selbst erfolgt.[286] Begründet wird diese Ansicht im Wesentlichen mit den Gefahren für die Ziel-Aktiengesellschaft, die fremdfinanzierte Unternehmenskäufe mit sich bringen können.[287] Von diesem weiten Verbotstatbestand sollen nach teilweise vertretender Ansicht jegliche Gestaltungen und Vereinbarungen, also auch Verschmelzungen, erfasst sein, die eine Finanzierung des Erwerbs durch die Ziel-Aktiengesellschaft ermöglichen.[288] Die Norm soll dabei nicht nur Finanzierungsgeschäfte vor Aktienerwerb, sondern auch solche nach dem Übergang der Anteile erfassen und verbieten.[289]

Nach der Gegenansicht sei dem Willen des Gesetzgebers keine Absicht zum Verbot des Leveraged Buyout zu entnehmen.[290] Weder § 71a AktG noch die diesem zugrunde liegende europäische Kapitalrichtlinie wollten den Leveraged Buyout generell verbieten.[291] Die Heranziehung des Vermögens der Ziel-Aktiengesellschaft zur Erwerbsfinanzierung außerhalb der gesetzlich vorgesehenen Gewinnausschüttung sei bereits durch § 57 AktG verboten.[292] Ein darüber hinaus gehendes Verbot der Refinanzierung sei weder notwendig noch in § 71a AktG enthalten. § 71a AktG sage also hinsichtlich der Zulässigkeit einer Refinanzierung nur aus, dass sich dieselbe im Rahmen der Regeln der Kapitalerhaltung

---

285 Einen Überblick über den Streitstand bietet beispielsweise *Holzner*, S. 238 ff.

286 *Bezzenberger* in Schmidt/Lutter, § 71a Rn. 2 ff.; *Ludwig* in LA Happ, 131 (135). So wohl auch *Cahn* in Spindler/Stilz, § 71a Rn. 9.

287 *Bezzenberger* in Schmidt/Lutter, § 71a Rn. 9; *Ludwig* in LA Happ, 131 (134 f.).

288 *Ludwig* in LA Happ, 131 (135 f.); *Kerber*, NZG 2007, 254 (255); a.A. aber LG Düsseldorf, Urteil vom 28.10.2005 – 39 O 180/04, ZIP 2006, 516 (520 f.), offen gelassen von der Folgeinstanz, OLG Düsseldorf, Urteil vom 28.09.2006 – I-5 U 6/06, NZG 2007, 273, zur Revision nicht zugelassen, BGH, Beschluss vom 11.12.2007 – XI ZR 342/06, BeckRS 2007, 19806; gegen eine Anwendung von § 71a AktG auf Verschmelzungen auch *Oechsler* in MüKo AktG, § 71a Rn. 26; *Wieneke* in Bürgers/Körber, § 71a Rn. 7.

289 *Oechsler* in MüKo AktG, § 71a Rn. 19; *Wieneke* in Bürgers/Körber, § 71a Rn. 6; *Holzner*, S. 242 f.

290 *Lutter/Drygala* in Kölner Kommentar, § 71a Rn. 16; *Habersack* in FS Röhricht, 155 (165); *Holzner*, S. 250 ff.; *Freitag*, AG 2007, 157 (165 f.).

291 *Holzner*, S. 250 ff.

292 *Habersack* in FS Röhricht, 155 (164 f.).

bewegen müsse, und dass daher ein Vertragskonzern errichtet werden muss, soweit nicht eine Verschmelzung angestrebt wird.[293]

Dieser zweiten Ansicht ist zuzustimmen. § 71a AktG verbietet zwar die Heranziehung des Vermögens der Ziel-Aktiengesellschaft *zum* Anteilserwerb, nicht aber die Refinanzierung, also den Abzug von Kapital *nach* Anteilserwerb.

Dies ergibt sich bereits aus dem Wortlaut der Norm, der Geschäfte „zum Zweck des Erwerbs“ erfassen will. Ein Vermögenszugriff nach dem Anteilserwerb kann bereits begriffsnotwendig nicht „zum Zweck des Erwerbs“ erfolgen, denn der Erwerb ist zum Zeitpunkt des Vermögenszugriffs bereits verwirklicht. Nun wird zwar eingewandt, der über den Textgehalt des § 71a AktG hinausgehende Wortlaut der europäischen Kapitalrichtlinie verlange, dass auch Gestaltungen, bei welchen das Finanzierungsgeschäft erst nach dem Anteilserwerb erfolge, verboten sein müssten.[294] In diesem Sinne müsse auch § 71a AktG ausgelegt werden. Außerdem könne bei anderem Verständnis die Norm ausgehebelt werden, indem eine Zwischenfinanzierung für eine juristische Sekunde bis zum Aktienerwerb genutzt werde.[295]

Dass § 71a AktG den Zugriff auf Vermögenswerte zum und zeitlich vor dem Anteilserwerb verbietet, soll nicht infrage gestellt werden. Ist der Erwerber aber bereits Aktionär, so besteht mit den Normen der Vermögensbindung bereits ein umfassendes System zum Schutz der Ziel-Aktiengesellschaft.[296] Dieses bedarf keiner Ergänzung durch § 71a AktG. Denn die Einhaltung der Vermögensbindung ist für die Durchführung einer Refinanzierung in rechtmäßiger Weise ohnehin selbstverständliche Voraussetzung. Und wird eine Verschmelzung vorgenommen oder ein Vertragskonzern errichtet, so bestehen Sondervorschriften, die einen zusätzlichen Schutz durch § 71a AktG unnötig machen.[297] Dies berücksichtigt auch der Gesetzgeber und sieht in § 71a Abs. 1 Satz 3 AktG daher eine entsprechende Ausnahme für den Vertragskonzern vor. Im Ergebnis trägt § 71a AktG also dieselbe Aussage in sich, die die vorliegende Untersuchung in

---

293 *Lutter/Drygala* in Kölner Kommentar, § 71a Rn. 17.

294 *Holzner*, S. 242.

295 *Holzner*, S. 242 m.w.N.

296 Vgl. Kapitel 2.1 und 4.

297 So auch für die Verschmelzung: LG Düsseldorf, Urteil vom 28.10.2005 – 39 O 180/04, ZIP 2006, 516 (520 f.); *Oechsler* in MüKo AktG, § 71a Rn. 26; *Wieneke* in Bürgers/Körber, § 71a Rn. 7.Vgl. auch *Holzner*, S. 248 ff., der zwar eine Anwendbarkeit von § 71a AktG auch beim der dem Anteilerwerb nachfolgenden Vermögenszugriffen annimmt, dennoch aber eine Notwendigkeit der Norm für den Gläubigerschutz ablehnt.

ihrer ersten These verifizieren wird: Damit eine Refinanzierung durch Zugriff auf Vermögenswerte der Ziel-Aktiengesellschaft in rechtmäßiger Weise durchgeführt werden kann, ist entweder eine Verschmelzung oder die Errichtung eines Vertragskonzerns notwendig.[298]

3.7 Sonderfall: Die Kapitalherabsetzung

In zweierlei Hinsicht hat das Institut der (ordentlichen[299]) Kapitalherabsetzung, § 222 AktG, eine Sonderstellung bei der vorliegenden Betrachtung zum Abzug von Kapital einzunehmen. Zum einen ist die Kapitalherabsetzung keine Geschäftsführungsmaßnahme wie beispielsweise die Aufnahme von Krediten oder die Veräußerung von Wirtschaftsgütern. Die Regeln und rechtlichen Grenzen für Einflussnahmen, die bislang in diesem Kapitel 3 beschrieben wurden, passen auf die Kapitalherabsetzung daher nicht. Zum anderen ist die Kapitalherabsetzung, wie sogleich noch näher zu beschreiben ist, zugleich Maßnahme zur Freisetzung von Kapital und Mittel zur Abführung der entstehenden Liquidität.

Nach § 222 Abs. 1 Satz 1 AktG ist über eine Kapitalherabsetzung ein Hauptversammlungsbeschluss zu fassen. Es folgt hieraus, also der Kompetenz der Hauptversammlung anstelle der Geschäftsführung für diese Maßnahme, dass die zuvor dargestellten Beschränkungen für Einwirkungsmöglichkeiten oder Weisungen zur Freisetzung von Kapital nicht einschlägig sind. Die Frage also, inwieweit eine Kapitalherabsetzung nachteilig oder schädlich sein kann, muss nicht gestellt werden. Es ergibt sich jedoch zugleich eine Bindung an die strenge formelle Voraussetzung des Hauptversammlungsbeschlusses. Zu den Nachteilen, die das Erfordernis eines Hauptversammlungsbeschlusses mit sich bringt, wurde bereits ausgeführt.[300] Es soll daher an dieser Stelle der Hinweis auf den zeitlichen und finanziellen Aufwand der Abhaltung einer Hauptversammlung und die mögliche Unsicherheit über die Wirksamkeit gefasster Beschlüsse genügen.

---

298 So auch *Lutter/Drygala* in Kölner Kommentar, § 71a Rn. 17; vgl. auch die Zusammenfassung in Kapitel 3.8.

299 Die vereinfachte Kapitalherabsetzung nach § 229 AktG ist nur zu Sanierungszwecken zulässig, also zur Buchsanierung in Verbindung mit einer Zuführung von Kapital. Sie ist daher für den der vorliegenden Untersuchung zugrunde liegenden Sachverhalt nicht einschlägig. Auch die Kapitalherabsetzung durch Einziehung von Aktien, § 237 AktG, soll mangels Eignung zum Abzug von Kapital nicht Gegenstand dieser Betrachtung sein.

300 Vgl. Kapitel 2.1.

Zudem ist nach Fassung des Beschlusses in der Hauptversammlung eine Eintragung der Kapitalherabsetzung in das Handelsregister vorzunehmen, vgl. § 223 AktG. Mit der Bekanntmachung der Eintragung der Kapitalherabsetzung durch das Registergericht beginnt zum Schutz von Gläubigern der Gesellschaft gemäß § 225 Abs. 1 Satz 1 AktG der Lauf einer sechsmonatigen Sperrfrist. Diese Sperrfrist wird durch eine Zahlungssperre nach § 225 Abs. 2 Satz 1 AktG flankiert, welche sämtliche Leistungen an Aktionäre aus Mitteln, die ohne die Kapitalherabsetzung nicht verfügbar gewesen wären, verbietet.[301] In Verbindung mit dem Erfordernis, einen Hauptversammlungsbeschluss zu fassen, bewirkt diese Sperrfrist die Notwendigkeit einer langen Vorlaufzeit, wenn die Kapitalherabsetzung zum Abzug von Kapital genutzt werden soll.

Diesen strengen Formalitäten, also der Notwendigkeit eines Hauptversammlungsbeschlusses und des Abwartens der sechsmonatigen Sperrfrist,[302] steht allerdings eine besondere Eignung des Instituts der Kapitalherabsetzung zum Abzug von Kapital gegenüber.

Zum einen lässt sich durch eine Kapitalherabsetzung ein Buchertrag erzielen, da die Höhe des Grundkapitals, § 266 Abs. 3 A I HGB, verringert wird. Die Kapitalherabsetzung bewirkt also ein vergleichbares Ergebnis wie eine Aufdeckung stiller Reserven. In Höhe des Betrages der Kapitalherabsetzung erhöht sich daher ein zur Gewinnabführung oder Dividendenausschüttung verwendbarer Jahresüberschuss, wenn nicht gleichwohl ein Fehlbetrag erzielt wird. Die Kapitalherabsetzung ermöglicht also eine Liquidation von zuvor durch die Kapitalerhaltung gebundenen Vermögens.[303]

Diese Liquidation ist darüber hinaus bei der Kapitalherabsetzung auch nicht an die unter Kapitel 2 beschriebenen Einschränkungen und Mechanismen gebunden. Wird nämlich entsprechend § 222 Abs. 3 AktG im Herabsetzungsbeschluss die Zurückzahlung eines Teils des Grundkapitals als Zweck der Kapitalherabsetzung festgesetzt, so erfolgt eine Auszahlung der entsprechenden Beträge an die Aktionäre. Eine solche Rückzahlung unterliegt nicht den Beschränkungen der Kapitalbindung des § 57 AktG.[304] Voraussetzung für eine solche Rückzahlung allerdings ist, wie bereits hinsichtlich der Freisetzung von Kapital durch die Auflösung stiller Reserven festgestellt, das Vorhandensein ausreichender liquider

---

301 Vgl. *Hüffer/Koch*, § 225 Rn. 15.

302 Keine praktisch nennenswerte Einschränkung stellt § 7 AktG dar, der für den Grundkapitalbetrag den Mindestwert von fünfzigtausend Euro vorschreibt.

303 *Oechsler* in MüKo AktG, Vor § 222 Rn. 2.

304 *Hüffer/Koch*, § 222 Rn. 20.

Mittel in der Ziel-Aktiengesellschaft. Denn die rein bilanzmäßige Freisetzung von zuvor gebundenem Kapital ändert nichts am Kontostand der Gesellschaft.

3.8 Ergebnis

An dieser Stelle soll wiederum an die erste der beiden eingangs aufgeworfenen Thesen erinnert werden. Sie lautete, für die Freisetzung von Kapital in einer Aktiengesellschaft und die Auszahlung von Kapital aus einer solchen sei ein Beherrschungs- und Gewinnabführungsvertrag rechtlich notwendige Voraussetzung. Nachdem Kapitel 2 bereits hinsichtlich der Auszahlung von Kapital eine teilweise Bestätigung der These belegen konnte, kann nun zur Freisetzung von Kapital Stellung genommen werden. Hierfür ist, von der Ausnahme des Instituts der Kapitalherabsetzung zunächst einmal abgesehen, tatsächlich der Beherrschungsvertrag eine rechtlich notwendige Voraussetzung.

Denn in der Gesamtschau ergibt sich für die Einflussmöglichkeit zur Durchführung von Maßnahmen der Kapitalfreisetzung folgendes Bild:

Die faktische Einflussmöglichkeit steht dem Weisungsrecht insoweit nicht nach, als es sowohl im faktischen als auch im Vertragskonzern möglich ist, nachteilig auf eine Aktiengesellschaft einzuwirken. Die Herbeiführung einer Existenzvernichtung ist weder durch eine faktische Einflussmöglichkeit noch durch das Weisungsrecht in rechtmäßiger Weise möglich.

Es ergeben sich jedoch gewichtige Einschnitte für die Einflussmöglichkeit im faktischen Konzern und mithin für die Nutzung desselben zur Freisetzung von Kapital. Die Anleitung zu Maßnahmen, deren Folgen sich nicht bemessen lassen, ist nicht zulässig. Die Existenzgefährdung ist nach hier vertretener Auffassung im Vertragskonzern zulässig, im faktischen Konzern hingegen nicht. Schließlich muss für außergewöhnliche Maßnahmen im Sinne der Holzmüller-Gelatine-Rechtsprechung im faktischen Konzern ein Hauptversammlungsbeschluss gefasst werden. Im Vertragskonzern entfällt dies nach hier vertretener Ansicht beim Handeln auf Weisung des herrschenden Unternehmens. Im faktischen Konzern sorgt die Pflicht zum Nachteilsausgleich dafür, dass sich Maßnahmen stets erfolgsneutral auszuwirken haben.

Eine Ausnahme zu diesem Ergebnis ist teilweise für die Kapitalherabsetzung einzuräumen. Neben der Konzernierung ist auch die Kapitalherabsetzung als Maßnahme zur Freisetzung und zum Abzug von Kapital unter bestimmten Umständen geeignet. Ihre besondere Eignung für den Zugriff auf das Vermögen einer Aktiengesellschaft ergibt sich aus der Tatsache, dass das frei werdende Vermögen ohne weitere Voraussetzungen an die Aktionäre ausgezahlt werden kann. Eine derartige Auszahlung durch Kapitalherabsetzung setzt allerdings das

Vorhandensein von Liquidität in der Ziel-Aktiengesellschaft voraus und ist an strenge Formalitäten gebunden, die neben einem Hauptversammlungsbeschluss auch das Abwarten einer sechsmonatigen Stillhaltefrist verlangen.

§ 2 Ausgleichsmechanismen für Vermögenszugriffe

Gerade die Einbindung der Aktiengesellschaft in einen Vertragskonzern eröffnet jedoch die Möglichkeit einer ausgleichslosen Schädigung derselben.

Der folgende § 2 soll diese zweite These untersuchen. Es wurde im vorangegangenen § 1 festgestellt, dass sowohl im faktischen, als auch im Vertragskonzern Möglichkeiten – wenn auch in unterschiedlicher Intensität – bestehen, Kapital in einer abhängigen Aktiengesellschaft frei zu setzen und an eine Obergesellschaft abzuführen. Inwieweit derartige Möglichkeiten des Abzugs von Kapital beispielsweise im Rahmen der Refinanzierung einer Übernahme oder vor einer Ausgliederung der abhängigen Gesellschaft aus einem Konzernverbund genutzt werden, wird maßgeblich von den dem jeweiligen Zugriff entgegenstehenden Ausgleichsmechanismen abhängen. Diese werden für die Frage der Rentabilität einer Refinanzierung, und daher auch oftmals für den Anteilserwerb durch einen Investor, von wesentlicher Bedeutung sein. Auch in sonstigen Situationen, in welchen eine Obergesellschaft den Abzug von Kapital betreiben möchte, stellen Haftungs- oder Ausgleichspflichten das juristische Gegengewicht zum Zugriff auf das Vermögen der Ziel-Aktiengesellschaft dar.

Es wird festzustellen sein, dass sowohl im faktischen als auch im Vertragskonzern eine Schadenersatzhaftung des herrschenden Unternehmens, seiner Geschäftsleiter aber auch der Vorstände der abhängigen Aktiengesellschaft zu beachten ist. Neben möglichen Schadenersatzansprüchen steht der abhängigen Gesellschaft in jedem Konzernmodell ein spezifischer Ausgleichsmechanismus zur Seite. Im faktischen Konzern ist das die Pflicht zum Nachteilsausgleich. Im Vertragskonzern besteht die Verlustdeckungspflicht.

4 Rückgewähranspruch nach § 62 AktG

Es steht der Obergesellschaft frei, auf die Vorteile des Vertragskonzerns bei der Abführung von Kapital zu verzichten, und sich mit den Erträgen aus Dividendenzahlungen zufrieden zu geben. Möglicherweise verfügt sie auch nicht über die zum Abschluss eines Unternehmensvertrages notwendige Mehrheit von 75% der Stimmrechte.[305] Wenn aber ein faktischer Einfluss auf die Ziel-Aktiengesellschaft in tatsächlicher Hinsicht auch oftmals ausreichen wird, um die Geschäftsführungsmaßnahmen zur Freisetzung von Kapital durchzuführen, so wurde bereits festgestellt, dass dies in rechtlicher Hinsicht teilweise nicht der Fall ist. Nun wird es maßgeblich von der Ausgestaltung der Rechtsfolgen eines Rechtsverstoßes abhängen, ob die Obergesellschaft dennoch das Risiko einer Einwirkung im faktischen Konzern auf sich nehmen wird, oder sich zur Errichtung eines Vertragskonzerns entscheidet.

Ein Verstoß gegen die Regeln des § 57 AktG durch die Obergesellschaft kann Rückgewähransprüche zugunsten der Ziel-Aktiengesellschaft nach § 62 Abs. 1 Satz 1 AktG auslösen. § 57 AktG und die Vermögensbindung in der beherrschten Aktiengesellschaft wurden bereits in Kapitel 2 angesprochen, wo ausgeführt wurde, dass § 291 Abs. 3 AktG die Vermögensbindung im Vertragskonzern suspendiert, § 57 AktG dagegen aber einem Abzug von Kapital im faktischen Konzern entgegen steht.

4.1 Die herrschende Meinung zum Verhältnis von § 311 AktG zu § 57 AktG

Es fragt sich jedoch, ob diese Aussage nicht zu korrigieren ist, wenn die ganz herrschende Meinung ausführt, § 311 AktG verdränge § 57 AktG.[306] Soweit die

---

305 Vgl. § 293 Abs. 1 Satz 2 AktG.

306 So BGH, Urteil vom 31.05.2011 – II ZR 141/09, NZG 2011, 829 (834); sowie Urteil vom 01.12.2008 – II ZR 102/07, NJW 2009, 850 (851); OLG München, Schlussurteil vom 22.12.2010 – 7 U 1584/10, BeckRS 2011, 00297; LG München I, Urteil vom 10.12.2009 – 5HK O 13261/08, AG 2010, 173 (175); *Krieger* in Münchener Handbuch des Gesellschaftsrechts, Band 4, § 70 Rn. 74; *Leuering/Goertz* in Hölters, § 311 Rn. 9; *Habersack* in Emmerich/Habersack, Aktien- und GmbH-Konzernrecht, § 311 Rn. 82; *Servatius* in Wachter, § 57 Rn. 38; *Westermann* in Bürgers/Körber, § 57 Rn. 40; *Henze* in Großkommentar AktG, § 57 Rn. 194; *Dähnert*, S. 138; *Habersack/Schürnbrand*, NZG 2004, 689 (692); *Möller*, Der Konzern 2008, 1 (5); *Tröger*, ZGR 2009, 447 (464 f.); ähnlich auch *Michalski*, AG 1980, 261 (263 ff.); für ein umgekehrtes

durch § 311 AktG gesetzten Grenzen der Einflussnahme eingehalten sind, soll das Verbot der Einlagenrückgewähr unanwendbar sein. Erfolge allerdings kein Nachteilsausgleich nach § 311 AktG, so lebe auch § 57 AktG, und damit die Rückgewährverpflichtung nach § 62 Abs. 1 Satz 1 AktG wieder auf. Wenn diesbezüglich auch fast Einigkeit besteht, so ergeben sich diese Schlüsse dennoch nicht aus dem Gesetzestext. Eine Ausnahmeregelung wie sie § 291 Abs. 3 AktG für den Vertragskonzern aufstellt, existiert für den faktischen Konzern nicht. Die ganz herrschende Meinung jedoch sieht § 311 AktG als Spezialregelung zu § 57 AktG an. § 311 AktG wolle dem herrschenden Unternehmen als Privilegierung die Möglichkeit des zeitverzögerten Nachteilsausgleichs gewähren, was durch eine Anwendung von § 57 AktG verhindert würde. Ferner stellt § 57 Abs. 1 Satz 3 AktG klar, dass eine verbotene Einlagenrückgewähr dann nicht vorliegt, wenn die Leistung der Aktiengesellschaft durch einen vollwertigen Gegenleistungs- oder Rückgewähranspruch gedeckt ist. Wenn § 311 AktG im faktischen Konzern eine Privilegierung darstellen solle, so müsse hierfür auch der Nachteilsausgleichsanspruch genügen.

4.2 Das „Konzernprivileg“ des gestreckten Nachteilsausgleichs

Die Annahme einer Spezialregelung jedoch scheint eher durch das wünschenswerte Ergebnis motiviert denn dogmatisch begründet, haben § 57 AktG und § 311 AktG doch unterschiedliche Zielsetzungen, Regelungsinhalte und Rechtsfolgen. § 57 AktG möchte den Abfluss von Vermögen an Aktionäre verhindern. § 311 AktG befasst sich mit der nachteiligen Einflussnahme eines herrschenden Unternehmens, und der Möglichkeit, dass dieses sich Vorteile aus seinen Einflussmöglichkeiten gewährt. Soweit – aber auch nur soweit – es daher um den Abfluss von Kapital aus der beherrschten Gesellschaft an den herrschenden Aktionär geht, verbieten beide Normen denselben Vorgang, nämlich den Abzug von Liquidität ohne entsprechende Gegenleistung. Und hält ein Geschäft zwischen Aktiengesellschaft und Aktionär einem Drittvergleich statt, so ist die

---

Spezialitätsverhältnis *Winter*, DStR 2007, 1484 (1489), der also einen Nachteil i.S.d. § 311 AktG ausschließen will, wenn § 57 Abs. 1 Satz 3 AktG erfüllt ist; gegen die Annahme eines Spezialitätsverhältnisses: *Cahn/v. Spannenberg* in Spindler/Stilz, § 57 Rn. 137; *Altmeppen*, Managerhaftung, S. 57 ff., sowie in ZIP 1996, 693 (697), sowie in NZG 2010, 401 (402); *Wilhelmi*, WM 2009, 1917 (1918); *Kropff*, NJW 2009, 814 (816), siehe hierzu noch sogleich; offen gelassen von OLG Düsseldorf, Urteil vom 24.10.1979 – 11 U 47/79, AG 1980, 273 (274).

Vermögensbindung des § 57 AktG nicht verletzt.[307] Ebenso kann man dann davon ausgehen, dass auch die Nachteile, die das Geschäft für die Aktiengesellschaft mit sich bringt, im Sinne des § 311 AktG ausgeglichen sind, oder mangels Abhängigkeitsfolge[308] bereits kein Nachteil anzunehmen wäre.[309] Umgekehrt wird ein Geschäft zwischen herrschendem Unternehmen und beherrschter Gesellschaft, dessen Nachteile durch ersteres ausgeglichen werden, auch einem Drittvergleich im Rahmen der Vermögensbindung stand halten. Ebenso stellt sich die Lage dann dar, wenn man dem Kriterium des Drittvergleichs nach der durch die Änderung des § 57 AktG erfolgten Bekenntnis des Gesetzgebers zur bilanziellen Betrachtungsweise[310] keine oder nur noch nachrangige Bedeutung mehr beimessen wollte.[311] Denn wenn ein im Sinne der Kapitalerhaltung unproblematischer bloßer Aktiventausch vorliegt, so wird auch von einem Ausgleich des entsprechenden Nachteils auszugehen sein. Umgekehrt wird ein erfolgter Nachteilsausgleich einen Kapitalabfluss bilanziell betrachtet neutralisieren, und mithin auch die Anforderungen der Vermögensbindung erfüllen.

Die Frage der Konkurrenz stellt sich mithin in den Fällen, in welchen § 311 AktG Genüge getan wird, in praktischer Hinsicht nicht.

Wird hingegen der Nachteilsausgleich nicht entsprechend § 311 AktG vorgenommen, so besteht zu Recht Einigkeit, dass neben § 317 Abs. 1 Satz 1 AktG auch §§ 57, 62 Abs. 1 Satz 1 AktG anwendbar sein sollen.

Die einzigen Privilegien, die § 311 AktG dem herrschenden Unternehmen im faktischen Konzern gewähren will, sind mithin die Möglichkeit des zeitverzögerten Ausgleichs[312] und die Möglichkeit, den Ausgleich auch in anderer Art

---

307 Vgl. *Hüffer/Koch*, § 57 Rn. 8; *Bayer* in MüKo AktG, § 57 Rn. 46 ff.; *Fleischer* in Schmidt/Lutter, § 57 Rn. 12; *Cahn/v. Spannenberg* in Spindler/Stilz, § 57 Rn. 27; *Laubert* in Hölters, § 57 Rn. 7; *Mülbert/Leuschner*, NZG 2009, 281 (282 f.).

308 Vgl. oben Kapitel 3.1.1.1.2.

309 Vgl. zu diesem Gleichlauf von § 57 AktG und § 311 AktG hinsichtlich der Vergabe unbesicherter Darlehen an Aktionäre BGH, Urteil vom 01.12.2008 – II ZR 102/07, NJW 2009, 850 (851) und *Cahn*, Der Konzern, 2009, 67 (69).

310 Siehe hierzu beispielsweise Begründung zum Gesetzesentwurf zum MoMiG, BT-Drucksache 16/6140, S. 41; *Winter*, DStR 2007, 1484.

311 So wohl *Drygala* in Kölner Kommentar, § 57 Rn. 43 ff.

312 So auch *Bayer* in MüKo AktG, § 57 Rn. 145; *Grigoleit* in Grigoleit, § 311 Rn. 5; *Wilhelmi*, WM 2009, 1917 (1918); *Kropff*, NJW 2009, 814 (816); ähnlich *Altmeppen*, Managerhaftung S. 57 ff., sowie in NZG 2010, 401 (402), der in § 311 AktG überhaupt keine Privilegierung sieht. Auch *Geßler* in FS H. Westermann, 145 (147), führt aus, § 311 Abs. 2 AktG enthalte „keine Besserstellung des faktischen Konzerns, sondern eine Verschärfung der Verantwortlichkeit.“

als durch Geldzahlung vorzunehmen[313]. Ein Fall der Spezialität indessen ist dies entgegen der herrschenden Ansicht nicht.[314]

Bereits die amtliche Überschrift des § 311 AktG, die „Schranken des Einflusses" lautet, lässt Zweifel am Vorliegen einer Privilegierung für das herrschende Unternehmen im faktischen Konzern aufkommen.[315] So soll § 311 AktG der abhängigen Gesellschaft Schutz vor einer Einflussnahme des aufgrund der Konzerngefahr besonders motivierten Unternehmer-Gesellschafters bieten. Es erscheint nun fraglich, ob dieser Schutz nach der Systematik des Gesetzes tatsächlich durch eine Erleichterung, eine Privilegierung dieses Gesellschafters bei nachteiligen Einwirkungen auf die abhängige Gesellschaft erreicht werden soll.[316]

Tatsächlich besteht bei genauerer Betrachtung überhaupt keine Privilegierung in der Anwendung von § 57 Abs. 1 Satz 3 AktG. Denn der Ausgleichsanspruch ist zwar entsprechend § 311 Abs. 2 Satz 1 AktG erst bis zum Ende des Geschäftsjahres zu gewähren, zu vereinbaren ist er jedoch bereits vor der Umsetzung der schädlichen Einflussnahme, nämlich zusammen mit selbiger.[317]

Dies ergibt sich daraus, dass der Vorstand der beherrschten Gesellschaft anderenfalls der Einflussnahme aufgrund seiner eigenen Sorgfaltspflichten überhaupt nicht Folge leisten dürfte. Schließlich ist ihm ein Handeln zum Schaden seiner Gesellschaft nicht erlaubt, vgl. § 93 Abs. 1 Satz 1 AktG. Nur wenn der Vorstand also den Ausgleich der Nachteile für die abhängige Aktiengesellschaft vor Augen hat, darf er den Einwirkungen des Mehrheitsaktionärs Folge leisten. Nun liegt hierin ein scheinbarer Widerspruch zum Wortlaut des § 311 Abs. 2 Satz 1 AktG,

---

313 Vgl. zum Nachteilsausgleich bereits Kapitel 3.1.1.4. Siehe auch *Cahn,* Der Konzern, 2009, 67 (78), der ausführt, es sei die Privilegierung in der Möglichkeit zu sehen, auch anders als in Geld einen Nachteilsausgleich leisten zu können.

314 Ebenso mit dogmatischen Bedenken betreffend der Annahme eines Spezialitätsverhältnisses: *Wilhelmi*, WM 2009, 1917 (1918) und *Kropff*, NJW 2009, 814 (815). Vgl. auch *Zöllner*, ZHR 1998, 235 (245), der von „seltsamsten Konkurrenzerwägungen" spricht.

315 So auch *Wackerbarth*, Der Konzern 2005, 562 (564), der von einer Zweckverfehlung der Norm ausgeht, die dem Unternehmer-Aktionär im Vergleich zum gewöhnlichen Aktionär erhöhte Grenzen für die Einflussnahme setzen wollte. Ähnlich kritisch wohl *Ekkenga*, AG 2013, 181 (182). Dagegen sieht die h.M. in § 311 AktG eine Privilegierung; vgl. BGH, Urteil vom 01.12.2008 – II ZR 102/07, NJW 2009, 850 (851 f.).

316 So auch *Wackerbarth*, Der Konzern 2010, 337 (347).

317 Vgl. hierzu *Altmeppen*, ZIP 1996, 693 (696 f.); siehe auch derselbe in NZG 2010, 401 (402); ebenso *Geßler* in FS H. Westermann, S. 152; ähnlich *Fischbach*, S. 392, der ausführt, der Vorstand müsse sich vergewissern, ob das herrschende Unternehmen bereit und fähig sei, einen Nachteilsausgleich zu leisten.

der aussagt, dass bis zum Ende des Geschäftsjahres bestimmt werden muss, welcher Ausgleich geleistet werden soll. Dies kann sich jedoch nach dem eben Gesagten nur auf die genaue höhenmäßige Festsetzung des Ausgleichs beziehen.[318] Es muss also mit der Einflussnahme des herrschenden Unternehmens auf den Vorstand der Aktiengesellschaft sogleich vereinbart werden, dass und wie ein Ausgleich für Nachteile geleistet werden soll. Bis spätestens zum Ende des Geschäftsjahres, und hierin liegt die Aussage des § 311 Abs. 2 Satz 1 AktG, muss ein verbindlicher Anspruch auf diesen Ausgleich eingeräumt werden.

Nun fordert § 57 Abs. 1 Satz 3 AktG darüber hinaus noch die Werthaltigkeit des entsprechenden Anspruchs.[319] Zu lesen sind § 57 Abs. 1 Satz 3 AktG und § 311 Abs. 2 Satz 1 AktG im faktischen Konzern also im Zusammenhang, nicht aber im Sinne eines Spezialitätsverhältnisses. Es sind sowohl § 311 AktG, also auch § 57 AktG im faktischen Konzern einzuhalten. Bei einer Verletzung einer Norm ist die jeweils andere ebenso verletzt.

4.3 Die Ausnahme von § 311 Abs. 2 AktG bei der Einflussnahme durch Hauptversammlungsbeschlüsse

In der HVB/UniCredit-Entscheidung hat der BGH[320] für den Fall, in welchem die Hauptversammlung der abhängigen Aktiengesellschaft über die Zustimmung zu einer (nachteiligen) Geschäftsführungsmaßnahme Beschluss zu fassen hat, eine Ausnahme von der allgemein angenommenen Privilegierung des § 311 Abs. 2 AktG angenommen. Im zu entscheidenden Fall war das Osteuropageschäft des beklagten Bankhauses veräußert worden. Die Hauptversammlung der Beklagten hatte den Veräußerungsgeschäften zugestimmt, die durch den BGH als nachteilig qualifiziert wurden.[321] In einem solchen Fall der Beschlussfassung über eine nachteilige Geschäftsführungsmaßnahme, so entschied das

318 In diesem Sinne ist, wie bereits angedeutet (vgl. 3.1.1.3), auch die Möglichkeit, nicht quantifizierbare Nachteile durch nicht quantifizierbare Vorteile auszugleichen, zu verstehen. Auch ein solcher zunächst nicht quantifizierbarer Ausgleich müsste also bis zum Jahresende in seiner Höhe bestimmt werden.

319 So auch zur Qualifikation des Nachteilsausgleichsanspruchs als vollwertigen Gegenleistungs- oder Rückgewähranspruch i.S.d. § 57 Abs. 1 Satz 3 AktG: *Wilhelmi*, WM 2009, 1917 (1918). Vgl. auch *Hüffer/Koch*, § 311 Rn. 50 zum Erfordernis der Vollwertigkeit des Ausgleichsanspruchs.

320 BGH, Urteil vom 26.06.2012 – II ZR 30/11, NZG 2012, 1030. Ebenso bereits OLG Frankfurt a.M., Urteil vom 28.02.1973 – 13 U 2/72, WM 1973, 348 (350).

321 Siehe auch *Wirth* in LA Winter, 775 (776 ff.); *Müller*, Hans-Friedrich, LMK 2012, 339147 oder *Rothley*, GWR 2012, 417 (417) zum Sachverhalt.

Gericht, habe bereits der zustimmende Beschluss der Hauptversammlung den Nachteilsausgleich vorzusehen.

Der BGH stützt dies in seiner Entscheidung in Übereinstimmung mit der herrschenden Ansicht in der Literatur[322] auf die Einschlägigkeit von § 243 Abs. 2 Satz 2 AktG, wenn im Nachteil für die abhängige Gesellschaft zugleich ein Sondervorteil für das herrschende Unternehmen als Mehrheitsaktionär bestünde. Dem benachteiligten Minderheitsaktionär sei es nicht zumutbar, einen Nachteilsausgleich abzuwarten und den entsprechenden Beschluss in dieser Zeit unanfechtbar werden zu lassen.[323] Die Privilegierung des Mehrheitsaktionärs könne daher in diesem Fall nicht greifen.[324] In der Literatur[325] findet sich darüber hinaus noch das Argument, § 311 Abs. 2 AktG finde mit seiner Privilegierung nur Anwendung auf die laufende Konzernleitung, nicht aber auf außergewöhnliche Maßnahmen, die nach den Holzmüller- und Gelatine-Grundsätzen zustimmungspflichtig seien.

4.4 Stellungnahme

Wieso indessen ein Unterschied zwischen Maßnahmen, die der Vorstand der abhängigen Gesellschaft ohne Zustimmung der Hauptversammlung umsetzen kann, und zustimmungsbedürftigen Maßnahmen zu machen sein sollte, ist nicht ersichtlich. Der Hauptversammlungsbeschluss als Verwaltungsinternum der Aktiengesellschaft entfaltet ohnehin keine Bindungswirkung für den Mehrheitsaktionär, den Nachteilsausgleich zu leisten.[326] Wenig überzeugen kann in diesem Zusammenhang das vom BGH vorgebrachte Argument, der Vorstand habe Beschlüsse der Hauptversammlung grundsätzlich umzusetzen, dem dem Vorstand unter Umständen zukommenden Ermessensspielraum käme keine Bedeutung zu.[327] Selbst bei Berücksichtigung einer Bindung des Vorstands an den Inhalt des Hauptversammlungsbeschlusses, hat diese Bindung allenfalls

322 *Schäfer* in MüKo AktG, § 243 Rn. 105; *Koppensteiner* in Kölner Kommentar, § 311 Rn. 166; *Müller* in Spindler/Stilz, § 311 Rn. 65; *Vetter* in Schmidt/Lutter, § 311 Rn. 123; *Englisch* in Hölters, § 243 Rn. 74; *Fett* in Bürgers/Körber, § 311 Rn. 59; *Rothley* in Wachter, § 311 Rn. 34; *Habersack* in Emmerich/Habersack, Aktien- und GmbH-Konzernrecht, § 311 Rn. 85; *Wilhelm*, NZG 2012, 1287 (1289 f.); *Müller*, Hans-Friedrich, LMK 2012, 339147.

323 BGH (HVB/UniCredit), Urteil vom 26.06.2012 – II ZR 30/11, NZG 2012, 1030 (1032).

324 BGH (HVB/UniCredit), Urteil vom 26.06.2012 – II ZR 30/11, NZG 2012, 1030 (1032).

325 *Wilhelm*, NZG 2012, 1287 (1289).

326 So auch *Wilhelm*, NZG 2012, 1287 (1288).

327 BGH (HVB/UniCredit), Urteil vom 26.06.2012 – II ZR 30/11, NZG 2012, 1030 (1031).

Bedeutung im Verhältnis der abhängigen Gesellschaft zu ihrem Vorstand. Im hier entscheidenden Verhältnis zwischen herrschendem Unternehmen und abhängiger Aktiengesellschaft allerdings ist der in der abhängigen Gesellschaft gefasste Hauptversammlungsbeschluss ohne Relevanz.

Letztendlich wird durch BGH und herrschende Meinung also genau wie soeben vertreten verlangt, dass der Nachteilsausgleich in Aussicht gestellt und vereinbart wird, der endgültige, in seiner Höhe bestimmte, schuldrechtliche Anspruch jedoch später begründet werden kann. Dies nun allein auf Fälle der Einflussnahme durch die Abstimmung in der Hauptversammlung zu beschränken, und hierfür eine teleologische Ausnahme von § 311 Abs. 2 AktG zu begründen, ist mit oben gemachter Argumentation nicht notwendig.[328]

Es ist also nicht § 311 AktG vor § 57 AktG Vorrang zu gewähren, sondern es sind sowohl § 311 AktG, also auch § 57 AktG im faktischen Konzern zu befolgen. Bei einer Verletzung einer Norm ist die jeweils andere ebenso verletzt, und die Rechtsfolgen richten sich nach § 62 Abs. 1 Satz 1 AktG ebenso wie nach § 317 Abs. 1 Satz 1 AktG.

Es ergäbe sich also in den Fällen, in welchen die Obergesellschaft der Verpflichtung zum Nachteilsausgleich nicht nachkommt, ein Rückgewähranspruch hinsichtlich des abgezogenen Kapitals zugunsten der abhängigen Gesellschaft. Die Anwendung des § 317 Abs. 1 Satz 1 AktG ist hierdurch aber nicht gehindert.

---

328 Ebenso im Ergebnis *Altmeppen* in MüKo AktG, § 311 Rn. 131, der ausführt, „ein Vorrang des § 311 zu § 243 ist nicht erforderlich."

5 Schadenersatz im faktischen Konzern

Neben § 317 Abs. 1 Satz 1 AktG als zentraler Schadenersatznorm im Regelungssystem des faktischen Konzern kommen Schadenersatzansprüche der abhängigen Aktiengesellschaft auch nach § 826 BGB, nach § 117 AktG, nach § 93 AktG, sowie wegen der Verletzung gesellschaftsrechtlicher Treuepflichten infrage. Schadenersatzansprüche können sich gegen die Obergesellschaft und ihre Geschäftsleiter, aber auch gegen den Vorstand der abhängigen Aktiengesellschaft richten.

5.1 § 317 AktG

Es wurde bereits auf § 311 AktG eingegangen.[329] Wie festgestellt, konstituiert die Norm das Erfordernis eines Ausgleichs, wenn im faktischen Konzern durch ein herrschendes Unternehmen nachteilig auf eine abhängige Aktiengesellschaft eingewirkt wird. Für den Fall, dass ein Nachteilsausgleich nicht erfolgt, ergibt sich aus § 311 AktG die Rechtswidrigkeit der Einflussnahme durch das herrschende Unternehmen. In enger Verbindung zu § 311 AktG ist § 317 AktG zu sehen.[330] Denn § 317 AktG knüpft an die rechtswidrige Einflussnahme an. § 317 Abs. 1 Satz 1 AktG komplettiert die Regelung des § 311 AktG, indem die Norm eine Schadenersatzhaftung des herrschenden Unternehmens gegenüber der abhängigen Gesellschaft bestimmt, wenn die Nachteile einer nachteiligen Einflussnahme nicht ausgeglichen werden, und der abhängigen Gesellschaft hieraus ein Schaden entsteht.

5.1.1 Schaden

Es stellt sich in diesem Zusammenhang die bereits oben[331] aufgeworfene Frage, wann ein Schadenseintritt als Voraussetzung eines Ersatzanspruchs anzunehmen ist.

---

329 Siehe Kapitel 3.1.1.

330 Nach *Hüffer/Koch*, § 311 Rn. 2 setze § 317 AktG „die gedankliche Linie“ des § 311 AktG fort.

331 Siehe Kapitel 3.1.3.1.

5.1.1.1 Bestimmung des Schadens

Wie bereits festgestellt, ist die Frage, ob ein Schaden vorliegt, auch im Rahmen einer Haftung, die ihre Grundlage im AktG findet, nach allgemeinem Zivilrecht zu beantworten.[332] Ein Schaden ist mithin auch im konzernrechtlichen Zusammenhang die Differenz der Vermögenslagen des Geschädigten mit und ohne das potentiell schädigende Ereignis. Es ist also auf die tatsächliche Vermögenslage der Ziel-Aktiengesellschaft im Vergleich zu ihrer hypothetischen Vermögenslage ohne die Schaden stiftende Einflussnahme des herrschenden Unternehmens abzustellen.

Wenn bereits festgestellt wurde, dass sich die nachteilige Einflussnahme der Obergesellschaft auf eine Ziel-Aktiengesellschaft zum Abzug von Kapital oftmals überhaupt nicht unmittelbar, oder aber sogar in positiver Weise bilanziell niederschlagen wird, da die Erzielung oder Erhöhung eines Bilanzgewinns angestrebt wird,[333] ist diese Tatsache nunmehr bei der Bestimmung eines möglichen Schadens wieder aufzugreifen. Nach den bereits gemachten Feststellungen wird sich im Moment der Vornahme einer Maßnahme ein Nachteil, dessen Beurteilung sich nach allen auch künftigen Umständen im Zeitpunkt der Vornahme richtet, im Allgemeinen annehmen lassen. Ein Schaden hingegen, dessen Vorliegen anhand der Bilanz zu bemessen ist, eher nicht.

Allerdings ist, wie bereits dargestellt wurde, der spätere, also verzögerte Eintritt eines Schadens durchaus naheliegend. Denn die Freisetzung und der Abzug von Kapital können, unter Umständen erst nach Ablauf einiger Zeit, durchaus gewichtige Nachteile für die Vermögenslage und die Gewinnaussichten der Zielgesellschaft mit sich bringen. Nach den gemachten Feststellungen zum Beurteilungszeitpunkt eines Schadens wäre im Rahmen der Geltendmachung eines Ersatzanspruches nach § 317 Abs. 1 Satz 1 AktG auch ein bis zum Zeitpunkt der Geltendmachung verzögert eingetretener Schaden zu berücksichtigen und auszugleichen.

5.1.1.2 Die Weite der Haftung und das Beweisproblem

Zu ersetzen wäre demnach entsprechend der Differenzhypothese die Differenz zwischen den Vermögenslagen der Ziel-Aktiengesellschaft mit und ohne die schädliche Einwirkung. Der in der Theorie auf diese Weise bestimmbare Wert

332 Siehe Kapitel 3.1.1.1.2.
333 Siehe Kapitel 3.1.1.2.

mag teilweise schier uferlos weit wirken.[334] Schließlich umfasst ein Schaden den gesamten Verlust oder Minderertrag des Unternehmens, der kausal und zurechenbar mit der Einwirkung der Obergesellschaft verknüpft ist.[335] Betrachtet man als Beispiel eine Beeinflussung zur Übertragung eines lukrativen Geschäftsteils auf die Obergesellschaft gegen eine vergleichsweise geringe Gegenleistung, so sind hohe Summen an hierdurch erzielten Verlusten oder Mindererträgen gut vorstellbar.

Allerdings wird sich in der Praxis die Frage nach einer Beweisbarkeit des Schadenseintritts, oder zumindest der Kausalität stellen. Der einen Schadenersatzanspruch geltend machende Insolvenzverwalter oder Aktionär der abhängigen Aktiengesellschaft wird oftmals kaum beweisen können, dass ein erzielter Minderertrag oder Verlust auf der Einflussnahme des herrschenden Unternehmens Schadenersatzschuldner beruht. § 317 Abs. 1 Satz 1 AktG verlangt aber für das Vorliegen eines Schadenersatzanspruchs, dass der Schaden aus der Veranlassung des herrschenden Unternehmens resultiert. Die Beweislast für diese Tatsache liegt nach den allgemeinen Regeln der Beweislastverteilung bei der abhängigen Gesellschaft.[336]

5.1.1.3 Der Nachteil als Mindestschaden

Als Folge der unterschiedlichen Beurteilungszeitpunkte, die der Bemessung von Schaden und Nachteil jeweils zugrunde liegen,[337] ergibt sich, dass ein Schaden den ursprünglich zugefügten Nachteil übersteigen kann. Denn die nachteilige Einwirkung kann sich bei einer unvorteilhaften Entwicklung bis zum späteren Beurteilungszeitpunkt für den Schadenersatz weiter auswachsen.

Umgekehrt wäre es aber auch denkbar, dass ein Schaden infolge einer überraschend positiven Entwicklung trotz anfänglicher Nachteiligkeit einer Einwirkung ausbleibt. Im Fall einer solchen günstigen Entwicklung bleibt also die Schadensentwicklung hinter dem ursprünglichen Nachteil zurück.

In derartigen Fällen soll nach verbreiteter Ansicht die Höhe des Nachteils den zu erstattenden Mindestschaden darstellen.[338] Ansonsten nämlich könne das

---

334 Vgl. auch *Hoffmann*, NJW 2012, 1393, dessen Überlegungen zur Weite der Organhaftung von Vorständen und Aufsichtsräten sich hier übertragen lassen.

335 Vgl. oben Kapitel 3.1.1.1.2.

336 Vgl. BGH, Beschluss vom 25.06.2008 – II ZR 133/07, NZG 2008, 831 (832); abweichend *Altmeppen* in MüKo AktG, § 317 Rn. 75, der eine Vermutung annimmt.

337 Siehe oben Kapitel 3.1.1.1.2.

338 Vgl. *Hüffer/Koch*, § 317 Rn. 7; *Rothley* in Wachter, § 317 Rn. 7; *Müller* in Spindler/Stilz, § 317 Rn. 10; *Walchner* in Heidel, § 317 AktG Rn. 8 (a.A. nun *Schatz/Schödel*

herrschende Unternehmen frei unter Berücksichtigung aktueller Entwicklungen bis zum Geschäftsjahresende wählen, ob es Nachteilsausgleich oder Schadenersatz leisten möchte. § 317 Abs. 1 Satz 1 AktG verfehle dann seinen Sanktionszweck.[339]

Die Gegenansicht vertritt, auch spätere positive Entwicklungen könnten dem herrschenden Unternehmen zugute kommen. Ein zu ersetzender Schaden könne daher hinter einem zunächst angenommenen Nachteil zurückbleiben.[340] Der Schaden sei nicht normativ, sondern nur nach Adäquanz und Kausalität zu bestimmen.[341]

Folgt man der hier vertretenen Auffassung zur Bestimmung eines Nachteils, so stellt sich die von erstgenannter, und wohl herrschender Ansicht aufgeworfene Frage nach der Umgehung des Sanktionszwecks überhaupt nicht. Denn ein Nachteil ist richtigerweise zwar im Zeitpunkt der Einwirkung auf die abhängige Gesellschaft, jedoch auch hier nach allen bereits zu erwartenden Umständen, zu beurteilen.[342] Ist also eine positive Entwicklung absehbar, so wird auch der zu ersetzende Nachteil entsprechend geringer ausfallen. Das herrschende Unternehmen wird in diesem Fall nach wirtschaftlichen Erwägungen eher nicht abwarten, ob der Schaden unter Umständen noch geringer ausfallen wird, und dabei das Risiko auch einer höheren Ersatzpflicht in Kauf nehmen. Ist hingegen eine negative Fortentwicklung zu erwarten, so spiegelt sich auch diese zwar bereits im Nachteil wieder, das herrschende Unternehmen wird aber nicht riskieren, einen möglicherweise noch höheren Schaden abzuwarten. Absehbare Entwicklungen finden mithin ohnehin Berücksichtigung. Die zufällige, nicht absehbare positive Entwicklung darf daher auch nach normativen Gesichtspunkten dem herrschenden Unternehmen zu Gute kommen, da dieses diese eben nicht berücksichtigen konnte, um seine Einstandspflicht zu mindern.

---

in der Neuauflage); *Leuering/Goertz* in Hölters, § 317 Rn. 14; *Fett* in Bürgers/Körber, § 317 Rn. 4; *Wirth* in LA Winter, 775 (783 f.); *Beuthien*, DB 1969, 1781 (1783).

339 Vgl. zum Sanktionszweck *Hüffer/Koch*, § 317 Rn. 1; *Koppensteiner* in Kölner Kommentar, § 317 Rn. 2; *Vetter* in Schmidt/Lutter, § 317 Rn. 2; *Müller* in Spindler/Stilz, § 317 Rn. 1; *Leuering/Goertz* in Hölters, § 317 Rn. 2; *Voigt*, S. 304.

340 Vgl. *Altmeppen* in MüKo AktG, § 317 Rn. 40 f., sowie in FS Priester, 1 (18); *Koppensteiner* in Kölner Kommentar, § 317 Rn. 15 und Rn. 17; *Vetter* in Schmidt/Lutter, § 317 Rn. 8; *Schatz/Schödel* in Heidel, § 317 Rn. 10.

341 *Koppensteiner* in Kölner Kommentar, § 317 Rn. 15; *Schatz/Schödel* in Heidel, § 317 Rn. 10.

342 Siehe Kapitel 3.1.1.1.2.

5.1.2 § 317 Abs. 2 AktG

§ 317 Abs. 2 AktG bestimmt, dass eine Haftung nicht eintritt, wenn die Schaden stiftende Maßnahme auch durch einen ordentlichen und gewissenhaften Geschäftsleiter einer unabhängigen Gesellschaft vorgenommen worden wäre. Im Rahmen dieses § 317 Abs. 2 AktG wird also die Frage nach dem Vergleich mit dem Sorgfaltsmaßstab, den die oben dargestellte herrschende Meinung bereits bei der Prüfung des § 311 AktG beim Tatbestandsmerkmal des Nachteils anstellt,[343] auch nach der hier vertretenen Ansicht bedeutsam. Die Frage, ob in § 317 Abs. 2 AktG eine Exkulpationsmöglichkeit oder ein Tatbestandsausschluss zu sehen ist, ist in praktischer Hinsicht allenfalls für die Frage der Beweislast von Relevanz.

§ 317 Abs. 2 AktG ist jedoch, ob als Exkulpationsmöglichkeit oder als Tatbestandsausschluss, von Bedeutung für die Frage der Haftung für eine unzulässige Nachteilszufügung und mithin für die Frage nach der Verantwortlichkeit für den Abzug von Kapital aus einer abhängigen Aktiengesellschaft. Denn die Vorschrift hat zur Folge, dass auch nach der hier vertretenen Ansicht eine Schadenersatzhaftung nicht allein durch den auf einer nachteiligen und ausgleichslosen Einflussnahme beruhenden Schadenseintritt begründet werden kann. Vielmehr bedarf es ebenso der Feststellung, dass die entsprechende Maßnahme in einer unabhängigen Aktiengesellschaft nicht wie geschehen vorgenommen worden wäre.

5.1.3 Ergebnis

§ 317 AktG komplettiert den Regelungsgehalt des § 311 AktG. Während letztere Norm eine nachteilige Einflussnahme durch die Obergesellschaft im Grundsatz verbietet, knüpft § 317 AktG weitreichende Haftungssanktionen an den Verstoß gegen das Verbot der ausgleichslosen Nachteilszufügung.

Ein Schaden im Rahmen dieser Haftung ist hierbei nach der Differenzhypothese zu bestimmen. Der sich hieraus ergebenden Weite der Haftung in der theoretischen Betrachtung steht in der praktischen Beurteilung das Problem der mangelnden Beweisbarkeit von Schaden und Kausalität gegenüber.

---

343 Siehe Kapitel 3.1.1.1.2.

5.2 § 826 BGB und der qualifiziert faktische Konzern

Es wurde bereits auf die Rechtsprechung zum faktischen Konzern im GmbH-Recht und die weiterhin bestehende Streitigkeit im Aktienrecht hingewiesen.[344] Infrage kommt eine Verantwortlichkeit der Obergesellschaft für eine Einflussnahme nach den Grundsätzen des qualifiziert faktischen Konzerns, also in Form einer Verlustdeckungspflicht analog § 302 Abs. 1 AktG oder einer Schadenersatzpflicht nach § 826 BGB, nach § 117 Abs. 1 Satz 1 AktG oder nach § 317 Abs. 1 Satz 1 AktG, wenn im faktischen Konzern zu Maßnahmen angeleitet wird, deren Folgen mangels Quantifizierbarkeit einem Nachteilsausgleich nicht zugänglich sind. Wie bereits angedeutet besteht jedoch Uneinigkeit hinsichtlich des Haftungskonzepts für derartige Einflussnahmen.

5.2.1 Meinungsstand

Einige Stimmen in der Literatur nehmen eine Übertragung der Rechtsprechung aus dem GmbH- in das Aktienrecht, und mithin die Abkehr vom qualifiziert faktischen Konzern auch im Aktienrecht an.[345] Eine Haftung für eine Einflussnahme, die nicht den Anforderungen des § 311 Abs. 1 AktG entspreche, weil sie in ihrer Intensität nur durch den Abschluss eines Beherrschungsvertrages legitimierbar sei, solle sich nach der Rechtsprechung zum existenzvernichtenden Eingriff, nicht aber nach einer entsprechenden Anwendung der Regelungen des Vertragskonzerns richten. Rechtsgrundlagen für eine Haftung seien nach dieser Ansicht daher § 117 Abs. 1 Satz 1 AktG und § 826 BGB, die Haftung eine Innenhaftung des Aktionärs gegenüber der Aktiengesellschaft.

Die Gegenansicht sieht im Aktienrecht den qualifiziert faktischen Konzern weiter als Haftungsgrundlage an.[346] Sie kommt daher zu einer Verlustausgleichspflicht des herrschenden Unternehmens entsprechend § 302 Abs. 1 AktG. Die Regelungen des Vertragskonzerns enthielten ein konsistentes System. Auftretende Regelungslücken seien vorrangig innerhalb dieses Systems zu schließen.[347]

---

344 Vgl. Kapitel 3.1.1.3.

345 *Koppensteiner* in Kölner Kommentar, Anh. § 318 Rn. 64 ff. und Rn. 104; *Hüffer/Koch*, § 1 Rn. 29 f.; *Liebscher* in Handbuch AG, § 15 Rn. 91; *Bicker*, DZWIR 2007, 284.

346 *Müller* in Spindler/Stilz, Vor § 311 Rn. 25; *Leuering/Goertz* in Hölters, § 311 Rn. 97 f.; *Fett* in Bürgers/Körber, § 311 Rn. 30; *Cahn*, S. 84 f.; ähnlich *Vetter* in Schmidt/Lutter, § 317 Rn. 56 ff., der die Verlustausgleichspflicht als Erweiterung der Rechtsfolge des § 317 AktG ansieht; ähnlich noch *Liebscher* in Handbuch AG, 1. Auflage 2004, § 14 Rn. 93, der von einer Anwendung von § 302 AktG analog neben § 317 AktG ausging.

347 *Müller* in Spindler/Stilz, Vor § 311 Rn. 25.

Da nur ein Beherrschungsvertrag eine intensivere Konzernleitung legitimieren könne, habe das herrschende Unternehmen einen solchen abzuschließen, wenn es die Grenzen des § 311 AktG überschreite. Unterließe es dies, so sei die Anwendung der Regeln des Vertragskonzernrechts, also insbesondere der Verlustdeckungspflicht, Gebot des Umgehungsschutzes.[348] Ein Unterschied in der Behandlung zum GmbH-Konzern sei gerechtfertigt, weil ein GmbH-Gesellschafter ohnehin Weisungen bis zur Grenze der Existenzvernichtung erteilen dürfe, der qualifiziert faktische Konzern im GmbH-Recht daher nicht per se rechtswidrig sei.[349]

Eine durch § 826 BGB oder durch § 302 Abs. 1 Satz 1 AktG zu füllende Regelungslücke bestehe nach einer weiteren Ansicht überhaupt nicht.[350] Mit der Schadenersatzhaftung nach § 317 Abs. 1 Satz 1 AktG bestehe bereits eine gesetzliche Regelung für die nicht den Voraussetzungen des § 311 AktG entsprechende nachteilige Einwirkung. Die Rechtsfolgen einer Verletzung des § 311 AktG richteten sich somit stets und ausschließlich nach § 317 Abs. 1 Satz 1 AktG.

Auch der BGH hält in seiner MPS-Entscheidung für die Haftung des Vorstands der abhängigen Gesellschaft §§ 317 Abs. 1 Satz 1, 318 Abs. 1 Satz 1 AktG für einschlägig, „wenn und soweit der [...] eintretende Nachteil nicht ausgleichsfähig ist."[351] Diese Annahme dürfte sich wohl auf die Haftung des herrschenden Unternehmens übertragen lassen, da sich hierfür die Anspruchsgrundlagen, von der Verzichtbarkeit des § 318 Abs. 1 Satz 1 AktG abgesehen, nicht unterscheiden.

5.2.2 Stellungnahme

Dieser letztgenannten Ansicht ist zuzustimmen. Eine für die analoge Anwendung von § 302 Abs. 1 Satz 1 AktG notwendige Regelungslücke, oder ein Bedürfnis nach Anwendung des § 826 BGB besteht nicht.

Im GmbH-Recht besteht die bei der Aktiengesellschaft grundsätzlich bestehende, strukturelle Unabhängigkeit des Vorstandes von Einflussnahmen der Aktionäre auf die Geschäftsleitung[352] nicht. Mithin ist es hier notwendig,

348 *Müller* in Spindler/Stilz, Vor § 311 Rn. 25.

349 *Müller* in Spindler/Stilz, Vor § 311 Rn. 26; *Fett* in Bürgers/Körber, § 311 Rn. 30; *Grigoleit* in Grigoleit, § 1 Rn. 113.

350 *Altmeppen* in MüKo AktG, § 317 Anh. Rn. 20 f.; *Rothley* in Wachter, § 311 Rn. 2; *Raiser/Veil*, § 61 Rn. 60; *Mülbert/Leuschner*, NZG 2009, 281 (287).

351 BGH, Urteil vom 01.12.2008 – II ZR 102/07, NJW 2009, 850 (852).

352 Vgl. zum Verhältnis zwischen Vorstand und Hauptversammlung beispielsweise *Veil*, S. 73 f.

mit § 826 BGB eine Grenze für schädliche Einflussnahmen aufzuzeigen. Für die Aktiengesellschaft bestehen derartige Grenzen jedoch im faktischen Konzern mit §§ 311 Abs. 1, 317 Abs. 1 Satz 1 AktG, und ansonsten mit § 117 Abs. 1 Satz 1 AktG. Diese Normen verbieten, wie bereits dargestellt eine schädliche Einflussnahme grundsätzlich, im Konzern dagegen eine nachteilige Einflussnahme ohne Nachteilsausgleich. Es spricht nun nichts dagegen, die Einflussnahme in einer Dichte, die einem Ausgleich entsprechend § 311 Abs. 1 AktG nicht mehr zugänglich ist, also eben die Errichtung eines sogenannten qualifiziert faktischen Konzerns, als eine nicht § 311 Abs. 1 AktG entsprechende Nachteilszufügung zu betrachten, und somit § 317 Abs. 1 Satz 1 AktG zur Anwendung zu bringen.

Auch zeigt der Umschwung der Rechtsprechung im GmbH-Konzernrecht, also die Entwicklung von einer Strukturhaftung bis hin zur Existenzvernichtungshaftung, dass nicht mehr der Zustand der qualifiziert faktischen Konzernierung sanktioniert werden soll, sondern vielmehr die schädliche Einwirkung. Denn anstatt die Regeln des Vertragskonzernrechts, die der Errichtung eines Konzernverhältnisses begegnen, zur Anwendung zu bringen, soll § 826 BGB ein schädigendes Verhalten verbieten. Die vorherige Zustandshaftung wurde also zugunsten einer Verhaltenshaftung aufgegeben.[353] Dem entspricht auch eine Anwendung des § 317 Abs. 1 Satz 1 AktG, der die unzulässige Nachteilszufügung bzw. den unterlassenen Nachteilsausgleich als ein Verhalten sanktioniert[354] im Gegensatz zu den Normen des Vertragskonzernrechts, die dem Zustand der Konzernierung mit dem Pauschalausgleichssystem begegnen möchten.

Der Wortlaut des § 317 Abs. 1 Satz 1 AktG, der besagt, das herrschende Unternehmen sei zum Schadenersatz verpflichtet, wenn es einen Nachteil veranlasst, „ohne dass es den Nachteil [...] ausgleicht", lässt die Anwendung der Norm für die qualifizierte Nachteilszufügung zwanglos zu. Es wird durch das Gesetz offensichtlich keine Unterscheidung zwischen den Fällen vorgenommen, in welchen ein Nachteilsausgleich willkürlich nicht erfolgt, oder ein Ausgleich

---

353 Vgl. *Hirte/Schall*, Der Konzern 2006, 243 (254); *Schmidt*, NJW 2001, 3577 (3579). Siehe *Versteegen*, S. 7 ff. oder sehr ausführlich *Dähnert*, S. 117 ff. zur Entwicklung von konzernrechtlicher Strukturhaftung hin zur Existenzvernichtungshaftung.

354 Die Streitfrage, ob die nachteilige Veranlassung oder der unterbliebene Nachteilsausgleich Haftungsgrund des § 317 AktG sein soll, ist an dieser Stelle nicht von Bedeutung, und soll daher nicht dargestellt werden. Denn bei beiden Annahmen ist Sanktionszweck ein Verhalten des herrschenden Unternehmens.
Einen Überblick über den Streitstand bietet aber beispielsweise *Hüffer/Koch*, § 317 Rn. 6.

mangels Quantifizierbarkeit des Schadens nicht möglich ist. Für beide Fälle soll vielmehr § 317 Abs. 1 Satz 1 AktG anzuwenden sein.

Auch unter dem Gesichtspunkt des Umgehungsschutzes ist eine Anwendung der Regeln zum Vertragskonzern nicht geboten. Denn wenn das Gesetz mit dem faktischen und dem Vertragskonzern zwei alternative Gestaltungsmodelle anbietet, so bedeutet die Verletzung der Regeln des einen Systems, also der Verstoß gegen § 311 Abs. 1 AktG, nicht die Entscheidung für eine Umgehung des anderen Systems. Vielmehr ist die Frage nach einer entsprechenden Haftung – mit der Argumentation der Gegenansicht – im jeweiligen System zu lösen. Dies muss im (qualifiziert) faktischen Konzern eine Anwendung der Regeln zum faktischen Konzern zur Folge haben. Wenig überzeugend sind daher insbesondere die Lösungen, die beide Haftungssysteme vermischen, die also § 317 Abs. 1 Satz 1 AktG neben § 302 Abs. 1 AktG anwenden möchten,[355] oder die Verlustdeckung nach § 302 Abs. 1 AktG als besondere Rechtsfolge des § 317 Abs. 1 Satz 1 AktG betrachten.[356]

5.2.3 § 826 BGB und § 317 AktG

Neben § 317 Abs. 1 Satz 1 AktG kann schließlich auch eine, ebenso auf Schadenersatz gerichtete, Haftung nach § 826 BGB infrage treten.[357]

Dieser Anspruchsgrundlage wird allerdings bei praktischer Betrachtung wenig Bedeutung zukommen. Denn § 826 BGB wird als Haftung für eine vorsätzliche sittenwidrige Schädigung und seinen mithin gegenüber dem § 317 AktG strengeren tatbestandlichen Anforderungen im hier diskutierten Kontext ein Auffangtatbestand bleiben. Neben dem Schadenseintritt wäre für eine Anwendbarkeit der Norm ein Schädigungsvorsatz und das Tatbestandsmerkmal der Sittenwidrigkeit zu beweisen. Dies wird in Szenarien des Abzugs von Kapital eher ein Ausnahmefall sein.

Eine Haftung nur nach § 826 BGB, also eine Erfüllung des Tatbestands des § 826 BGB, nicht aber des § 317 AktG ist auszuschließen. Dass § 826 BGB nicht einschlägig sein kann, wenn eine Einflussnahme den Anforderungen des § 311 Abs. 1 AktG entspricht, also ein Nachteilsausgleich vorgenommen wird,

---

355 So aber noch *Liebscher* in Handbuch AG, 1. Auflage 2004, § 14 Rn. 93. Vgl. nun Fn. 337.

356 So aber *Vetter* in Schmidt/Lutter, § 317 Rn. 56 ff.

357 *Hüffer/Koch*, § 317 Rn. 17; *Schatz/Schödel* in Heidel, § 317 Rn. 3; *Müller* in Spindler/Stilz, § 317 Rn. 24; *Vetter* in Schmidt/Lutter, § 317 Rn. 45.

ergibt sich bereits aus der Tatsache, dass eine dem Konzernrecht des AktG entsprechende Einflussnahme nicht sittenwidrig i.S.d. § 826 BGB ist.

5.3 § 117 AktG

Bereits erläutert wurde die Frage, ob § 117 AktG im faktischen Konzern Anwendung finden kann.[358] Dies ist nach oben Gesagtem dann der Fall, wenn der Ausgleich für eine Nachteilszufügung nicht entsprechend den Anforderungen des § 311 AktG geleistet wird. In diesen Fällen tritt neben die Schadenersatzpflicht des § 317 Abs. 1 Satz 1 AktG auch eine nach § 117 Abs. 1 Satz 1 AktG.

Zu beachten ist dabei, dass § 117 Abs. 1 Satz 1 AktG im Gegensatz zu § 317 Abs. 2 AktG vorsätzliches Handeln auch hinsichtlich der Schadenszufügung voraussetzt. Fahrlässigkeit reicht mithin nicht aus um eine Haftung nach § 117 AktG zu begründen.

Wird von der Obergesellschaft also zumindest im Sinne eines bedingten Vorsatzes[359] in Kauf genommen, dass die Maßnahmen zum Abzug von Kapital einen Schaden verursachen, so besteht die Haftung nach § 117 Abs. 1 Satz 1 AktG neben der des § 317 Abs. 1 Satz 1 AktG.

5.4 Die Haftung wegen Verletzung gesellschaftsrechtlicher Treuepflichten

Als Ursprung einer Haftung für schädliche Einflussnahmen der Obergesellschaft gegenüber der abhängigen Aktiengesellschaft könnten auch gesellschaftsrechtliche Treuepflichten infrage kommen. Diese sind, nachdem dies früher nur im GmbH-Recht der Fall war, auch für die Aktiengesellschaft anerkannt.[360] Die Stellung als Aktionär begründet demnach Rücksichtnahmepflichten gegenüber der

358 Siehe Kapitel 3.1.3.2.

359 Ein solcher ist für eine Haftung nach § 117 AktG ausreichend, vgl. *Hüffer/Koch*, § 117 Rn. 7; *Spindler* in MüKo AktG, § 117 Rn. 42; *Hommelhoff/Witt* in Schmidt/Lutter, § 117 Rn. 11; *Israel* in Bürgers/Körber, § 117 Rn. 4; *Schall* in Spindler/Stilz, § 117 Rn. 25; *Leuering/Goertz* in Hölters, § 117 Rn. 7; *Mayrhofer* in Wachter, § 117 Rn. 6; *Begründung RegE* in Kropff, S. 162.

360 Einen Überblick über die Entwicklung des Instituts der mitgliedschaftlichen Treuepflichten im Aktienrecht bieten beispielsweise *Schmidt*, Gesellschaftsrecht, § 20 IV; *Hüffer/Koch*, § 53a Rn. 13 ff. oder *Hüffer* in FS Steindorff, 59 (60 ff.) oder *Rieckers* in Münchener Handbuch des Gesellschaftsrechts, Band 4, § 17 Rn. 19 ff.

Aktiengesellschaft.[361] Verletzungen derartiger Pflichten können Schadenersatzansprüche begründen.

Diese grundsätzlichen Annahmen sollen hier nicht infrage gestellt werden. Einer näheren Betrachtung würdig ist jedoch das Verhältnis derartiger Treuepflichten zu den konzernrechtlichen Verhaltensregeln, Haftungsnormen und Ausgleichspflichten. Der Gedanke, diese Normen enthielten bereits eine abschließende Regelung, liegt doch zumindest nahe. Zu fragen ist demnach im hier diskutierten Kontext nicht, ob Treuepflichten bestehen, sondern ob diese einen Pflichtenmaßstab über die gesetzlichen Regelungen des Konzernrechts hinaus entfalten könnten.

5.4.1 Meinungsstand

Nach einer Ansicht wird das Institut der Treuepflichten im Konzern als eine umfassende Lösung der mit der Konzernierung verbundenen Gefahren und Probleme angesehen.[362] §§ 311 ff. AktG seien keine Spezialregelungen zu den Grundsätzen der Treuepflichten.[363] Für die Problematik, dass ein bloß finanzieller Ausgleich nach § 311 AktG den Beeinträchtigungen der abhängigen Gesellschaft nicht genügen könne oder die Bemessung Probleme bereitete, böte die Annahme von Treuepflichten eine Lösung. Die Bindung der Einwirkung des Aktionärs auf die Aktiengesellschaft an eine Treuepflicht sorge dafür, dass eine Maßnahme vor ihrer Umsetzung darauf überprüft werde, ob sie Sorgfaltsmaßstäben entspräche. Dies verhindere die Notwendigkeit des nachträglichen (und unzureichenden) Ausgleichs.[364] Ferner seien die Regelungen der §§ 311 ff. AktG

---

361 Inwieweit solche Treuepflichten auch gegenüber anderen Aktionären bestehen sollen, wurde bislang noch nicht in der selben Ausführlichkeit diskutiert, (vgl. *Hüffer/Koch*, § 53a Rn. 20; siehe aber auch *Wimmer-Leonhardt*, S. 161 f., die von einer nach der Linotype-Entscheidung des BGH (Urteil vom 01.02.1988 - II ZR 75/87, BGHZ 103, 184) geklärten Lage auszugehen scheint) ist aber für die vorliegende Frage der Haftung der Obergesellschaft gegenüber der Zielgesellschaft nicht von Bedeutung.

362 Vgl. *Raiser/Veil*, § 11 Rn. 50 ff.; *Wimmer-Leonhardt*, § 5 und § 8; *Zöllner*, ZHR 1998, 235; *Henze*, BB 1996, 489 (498 f.).
Wackerbarth, Der Konzern 2005, 562 (575) hält die Lösung konzernrechtlicher Problematiken durch das Institut der Treuepflicht ebenso für wünschenswert, sieht dieses Ziel aber nach geltendem Konzernrecht nicht umgesetzt.
Vgl. auch *Lutter/Wahlers*, AG 1989, 1 (4 f.) zu fiduciary duties als Schutzmechanismus in Buyout-Situationen im US-amerikanischen Recht.

363 *Grigoleit* in Grigoleit, § 311 Rn. 6, der aber in den Treuepflichten keinen erweiterten Anwendungsbereich im Vergleich zu den §§ 311 ff. sieht.

364 *Zöllner*, ZHR 1998, 235 (240).

nicht umfassend genug. Sie böten beispielsweise keinen Schutz, wenn ein herrschender Aktionär die Aktiengesellschaft durch Förderung oder Gründung eines Konkurrenzunternehmens schädige. Ebenso bestünde beispielsweise eine Schutzlücke, wenn es unterlassen werde, vor einem besonders risikoreichen Geschäft zu warnen, um dessen Gefahren nur der Aktionär wisse.[365] Die Treuepflichthaftung biete dagegen einen umfassenden und einheitlichen Ansatz für Problemlösungen.[366]

Andere Stimmen sehen in der gesellschaftsrechtlichen Treuepflicht hauptsächlich ein Instrument der Minderheitenschutzes, nicht aber zum Schutze der Gesellschaft vor schädlicher Einwirkung durch einen Mehrheitsaktionär.[367] Es sei nicht zulässig, die Regelungen der §§ 311 ff. AktG durch die Annahme von Treuepflichten außer Kraft zu setzen. Hierauf aber liefe es hinaus, eine Einflussnahme bereits abweichend von § 311 AktG von der Übereinstimmung mit Treuepflichten abhängig zu machen.[368] Eine Überlagerung der Normen zum faktischen Konzerns sei daher abzulehnen.[369] Eine ergänzende Bedeutung gegenüber §§ 311 ff. AktG erlange das Institut der Treuepflicht lediglich im Bereich des Unterlassens durch Treuepflichten gebotener Handlungen, da ein solches Unterlassen nicht als ein Veranlassen im Sinne des § 311 Abs. 1 AktG begriffen werden könne.[370]

5.4.2 Stellungnahme

Die Argumentation, die Annahme von Treuepflichten vermöge es, über das Problem der mangelnden Quantifizierbarkeit von Nachteilen und Schäden hinweg

---

365 Vgl. *Wimmer-Leonhardt*, § 5.

366 *Wimmer-Leonhardt*, § 8.

367 *Cahn/v. Spannenberg* in Spindler/Stilz, § 53a Rn. 62 f.; *Lange* in Henssler/Strohn, § 53a AktG Rn. 7; *Habersack* in Emmerich/Habersack, Aktien- und GmbH-Konzernrecht, § 311 Rn. 89; *Hüffer* in FS Röhricht, 251 (258 f.); ähnlich auch *Bungeroth* in MüKo AktG, Vor § 53a Rn. 39, der den Grundsätzen der Treuepflicht allgemein und insbesondere im Konzernrecht nur einen sehr geringen Anwendungsbereich zugesteht.

368 *Habersack* in Emmerich/Habersack, Aktien- und GmbH-Konzernrecht, § 311 Rn. 89; *Hüffer* in FS Röhricht, 251 (259); *Beck*, BB 2015, 1289 (1289 f.).

369 *Dähnert*, S. 136 f.

370 *Cahn/v. Spannenberg* in Spindler/Stilz, § 53a Rn. 69. Dem ist im Ergebnis zuzustimmen, wenn auch die Formulierung etwas ungenau scheint. Das Unterlassen einer gebotenen Handlung kann nämlich sehr wohl als Veranlassung gesehen werden. Voraussetzung hierfür ist nur eben eine Rechtspflicht zur Vornahme der Handlung. Eine solche Rechtspflicht vermag die Treuepflicht zu begründen.

zu helfen,[371] vermag nicht zu überzeugen. Schließlich läuft auch die Verletzung einer Treuepflicht auf eine Schadenersatzhaftung hinaus. Im Rahmen dieser Schadensbestimmung ist dann kein Vorteil hinsichtlich der Quantifizierbarkeit gewonnen.[372]

Es erscheint ferner wenig überzeugend, Einflussnahmen an einem neben § 311 AktG bestehenden und gesetzlich nicht vorgesehenen Wertungssystem messen zu wollen. § 311 AktG lässt die nachteilige Einflussnahme zu. Nur in dem Fall, in welchem ein Nachteilsausgleich nicht erfolgt, und unter der zusätzlichen Voraussetzung des § 317 Abs. 2 AktG gewährt das Gesetz einen Schadenersatzanspruch. Es widerspräche daher dem geltenden Recht, einen Schadenersatzanspruch auch ohne das Erfordernis des fehlenden Nachteilsausgleichs gewähren zu wollen, eben nur weil eine Einflussnahme einer Treuepflicht widersprechen soll.

Der einzig überzeugende Sinn der Annahme von Treuepflichten neben den von §§ 311 ff. AktG ausformulierten Regeln für die Einflussnahme bestünde demnach in der Abdeckung von durch diese Regeln nicht erfassten, aber regelungsbedürftigen Bereichen. Als Beispiele werden schädliche Unterlassungen oder Konkurrenzaktivitäten des Mehrheitsaktionärs genannt. Die Treuepflicht bezieht sich allerdings auf die Ausübung mitgliedschaftlicher Rechte (zum Beispiel das Stimmrecht, das Anfechtungsrecht, das Auskunftsrecht,...).[373] Auch sie deckt also ebenso wenig wie § 311 AktG diese Problembereiche ab. Eine erhebliche Ausweitung des Rechtsinstituts würde demnach eine Erweiterung auf Verhaltenspflichten auch neben einer Betätigung im organisatorischen Bereich der Aktiengesellschaft, wie beispielsweise bei der Unterlassung der Förderung von Konkurrenzunternehmen oder der Warnung der Aktiengesellschaft vor schädlichen Geschäften, darstellen. Es hat zwar ein Unternehmer-Aktionär für den Fall, dass er aufgrund seiner vom Aktionärsinteresse abweichenden Unternehmerinteressen nachteilig auf die Aktiengesellschaft einwirkt, nach § 311 AktG Ausgleich zu leisten. Hieraus kann allerdings nicht der Schluss gezogen werden, dass ein Unterlassen einer solchen Einwirkung gleichgestellt werden muss. Wenn man auch mit dem geltenden Recht einen Ausgleich für nachteilige Einflussnahme verlangt, dann wäre doch das Verlangen nach einem solchen Ausgleich für ein Unterlassen, also die Annahme einer aktiven Schutzpflicht, wertungsmäßig ein

371 So aber *Zöllner*, ZHR 1998, 235 (240).

372 So auch *Cahn/v. Spannenberg* in Spindler/Stilz, § 53a Rn. 68.

373 *Cahn/v. Spannenberg* in Spindler/Stilz, § 53a Rn. 38; *Fleischer* in Schmidt/Lutter, § 53a Rn. 52; vgl. auch *Henze*, BB 1996, 489 (493 f.).

zu großer Schritt zulasten des herrschenden Unternehmens.[374] Für eine künstliche Ausweitung des Rechtsinstituts der gesellschaftsrechtlichen Treuepflichten für Konzernsachverhalte besteht also kein Erfordernis.

Soweit also Treuepflichten bestehen, so treten diese hinter den §§ 311 ff. AktG zurück. Eine weitergehende Haftung ergibt sich aus dem Rechtsinstitut der Treuepflicht demnach nicht.

5.5 § 93 AktG

Im faktischen Konzern kommt neben einer Verantwortlichkeit der Obergesellschaft nach den soeben dargestellten Grundsätzen auch eine Haftung der Geschäftsleitung sowohl der einwirkenden Obergesellschaft, als auch der beeinflussten abhängigen Aktiengesellschaft infrage. Die Organhaftung nach § 93 Abs. 2 AktG stellt also auch im faktischen Konzern eine bedeutsame Säule des Haftungssystems zum Schutz einer Aktiengesellschaft dar. Denn wie zu zeigen sein wird, verändert die faktische Konzernierung den Pflichtenmaßstab des Vorstands in der abhängigen Gesellschaft nicht.

5.5.1 Der Geschäftsleiter der Obergesellschaft als Haftungsadressat

Der Geschäftsleiter der Obergesellschaft ist, wenn es sich um eine Aktiengesellschaft handelt, nach § 93 Abs. 2 AktG, in einer GmbH nach § 43 Abs. 2 GmbHG, Adressat der Organhaftung gegenüber seiner Anstellungskörperschaft. Wirkt er also auf eine Freisetzung und Abführung von Kapital in der abhängigen Aktiengesellschaft hin, so ist hierfür eine Haftung gegenüber seiner Anstellungskörperschaft denkbar. Es wird zwar für eine Haftung nach § 93 Abs. 2 AktG oder nach § 43 Abs. 2 GmbHG nicht an einer Pflichtverletzung des Organs fehlen, denn die gegen das Konzernrecht verstoßende rechtswidrige Einwirkung ist wegen ihres Gesetzesverstoßes pflichtwidrig.[375] Ein Schaden wird der herrschenden Gesellschaft aber nicht entstehen. Denn die Einflussnahme zum Abzug von Kapital wird im Interesse der Obergesellschaft vorgenommen. Gegenüber dieser wird der Geschäftsleiter daher keinen Schaden verursachen.

---

374 Die Annahme eines Konkurrenzverbots für (herrschende) Aktionäre wird im Aktienrecht ohnehin allgemein abgelehnt, vgl. BGH, Beschluss vom 25.06.2008 – II ZR 133/07, NZG 2008, 831 (833) zumindest für den Fall, dass die Konkurrenzsituation bereits vor Anteilserwerb bestand; im Übrigen wird in der Entscheidung die Frage offen gelassen. Allgemein ablehnend *Grigoleit* in Grigoleit, § 311 Rn. 6; *Hüffer* in FS Röhricht, 251 (257 ff.).

375 Vgl. zur Legalitätspflicht beispielsweise *Hüffer/Koch*, § 93 Rn. 6 m.w.N.

Allerdings tritt gemäß § 317 Abs. 3 AktG die Haftung des auf die abhängige Gesellschaft einwirkenden Geschäftsleiters nach den oben dargestellten Voraussetzungen[376] gesamtschuldnerisch neben die Haftung der Obergesellschaft.

5.5.2 Die Vorstandshaftung in der Ziel-Aktiengesellschaft

Von erheblicher Bedeutung allerdings ist im Zusammenhang mit der Einflussnahme zum Abzug von Kapital die Vorstandshaftung in der Ziel-Aktiengesellschaft.

Wenn für die Obergesellschaft (noch) nicht die Möglichkeit besteht, einen Beherrschungs- und Gewinnabführungsvertrag mit der Zielgesellschaft abzuschließen, oder sie dies aus anderen Gründen unterlässt, erschöpft sich ihre Einwirkungsmöglichkeit wie bereits festgestellt in einer faktisch bestehenden Gelegenheit, den Vorstand der abhängigen Gesellschaft zu beeinflussen. Dieser faktische Einfluss wird begründet durch bereits angesprochene Faktoren wie wirtschaftliche Macht oder eine möglicherweise bereits bestehende Aktionärsstellung. Der Vorstand der Zielgesellschaft wird den Wünschen des (künftigen) „Herrn im Hause" Folge leisten, da er sich hierdurch Vorteile für sein berufliches Fortkommen oder zumindest die Vermeidung des Verlusts seiner Position erhofft.

5.5.2.1 Das Verhältnis zwischen §§ 311 ff. AktG und § 93 AktG

Es besteht jedoch, zumindest solange die Geschäftsleitung nicht durch einen Beherrschungsvertrag am Konzerninteresse ausgerichtet wurde,[377] die Pflichtenbindung des Vorstands an das Interesse seiner Aktiengesellschaft nach §§ 76, 93 AktG. Diese wird durch die §§ 311 ff. AktG nicht verdrängt.[378]

Wenn darum gestritten wird, ob § 311 AktG die Nutzung faktischer Einflussmöglichkeiten legitimieren oder lediglich berücksichtigen möchte,[379] wird dabei

---

376 Siehe Kapitel 5.1.

377 Siehe hierzu bereits Kapitel 3.1.2.1.

378 Diesbezüglich besteht Einigkeit; vgl. BGH, Urteil vom 01.12.2008 – II ZR 102/07, NJW 2009, 850 (852); *Hüffer/Koch*, § 311 Rn. 48; *Vetter* in Schmidt/Lutter, § 311 Rn. 120; *Müller* in Spindler/Stilz, § 311 Rn. 62; *Rothley* in Wachter, § 311 Rn. 34; *Leuering/Goertz* in Hölters, § 311 Rn. 10; *Fett* in Bürgers/Körber, § 311 Rn. 60; *Grigoleit* in Grigoleit, § 311 Rn. 3; *Wackerbarth*, Der Konzern 2010, 261 (267); siehe aber noch sogleich zur angeblichen „punktuellen Überlagerung" des Interesses der abhängigen Gesellschaft durch das des Konzerns.
a.A. *Dähnert*, S. 138, der von einer Spezialität der §§ 311 ff. ausgeht.

379 Vgl. Fn. 109.

auch für Vertreter der ersten Ansicht selbstverständlich sein, dass eine Legitimation der Machtausübung eines herrschenden Unternehmens nur in dem Maß, wie es § 311 AktG mit seinem Wortlaut vorgibt, also nur bei Vornahme eines Nachteilsausgleichs, stattfinden kann. Wenn die Einflussnahme ansonsten nicht legitim ist, so wird bei den Folgerungen aus dieser Tatsache oftmals nicht ausreichend berücksichtigt, dass spiegelbildlich zum Verbot der Ausübung des Einflusses für das herrschende Unternehmen auch ein Verbot für den Vorstand der abhängigen Gesellschaft besteht, der Einflussnahme Folge zu leisten.[380] Der Vorstand darf der Einflussnahme dann nicht folgen, wenn der Nachteilsausgleich nicht zumindest in Aussicht gestellt ist.

Der Vorstand muss also ohnehin die langfristigen Interessen der von ihm geleiteten Gesellschaft im Blick behalten. Denn die faktische Konzernierung verändert im Gegensatz zur Einbindung in den Vertragskonzern den Pflichtenmaßstab für den Vorstand nicht. Sein Handeln bleibt am Interesse der abhängigen Gesellschaft ausgerichtet.[381] Das grundsätzliche Verbot der Nachteilszufügung des § 311 AktG weist die Geschäftsleiter der beteiligten Unternehmen darauf hin, dass das Eigeninteresse der abhängigen Aktiengesellschaft weiterhin zu respektieren ist.[382]

Zu Recht weist *Grigoleit* darauf hin, dass die allein faktische Konzernierung das Gewinnerzielungsinteresse der abhängigen Aktiengesellschaft nicht ändert.[383] Denn es entspreche einem allgemeinen Grundsatz des Gesellschaftsrechts, dass das Gewinnziel im Grundsatz nicht zur Disposition der Mehrheit stehe. Hier verwirkliche sich der konzernrechtliche Gegensatz zwischen dem faktischen und dem Vertragskonzern: Nur Letzterer suspendiere die Gewährleistung des Gewinnverfolgungsziels in der abhängigen Aktiengesellschaft.[384]

Wenig überzeugend ist daher die Aussage, es sei von einer punktuellen Überlagerung des Eigenwillens der abhängigen Gesellschaft auszugehen, wenn ein Nachteilsausgleich durchgeführt werde, §§ 76, 93 AktG trete insoweit hinter

---

380 Vgl. oben Kapitel 4. Siehe auch noch Kapitel 9.3 zu den Konsequenzen dieser Tatsache.

381 Dies gilt auch dann, wenn der herrschende Aktionär einziger Aktionär der abhängigen Aktiengesellschaft ist. Denn auch hier erschöpft sich das Interesse einer Aktiengesellschaft nicht nur im Interesse ihres Anteilseigners, sondern auch in weiteren Interessen, wie beispielsweise von Gläubigern und Arbeitnehmern; vgl. Bericht Unternehmensrechtskommission, S. 135 ff.;
a.A. aber *Wackerbarth*, Der Konzern 2010, 261 (267 sowie 269).

382 *Grigoleit* in Grigoleit, § 311 Rn. 8; ähnlich *Altmeppen* in MüKo AktG, Vor § 311 Rn. 29.

383 *Grigoleit* in Grigoleit, § 311 Rn. 7.

384 *Grigoleit* in Grigoleit, § 311 Rn. 7.

§ 311 AktG zurück.[385] Bei dieser Annahme wird nämlich übersehen, dass auch in diesem Fall der Vorstand der abhängigen Gesellschaft der nachteiligen Einflussnahme nur deswegen Folge leistet, weil der Nachteilsausgleich die Interessen seiner Gesellschaft zu wahren vermag. Diese werden also durch die Möglichkeit des Nachteilsausgleichs nicht suspendiert oder überlagert, sondern gerade geschützt. Wenn das Interesse des herrschenden Unternehmens dem der abhängigen Gesellschaft nach § 311 AktG vorrangig sein sollte, so würde die Norm nicht verlangen, dass ein veranlasster Nachteil einem Ausgleich zuzuführen wäre.[386]

Die Haftung nach § 93 Abs. 2 AktG besteht also auch und insbesondere für den Vorstand einer faktisch abhängigen Aktiengesellschaft.

5.5.2.2 Pflichtverletzung und Verschulden

Die für § 93 Abs. 2 AktG notwendige Pflichtverletzung des Geschäftsleiters der abhängigen Gesellschaft besteht in der Befolgung der unzulässigen Einflussnahme. Der Geschäftsleiter, der der Einflussnahme der Obergesellschaft Folge leistet, obgleich diese unter Verstoß gegen § 311 AktG keinen Ausgleich zuzufügender Nachteile für seine Anstellungskörperschaft vorsieht, verletzt seine Pflichten als Geschäftsleiter. Die Frage, ob dies dogmatisch aus der Mitwirkung an der Verletzung des zum Schutze seiner Gesellschaft bestehenden § 311 AktG, also am Rechtsbruch, oder aus der Mitwirkung an der Nachteilszufügung, also aus der tatsächlichen nachteiligen Handlung, resultieren muss, ist für die vorliegende Untersuchung ohne Belang.

Bei Berücksichtigung der zum Nachteilsbegriff angestellten Überlegungen, nämlich der Voraussetzung, dass Nachteiligkeit und Ausgleich derselben im Zeitpunkt der Einwirkung ersichtlich sein müssen,[387] wird ein Verschulden des Geschäftsleiters bei Annahme eines Nachteils wohl stets anzunehmen sein.

---

385 So aber *Hüffer/Koch*, § 311 Rn. 48; *Koppensteiner* in Kölner Kommentar, § 311 Rn. 160; *Koppensteiner* in Kölner Kommentar, § 311 Rn. 160; *Habersack* in Emmerich/Habersack, Aktien- und GmbH-Konzernrecht, Einl. Rn. 6; so wohl auch *Vetter* in Schmidt/Lutter, § 311 Rn. 120; *Leuering/Goertz* in Hölters, § 311 Rn. 11; ähnlich *Herwig*, S. 46, der von einer teilweisen Öffnung gegenüber dem Einfluss des herrschenden Unternehmens spricht.
Eher wie hier: *Müller* in Spindler/Stilz, § 311 Rn. 62; *Wackerbarth*, Der Konzern 2010, 261 (268 f.) sowie Der Konzern 2010, 337 (349).

386 Vgl. auch *Wackerbarth*, Der Konzern 2010, 261 (269).

387 Vgl. oben Kapitel 3.1.1.1.2.

5.5.2.3 Schaden

Auch im Rahmen der Organhaftung gelten oben gemachte Feststellungen zum Schadenseintritt und dessen Nachweis. Der Nachweis der haftungsausfüllenden Kausalität wird in der Praxis Schwierigkeiten bereiten. Dem steht eine theoretisch extrem weit gehende Schadenshöhe gegenüber.

6 Die Verlustausgleichspflicht nach § 302 AktG

Im Vertragskonzern ist bei der Suche nach Ausgleichsmechanismen zu den Eingriffsrechten des Beherrschungs- und Gewinnabführungsvertrages in erster Linie an § 302 Abs. 1 AktG zu denken. Die Norm verpflichtet das herrschende Unternehmen zum Ausgleich jedes „sonst entstehenden Jahresfehlbetrag[es]" bei der beherrschten Gesellschaft. Die Vorschrift soll also eine pauschale Übernahme des Jahresergebnisses und mithin des wirtschaftlichen Risikos der beherrschten Gesellschaft, eine „globale Kompensation"[388] bewirken.

6.1 Der sonst entstehende Jahresfehlbetrag

Die Verlustausgleichsverpflichtung des herrschenden Unternehmens richtet sich, so bestimmt es § 302 Abs. 1 AktG, nach dem „während der Vertragsdauer sonst entstehenden Jahresfehlbetrag". Die Mechanik der Berechnung dieses sonst entstehenden Jahresfehlbetrages entspricht der oben dargestellten Ermittlungsweise des abzuführenden Gewinnes.[389] Der „fiktive Fehlbetrag ist das Gegenstück zum fiktiven Jahresüberschuss"[390], der im Rahmen der Gewinnabführung maßgeblich ist. In einer Vorbilanz wird also ermittelt, welchen Jahresüberschuss bzw. Jahresfehlbetrag die beherrschte Gesellschaft ohne den Unternehmensvertrag auszuweisen hätte.[391] Dieser Betrag entspricht – unter Berücksichtigung der Besonderheiten der Rücklagenbildung bzw. -auflösung – dem abzuführendem Gewinn bzw. dem auszugleichenden Verlust.

---

388 *Lutter*, ZGR 1982, 244 (262).

389 Vgl. Kapitel 2.2.

390 *Deilmann* in Hölters, § 302 Rn. 6.

391 Vgl. zur Berechnung des fiktiven Jahresfehlbetrages i.R.d. § 302 AktG: *Altmeppen* in MüKo AktG, § 302 Rn. 17; *Müller* in Wachter, § 302 Rn. 4; *Deilmann* in Hölters, § 302 Rn. 6; *Veil* in Spindler/Stilz, § 302 Rn. 15; *Koppensteiner* in Kölner Kommentar; § 302 Rn. 18; *Krieger* in Münchener Handbuch des Gesellschaftsrechts, Band 4, § 71 Rn. 65; *Stephan* in Schmidt/Lutter, § 302 Rn. 18; *Schenk* in Bürgers/Körber, § 302 Rn. 6; *Emmerich* in Emmerich/Habersack, Aktien- und GmbH-Konzernrecht, § 302 Rn. 27; *Schubert* in Heidel, § 302 AktG Rn. 7.

6.2 Der Jahresfehlbetrag und Maßnahmen zum Abzug von Kapital

Aus diesem Systemzusammenhang zwischen Gewinnabführung und Verlustausgleich offenbart sich sogleich die Besonderheit des § 302 Abs. 1 AktG bei der Behandlung der hier beurteilten Sachverhalte des Abzugs von Kapital. Wird nämlich Kapital entsprechend den in Kapitel 3 gemachten Darstellungen in einer Aktiengesellschaft freigesetzt, so wird der Verlustausgleich stets leer laufen. Da sämtliche Maßnahmen zur Freisetzung von Kapital, wie beispielsweise die Veräußerung von Wirtschaftsgütern oder die Aufdeckung stiller Reserven, darauf abzielen, einen (fiktiven) Jahresüberschuss zu erhöhen, wird ein (fiktiver) Jahresfehlbetrag als das systemische und rechnerische Gegenstück zu Ersterem nicht – zumindest nicht gleich[392] – entstehen. Ein Verlustausgleich ist folglich vorerst nicht zu leisten.

6.3 Die Solvenz des herrschenden Unternehmens als Voraussetzung des Weisungsrechts

Aus § 302 Abs. 1 AktG könnte sich dennoch zumindest indirekt eine gewichtige Einschränkung für die Nutzung des Beherrschungs- und Gewinnabführungsvertrages als Mittel zum Abzug von Kapital ergeben, wollte man mit einem Teil der Literatur annehmen, aus dem Zusammenhang zwischen Verlustausgleichspflicht und Weisungsrecht folge, dass das Weisungsrecht nicht bestehe, wenn der Verlustausgleichsanspruch nicht werthaltig sei. Hieraus würde, wollte man einen Beherrschungs- und Gewinnabführungsvertrag beispielsweise zur Refinanzierung nutzen, eine Pflicht zur ausreichenden Kapitalausstattung der Akquisitionsgesellschaft, so eine solche genutzt wird, folgen.

6.3.1 Meinungsstand

In Weiterführung der oben bereits dargestellten Gedanken, dass § 302 Abs. 1 AktG nämlich stets eine Existenzgefährdung der beherrschten Gesellschaft verhindere, und daher auch sämtliche Weisungen zulässig seien,[393] fordert eine verbreitete Ansicht in der Literatur eine stete Kontrolle der Solvenz der herrschenden Gesellschaft. Sobald das herrschende Unternehmen dem beherrschten

392 Siehe noch sogleich Kapitel 6.4 zum Verlustausgleich für spätere Vermögenseinbußen.
393 Siehe Kapitel 3.3.2.1.

seine Zahlungsfähigkeit nicht mehr nachweisen können, bestehe auch kein Weisungsrecht mehr.[394]

Eine Mindermeinung lehnt dies ab.[395] Es bestehe keine Bestandsgarantie vonseiten der herrschenden zugunsten der beherrschten Gesellschaft. Daher sei auch die Werthaltigkeit des Verlustdeckungsanspruchs irrelevant für das Bestehen der Leitungsmacht.

6.3.2 Stellungnahme

Für die erstgenannte Ansicht scheint die Begründung des Regierungsentwurfs zu § 302 AktG und der in ihr zum Ausdruck gebrachte Normzweck zu sprechen. So wird dort ausgeführt, wer die Geschicke der beherrschten Gesellschaft bestimme, oder ihren ganzen Gewinn erhalte, der müsse auch für Verluste einstehen.[396] Es kann aus dieser Aussage der Umkehrschluss gezogen werden, wer für Verluste nicht einstehen könne, der dürfe auch die Geschicke der Gesellschaft nicht bestimmen.

Nun ist allerdings zum einen die Frage, ob eine Bestandsgarantie zugunsten der beherrschten Gesellschaft besteht, wie bereits oben zur Frage der Existenzgefährdung diskutiert, im Ergebnis zu verneinen, wenn auch eine aktive Beendigung (aus Gründen der Kompetenzverteilung) nicht von der Leitungsmacht gedeckt ist.[397] Mit der soeben aufgeführten Gegenansicht ist daher zunächst festzustellen, dass es mangels Bestandsgarantie zugunsten der beherrschten Gesellschaft auf den ersten Blick irrelevant erscheint, ob durch das herrschende Unternehmen ein Verlustausgleich unter dem Gesichtspunkt der Solvenz geleistet werden kann oder nicht.

Zum anderen ist auch der Gedanke, die Leitungsmacht dürfe nicht ausgeübt werden, wenn für hieraus entstehende Nachteile nicht eingestanden werden kann, zunächst wenig überzeugend. Die pauschale Annahme, Herrschaft

---

394 *Altmeppen* in MüKo AktG, § 302 Rn. 40, sowie in NZG 2010, 361 (364), sowie in Managerhaftung S. 23 f., teilweise unter Hinweis auf *Clemm*, der den Gedanken, das herrschende Unternehmen müsse dem beherrschten, um das Weisungsrecht ausüben zu dürfen, seine Solvenz nachweisen, entwickelt hat, vgl. *Clemm*, ZHR (141) 1977, 197 (207); ebenso *Grüner*, S. 39; *Bous*, S. 247 ff.; *Priester*, ZIP 1989, 1301 (1303); *Becker*, DStrR 1998, 1429 (1431); *Habersack/Schürnbrand*, NZG 2004, 689 (690).

395 *Koppensteiner* in Kölner Kommentar, § 308 Rn. 49; *Riegger*, ZGR 2008, 233 (245).

396 *Begründung RegE* in Kropff, S. 391. Ebenso auch *Kellmann*, BB 1969, 1509 (1515).

397 Vgl. Kapitel 3.3 und 3.4.

begründe Haftung, ist falsch. Ein derartiges Prinzip besteht nicht.[398] Noch weniger ist mithin die weiter gehende Annahme, Herrschaft begründe die Verpflichtung, die Solvenz für eine eventuelle Haftung nachzuweisen, zutreffend.

Nun besteht im Vertragskonzern allerdings die Besonderheit, dass das Weisungsrecht eine Ausnahme im Aktienrecht darstellt. Denn der Vorstand der beherrschten Aktiengesellschaft ist ansonsten unabhängig von Weisungen beispielsweise und insbesondere durch Aktionäre. Dieser Ausnahme liegt, wie bereits angesprochen wurde,[399] unter anderem der Gedanke zugrunde, dass die Zufügung von Nachteilen zugelassen wird, weil sich die Nachteile durch das Konzernverhältnis wieder ausgleichen werden. Dies funktioniert allerdings dann nicht mehr, wenn der Ausgleichsanspruch mangels Liquidität nicht erfüllt werden kann. Die Interessenlage stellt sich hier also ebenso dar wie in den eingangs aufgeworfenen Beispielszenarien des refinanzierten Erwerbs und der Ausgliederung einer Aktiengesellschaft aus dem Konzernverbund.[400] Daher kann die Weisung durch das herrschende Unternehmen in Übereinstimmung mit der herrschenden Meinung dann nicht rechtmäßig sein, wenn selbiges nicht zur Erfüllung des Verlustdeckungsanspruchs fähig wäre.

In der Begründung indessen ist der herrschenden Ansicht mit dem soeben Gesagten nicht uneingeschränkt beizupflichten. Das herrschende Unternehmen muss für die Erteilung einer rechtmäßigen Weisung nicht deswegen solvent genug für den Ausgleichsanspruch sein, weil mit der Herrschaft über die beherrschte Gesellschaft zugleich eine Einstandspflicht für selbige einherginge. Die Solvenz des herrschenden Unternehmens ist aber Voraussetzung für eine rechtmäßige Ausübung des Weisungsrechts, weil die Nicht-Erfüllbarkeit des Ausgleichsanspruches dem Wesen des Vertragskonzerns widerspricht.

Im Ergebnis führt dies im Rahmen der vorliegenden Betrachtung zu der Voraussetzung, dass das herrschende Unternehmen, um sein Weisungsrecht insbesondere zum Nachteil der beherrschten Gesellschaft in rechtmäßiger Weise ausüben zu können, solvent sein muss. Von praktischer Relevanz wird dies, wie soeben bereits angedeutet, in Fällen sein, in welchen beim Unternehmenskauf ein Akquisitionsvehikel, also meist eine eigens für diesen Zweck errichtete Erwerbsgesellschaft verwendet wird. Denn diese ist, um in einem Vertragskonzern als

---

398 So auch *Wimmer-Leonhardt*, S. 17; *Cornett*, S. 182 ff.; *Dähnert*, S. 135; *Ulmer*, AG 1986, 123 (126); *Lutter*, ZGR 1982, 244 (266); *Bitter*, ZIP 2001, 265 (270) Fußnote 68; a.A. *Beck*, Der Konzern 2013, 301 (305).

399 Vgl. Kapitel 1.3.

400 Vgl. Kapitel 1.

herrschendes Unternehmen beim Abzug von Kapital dienen zu können, mit ausreichendem Kapital auszustatten.

6.4 Verlustausgleich für spätere Vermögenseinbußen

Das Ergebnis, dass die Maßnahmen zum Abzug von Kapital und ihre möglicherweise schädlichen Auswirkungen auf die beherrschte Aktiengesellschaft im Verlustausgleichsanspruch keinen Niederschlag finden, erscheint jedoch zumindest bemerkenswert. Es liegt doch der Gedanke nahe, beispielsweise die Veräußerung bedeutender Wirtschaftsgüter werde sich, möglicherweise in Zukunft, wenn die Stellung der nun einwirkenden Obergesellschaft als herrschendes Unternehmen des Unternehmensvertrages sowie die Stellung als Aktionär bereits beendet sein mögen, negativ auf die wirtschaftliche Lage der Ziel-Aktiengesellschaft auswirken.[401] Solange die Parteistellung im Beherrschungs- und Gewinnabführungsvertrag besteht, wird ein Interesse der Obergesellschaft daran bestehen, die Ertragslage der Zielgesellschaft zumindest zu erhalten. Ebenso verhält es sich, wenn die Obergesellschaft zwar nicht mehr Partei des Unternehmensvertrages ist, aber Aktionärin. Aus ihrem Dividendeninteresse und dem mit Hinblick auf eine Veräußerungsmöglichkeit ihrer Anteile gegebenen Interesse am Marktwert des Unternehmens ergibt sich die Motivation, der abhängigen Aktiengesellschaft die Möglichkeit der Gewinnerzielung zu erhalten. Es ist indessen nicht auszuschließen, in vielen Fällen sogar recht wahrscheinlich, dass sich aus den vorgenommenen Maßnahmen zur Abführung von Kapital zu einem späteren Zeitpunkt eine Verschlechterung der Ertragslage der beherrschten Gesellschaft ergibt.

Unabhängig vom Szenario des Abzugs von Kapital wird die Frage nach einer solchen „Nachwirkung" von Weisungen diskutiert. Diese Überlegungen lassen sich auch für die vorliegende Betrachtung nutzen. Teilweise wird die Lösung in einem Ausschluss der Beendigungsmöglichkeit des Unternehmensvertrages gesucht, wenn die Folgen von Weisungen noch ausstehen. Ein anderer Ansatz möchte Verlustausgleichspflichten auch nach dem Ende des Vertragskonzerns fortbestehen lassen. Schließlich wird vertreten, bereits die Art der Wertermittlung für die dem Verlustausgleich zugrunde liegende Bilanz erfasse noch ausstehende Folgen von Weisungen.

---

401 Vgl. auch bereits oben Kapitel 3.1.1.2.

6.4.1 Ausschluss der Beendigungsmöglichkeit des Unternehmensvertrages

Dürfte eine Beendigung des Beherrschungs- und Gewinnabführungsvertrages erst erfolgen, wenn alle Weisungen umgesetzt wären und keine Folgen mehr ausstünden, so bestünde die Verlustausgleichspflicht fort.[402] Denkbar wäre ein Ausschluss des Weisungsrechts beispielsweise als Kündigung zur Unzeit entsprechend § 723 Abs. 2 BGB.

Sehr offensichtlich ist jedoch die faktische Unmöglichkeit dieser Lösung. Es ist kaum feststellbar, welche Weisungsfolgen noch ausstehen, welche früher erteilten Weisungen sich noch in irgendeiner Form auswirken werden. Es würde deswegen eine erhebliche Rechtsunsicherheit mit sich bringen, da es stets zweifelhaft bliebe, ob eine Beendigung des Unternehmensvertrages wirksam vorgenommen wurde oder nicht.[403]

Gegen einen Ausschluss der Beendigungsmöglichkeiten für die abhängige Gesellschaft, wenn eine Weisung in ihren Wirkungen noch aussteht, spricht ferner maßgeblich, dass es dann die herrschende Gesellschaft in der Hand hätte, die Beendigung durch die Gegenseite zu verhindern. So ließe sich durch die Ausgabe von Weisungen, die nicht sofort umsetzbar sind, stets eine Kündigung hinausschieben.

6.4.2 Verlustausgleichspflichten nach dem Ende des Vertragskonzerns

Eine Lösung könnte in der Annahme von Ausgleichspflichten zugunsten der beherrschten Gesellschaft auch nach dem Ende des Vertragskonzerns zu suchen sein.

Wilhelm[404] möchte eine solche Verpflichtung der herrschenden Gesellschaft aus einer nachwirkenden Treuepflicht herleiten. Die während des Vertrages vorgeschriebene Erhaltung des Vermögens dürfe nicht nachträglich unterlaufen werden. Frühere Anordnungen dürften sich nicht nach Vertragsende zum Nachteil des ehemaligen Partners auswirken. Gleiche die ehemals herrschende Gesellschaft später entstehende Nachteile nicht aus, so entstehe ein Schadenersatzanspruch aus einer „Weiterwirkung der Haftung aus positiver Vertragsverletzung".

---

402 Diesen Lösungsansatz diskutiert *Hentzen*, NZG 2008, 201 (203), lehnt ihn jedoch ab.
403 Ebenso *Hentzen*, NZG 2008, 201 (203).
404 *Wilhelm*, S. 120 f.

Dem ist bereits deswegen zu widersprechen, weil die Zufügung von Nachteilen im Vertragskonzern durch rechtmäßige Weisungen, wenn sie auch eine Verlustausgleichspflicht begründet, keine Verletzung einer Vertragspflicht darstellt. Gerade die Legitimation der nachteiligen Einflussnahme ist der ureigenste Zweck des Beherrschungs- und Gewinnabführungsvertrages. Führt eine solche Nachteilszufügung bereits während der Vertragsdauer nicht zu einer Pflichtverletzung des Unternehmensvertrages, so ändert sich diese Beurteilung nicht nachträglich mit dem Ende desselben.

Man könnte hier noch für die Ansicht von *Wilhelm* einwerfen, das Gesetz stelle mit der Voraussetzung, dass ein Unternehmensvertrag bestehen muss, damit ein Verlustausgleich zu leisten ist, nur den Haftungsgrund dar, nicht aber eine Tatbestandsvoraussetzung auf. Eine Verlustausgleichspflicht bestünde dann auch nach Vertragsende, wenn entsprechende Verluste während der Vertragsdauer angelegt wurden.

Dies ist aber nicht der Fall.[405] Vielmehr besteht ein Verlustausgleichsanspruch nur dann, wenn während des zur Bilanzierung maßgeblichen Stichtags der Unternehmensvertrag Bestand hatte.

6.4.3 Die Bildung von Rückstellungen

Teilweise wird die Lösung für das Problem späterer Vermögenseinbußen in der Bildung von Rückstellungen nach § 249 HGB gesucht.[406] Ließe sich erwarten, dass auch nach dem Ende des Vertragskonzerns noch negative Auswirkungen von Weisungen zu befürchten sind, so seien Rückstellungen zu bilden. Die Bildung von Rückstellungen mindert den durch das herrschende Unternehmen abführbaren Jahresüberschuss oder erhöht den auszugleichenden Verlust.

Infrage käme die Bildung von Rückstellungen für ungewisse Verbindlichkeiten gemäß § 249 Abs. 1 Satz 1 HGB.

Dem widerspricht jedoch, dass es für die Bildung von Rückstellungen für ungewisse Verbindlichkeiten nicht ausreichend ist, wenn Aufwendungen nach allgemeiner Erfahrung zu erwarten sind. Vielmehr muss die ungewisse Verbindlichkeit hinreichend konkret, und eine Inanspruchnahme daher wahrscheinlich sein, um die Bildung einer Rückstellung rechtfertigen zu können.[407]

---

405 *Hüffer/Koch*, § 302 Rn. 4; *Kusterer*, DStR 1996, 114 (118); *Schmidt*, ZGR 1983, 513 (517).

406 *Langenbucher* in Schmidt/Lutter, § 308 Rn. 35; *Deilmann* in Hölters, § 302 Rn. 18; *Hentzen*, NZG 2008, 201 (205).

407 *Kozikowski/Schubert* in Beck'scher Bilanz-Kommentar, § 249 Rn. 33; *Schrimpf-Dörges* in Heidel/Schall, § 249 Rn. 24; *Ballwieser* in MüKo HGB, § 249 Rn. 16; *Gerner-Beuerle/Ahmad* in Haag/Löffler, § 249 HGB Rn. 6; *Merkt* in Baumbach/Hopt, § 249 Rn. 8 f.

Zudem muss die betreffende Verbindlichkeit eine sogenannte Außenverpflichtung darstellen. Sie muss also gegenüber einem Dritten bestehen, und darf keine Verpflichtung sein, welche sich der Kaufmann selbst auferlegt hat.[408] Es wäre daher nicht ausreichend, um die Bildung von Rückstellungen rechtfertigen zu können, wenn der Vorstand der beherrschten Gesellschaft Gewinneinbußen erwarten muss, oder er mit Sanierungskosten wird rechnen müssen.

Auch die Bildung von Rückstellungen für drohende Verluste scheidet aus. Entsprechende Verluste müssten nach dem Wortlaut des Gesetzes aus schwebenden Geschäften drohen. Ein solches schwebendes Geschäft aber müsste in einem bereits abgeschlossenen Vertrag oder zumindest im Erreichen des Stadiums der Vertragsanbahnung bestehen.[409] Auch diesen Voraussetzungen wird die zu erwartende Auswirkung von Weisungen nur selten entsprechen. Auch hier fehlt es bei zu erwartenden Gewinneinbrüchen an der notwendigen Konkretisierung der Verluste. Sie müssen objektiv zu erwarten sein, damit entsprechende Rückstellungen gebildet werden können.

Die Pflicht und Möglichkeit, in der beherrschten Gesellschaft Rückstellungen zu bilden, hilft also nur in Ausnahmefällen über das Problem der Nachwirkung von Weisungen hinweg. Denn nur wenn sich aus einer Weisung konkrete zu erwartende Verpflichtungen oder drohende Verluste ergeben, sind die Voraussetzungen für die Bildung von Rückstellungen erfüllt. Im Allgemeinen jedoch wird sich die Nachwirkung von Weisungen in Gewinneinbrüchen oder in der Notwendigkeit von Sanierungs- oder Renovierungsmaßnahmen, die zuvor unterlassen wurden, erschöpfen.

6.4.4 Einschränkung des Weisungsrechts

Nähme man bereits die Rechtswidrigkeit einer Weisung an, die ihre Wirkungen erst nach dem Ende des ihr zugrunde liegenden Beherrschungsvertrages entfaltet, so würde die Weisung unter Umständen Schadenersatzpflichten des herrschenden Unternehmens, und somit einen Ausgleich auslösen.

Es lässt sich offenkundig feststellen, dass eine Weisung, die bestimmungsgemäß nach dem Ende des Beherrschungsvertrages umzusetzen ist, rechtswidrig

---

408 *Kozikowski/Schubert* in Beck'scher Bilanz-Kommentar, § 249 Rn. 26; *Schrimpf-Dörges* in Heidel/Schall, § 249 Rn. 20 f.; *Gerner-Beuerle/Ahmad* in Haag/Löffler, § 249 HGB Rn. 4; *Merkt* in Baumbach/Hopt, § 249 Rn. 8.

409 *Kozikowski/Schubert* in Beck'scher Bilanz-Kommentar, § 249 Rn. 55; *Ballwieser* in MüKo HGB, § 249 Rn. 54; *Schrimpf-Dörges* in Heidel/Schall, § 249 Rn. 44; *Morck* in Koller/Kindler/Roth/Morck, § 249 Rn. 7; *Merkt* in Baumbach/Hopt, § 249 Rn. 10.

ist. Dies ergibt sich als logische Folge aus dem Gesetz, das als Voraussetzung für die wirksame Ausübung der Leitungsmacht in § 308 Abs. 1 Satz 1 AktG das Bestehen eines Beherrschungsvertrages vorsieht. Könnte das herrschende Unternehmen eine Weisung mit der Maßgabe erteilen, die Weisung erst nach dem Ende des Unternehmensvertrages umzusetzen, stellte sich dies als eine Umgehung dieser Tatbestandsvoraussetzung dar.[410]

Zu problematisieren sind vielmehr Weisungen, die – wie eben auch die Weisung zur Freisetzung von Kapital – bestimmungsgemäß zu Zeiten des Bestehens des Vertragskonzerns umgesetzt werden, die ihre Wirkungen aber erst später entfalten. Bereits die tatbestandliche Erfassung der Nachwirkung würde eine erhebliche Rechtsunsicherheit mit sich bringen.[411] Vielmehr muss die Rechtmäßigkeit im Zeitpunkt der Weisungserteilung klar überprüfbar sein. Einen Lösungsansatz bei einer Einschränkung des Weisungsrechts zu suchen verbietet sich somit.

Zu stark wären die Einschränkungen für das herrschende Unternehmen in der Möglichkeit der Konzernführung. Es besteht aber durchaus ein praktisches Bedürfnis nach der Möglichkeit, umfassend und – im Sinne der Diskussion zum faktischen Konzern – qualifiziert auf eine abhängige Gesellschaft einzuwirken, um eine einheitliche Konzernleitung oder -finanzierung zu erreichen[412] oder um beispielsweise Restrukturierungen in der abhängigen Gesellschaft durchführen zu können. Das Konzernrecht ist nicht nur Schutzrecht, sondern es hat auch einen rechtlichen Rahmen für die wirtschaftliche Betätigung unter Verwendung mehrerer Gesellschaften zu bieten.[413] Ein solcher rechtlicher Rahmen hat sich an den Bedürfnissen der Anwendungspraxis zu orientieren. Diese verlangt nach Möglichkeiten einer weitgehenden Konzernleitung, einer Ausrichtung aller Gesellschaften am Konzerninteresse. Eine Einschränkung des Weisungsrechts wäre ein verfehlter Ansatzpunkt: Nicht die Einwirkung auf die beherrschte Gesellschaft zur Durchführung beispielsweise von Strukturmaßnahmen stellt das Problem dar. Diese Einwirkung ist durch den Vertragskonzern legitimiert. Problematisch ist vielmehr der fehlende Ausgleich für diese Einwirkung und die unter Umständen bereits absehbare Beendigung der Konzernverbindung.

---

410 Ähnlich zieht *Hentzen*, NZG 2008, 201 (204) die Grenze beim Missbrauch des Weisungsrechts. Der beherrschten Gesellschaft könne kein „Weisungspaket mit auf den zukünftigen Weg" gegeben werden.

411 So auch *Altmeppen* in MüKo AktG, § 302 Rn. 42.

412 Vgl. *Forum Europaeum on Company Groups*, ZGR 2015, 507 (511).

413 Vgl. *Teichmann*, AG 2013, 184 (189 ff.) zum Konzernrecht als Enabling Law.

6.4.5 Die Art der Wertermittlung für den Verlustausgleichsanspruch

Für die herrschende Ansicht ergibt sich die Lösung des Problems der Nachwirkung von Weisungen gleichsam automatisch aus der Verlustausgleichsbilanz.

Grundsätzlich ist gem. § 252 Abs. 1 Nr. 2 HGB zu Fortführungswerten zu bilanzieren, soweit nicht tatsächliche oder rechtliche Gründe entgegenstehen. Eine Bilanzierung zu Liquidationswerten ist mithin nur in Ausnahmefällen gestattet.[414]

Es besteht eine Verpflichtung, zu Liquidationswerten zu bewerten, wenn tatsächliche oder rechtliche Gesichtspunkte einer Bewertung zu Fortführungswerten entgegenstehen. Tatsächliche Gründe stehen dann entgegen, wenn ökonomische Schwierigkeiten ersichtlich sind, die zu einer Insolvenz führen können. Rechtliche Gründe stehen dann entgegen, wenn der Insolvenzantrag bereits gestellt ist.[415]

Im Falle einer Existenzgefährdung der beherrschten Gesellschaft im Vertragskonzern, so die Literatur, sei der letzte Verlustausgleichsanspruch auf der Basis von Liquidationswerten zu berechnen.[416] Das Vermögen der abhängigen Gesellschaft, die nach Beendigung des Unternehmensvertrages nicht mehr alleine überleben könne, sei eine juristische Sekunde nach dem Ende des Vertrages mit Zerschlagungswerten anzusetzen.[417] Es sei eine Fortführungsprognose für die abhängige Gesellschaft in die Berechnung einzubeziehen, da nur so der abhängigen Gesellschaft die Vermögensmasse erhalten bleiben könnte, die sie zu Vertragsbeginn hatte. Dies verlangte das Konzept der §§ 302, 303 AktG.[418]

---

414 *Ballwieser* in MüKo HGB, § 252 Rn. 9; *Merkt* in Baumbach/Hopt, § 252 Rn. 7; *Jonas/Elprana/Heyes* in Heidel/Schall, § 252 Rn. 9; *Morck* in Koller/Kindler/Roth/Morck, § 252 Rn. 3; *Beatge/Kirsch/Thiele*, S. 160 f.

415 *Ballwieser* in MüKo HGB, § 252 Rn. 13; *Jonas/Elprana/Heyes* in Heidel/Schall, § 252 Rn. 12.

416 *Altmeppen* in Roth/Altmeppen, Anh. § 13 Rn. 63 sowie in MüKo AktG, § 302 Rn. 41 sowie in Managerhaftung, S. 8 f.; *Langenbucher* in Schmidt/Lutter, § 308 Rn. 35; ebenso *Stephan* in Schmidt/Lutter, § 302 Rn. 39; *Deilmann* in Hölters, § 302 Rn. 18; *Schenk* in Bürgers/Körber, § 302 Rn. 16; *Goldschmidt/Laeger*, NZG 2012, 1201 (1203); *Hentzen*, NZG 2008, 201 (205); *Bicker*, DZWIR 2007, 284.
Ablehnend für den ähnlichen Fall des Wertansatzes im Rahmen des § 30 GmbHG im Fall eines existenzvernichtenden Eingriffs: *Henzler*, S. 22 f., der bei Annahme einer Fortbestehensprognose Unsicherheitsmomente fürchtet.

417 *Altmeppen* in MüKo AktG, § 302 Rn. 41.

418 *Altmeppen* in MüKo AktG, § 302 Rn. 41.

Anders sieht dies das OLG Düsseldorf, das, wie oben bereits erwähnt, die Ansicht vertritt, durch die Ausübung der Leitungsmacht dürfe keine Existenzgefährdung bei der beherrschten Gesellschaft herbeigeführt werden. Das Gericht kommt daher zu der Annahme, eine Bewertung der beherrschten Gesellschaft nach dem Substanzwert verbiete sich.[419] Vielmehr sei aufgrund der Verpflichtung des herrschenden Unternehmens, die beherrschte Gesellschaft lebensfähig zu erhalten, stets zu Fortführungswerten zu bilanzieren.

Dem ist zu widersprechen. Selbst wenn man davon ausgehen wollte, die herrschende Gesellschaft dürfe keine Existenzgefährdung beim beherrschten Unternehmen herbei führen, wäre hieraus nicht zu schließen, dass ein Ansatz zu Liquidationswerten ausgeschlossen wäre. Die Bilanz muss vielmehr entsprechend § 252 Abs. 1 Nr. 4 HGB nach dem Grundsatz der Vorsicht aufgestellt werden.[420] Dies bringt es im hier diskutierten Fall mit sich, dass, unabhängig von der Frage, ob eine Verpflichtung des herrschenden Unternehmens dahin gehend besteht oder nicht, die beherrschte Gesellschaft zu erhalten, zu Liquidationswerten anzusetzen ist, wenn eine Fortführung des Unternehmens nicht mehr möglich ist.[421] Die Frage, ob zu Liquidations- oder zu Fortführungswerten zu bilanzieren ist, bestimmt sich nämlich nicht danach, ob irgendein Organ oder eben das herrschende Unternehmen eine Pflicht gehabt hätte, das abhängige Unternehmen anders zu führen und so eine Liquidation zu vermeiden. Vielmehr ist allein die tatsächliche Frage ausschlaggebend, ob eine Fortführungsprognose positiv oder negativ ausfällt. Wieso dies indessen der Fall ist, ist irrelevant.

Es schlagen sich daher die Zukunftsaussichten der beherrschten Gesellschaft teilweise im (letzten) Verlustausgleichsanspruch nieder. Die Differenz, die sich im Wert von Wirtschaftsgütern durch die Bewertung zu Zerschlagungswerten, anstatt zu Fortführungswerten, ergibt, mindert einen Jahresüberschuss. Diese Minderung ist durch das herrschende Unternehmen im Rahmen des Verlustausgleichs zu decken.

An dieser Stelle ist auf die oben gefundene Erkenntnis zur Zulässigkeit existenzgefährdender Weisungen zurück zu kommen. Nach der hier vertretenen

---

419 OLG Düsseldorf, Beschluss vom 07.06.1990 – 19 W 13/86, BeckRS 1990, 31003557 (B.II.2.c).

420 Vgl. zum Grundsatz der Vorsicht beispielsweise *Morck* in Koller/Kindler/Roth/Morck, § 252 Rn. 5; *Merkt* in Baumbach/Hopt, § 252 Rn. 10.

421 Zu beachten ist, dass bloße Zweifel an der Fortführungsmöglichkeit nicht ausreichend sind, damit zu Liquidationswerten angesetzt werden darf, vgl. *Jonas/Elprana/Heyes* in Heidel/Schall, § 252 Rn. 10; *Gerner-Beuerle/Ahmad* in Haag/Löffler, § 252 HGB Rn. 3; *Beatge/Kirsch/Thiele*, S. 160.

Ansicht sind derartige Weisungen zulässig, bis sie ein Ausmaß an Einwirkung erreichen, das die direkte Insolvenz der Aktiengesellschaft bewirkt. Den oben angeführten Gründen für eine solche Zulässigkeit ist an dieser Stelle auch ein rechtspolitisches Argument aus den eben erörterten Gesichtspunkten hinzuzufügen: Nimmt das herrschende Unternehmen der beherrschten Gesellschaft ihre Zukunftschancen, so muss es hierfür im Rahmen der Verlustausgleichspflicht einstehen, auch wenn die Grenze der Zerschlagung der beherrschten Aktiengesellschaft nicht erreicht wird. Durch diese Ausgleichspflicht lässt sich auch der wertungsmäßige Unterschied in der Behandlung des faktischen Konzerns und des Vertragskonzerns in dieser Frage begründen. Während im faktischen Konzern kein Ausgleich erfolgen würde, wenn eine Existenzgefährdung herbeigeführt würde, ist dies nach den vorstehenden Feststellungen im Vertragskonzern grundsätzlich durch die Änderung im Wertansatz für die Ausgleichsbilanz der Fall.

Hier ist gleichwohl daran zu erinnern, was zur Frage der Nachteiligkeit von Einwirkungen festgestellt wurde. Nachteile für die abhängige Aktiengesellschaft werden sich nicht immer in ihrer Bilanz niederschlagen.[422] Wenn die Änderung des Wertansatzes sich bei einer Existenzgefährdung auf die Bilanz und mithin auf den Verlustausgleich auswirkt, dann bewirkt dies im Ergebnis, dass mehr Nachteile zum Ausgleich gebracht werden, nicht aber sämtliche. Wird hingegen hinsichtlich der Nachteiligkeit oder Schädlichkeit der Einwirkung die Schwelle der Existenzgefährdung nicht erreicht, so kann ein herrschendes Unternehmen durch eine rechtzeitige Beendigung des Unternehmensvertrages und mithin der Verlustausgleichspflicht ausgleichslos zu seinen Gunsten und zu Ungunsten der Zielgesellschaft auf selbige einwirken.[423]

422 Vgl. Kapitel 5.1.1.

423 Diese Problematik soll in Kapitel 10 nochmals zur Erarbeitung von Lösungsansätzen aufgegriffen werden.

7 Schadenersatz im Vertragskonzern

Auch im Vertragskonzern haben die Obergesellschaft und ihre Geschäftsleiter, aber auch der Vorstand der beherrschten Gesellschaft mit Schadenersatzansprüchen der beherrschten Gesellschaft als Resultat einer Einwirkung zum Abzug von Kapital zu rechnen.[424]

7.1 § 309 AktG

Infrage kommt zunächst eine Organhaftung des Geschäftsleiters des herrschenden Unternehmens gegenüber der beherrschten Gesellschaft nach § 309 Abs. 2 Satz 1 AktG. § 309 AktG legt fest, dass die Geschäftsleiter des herrschenden Unternehmens bei der Erteilung von Weisungen die Sorgfalt eines ordentlichen und gewissenhaften Geschäftsleiters anzuwenden haben, und bei Nichtbeachtung der beherrschten Aktiengesellschaft zum Schadenersatz verpflichtet sind.

7.1.1 Pflichtverletzung

Die Pflichtverletzung im Rahmen des § 309 Abs. 2 Satz 1 AktG ist die Erteilung einer sorgfaltswidrigen Weisung. Da sorgfaltswidrig in jedem Fall auch die gesetzeswidrige Weisung ist, so ist die dem § 308 AktG widersprechende Weisung, oder die, die wegen ihrer existenzvernichtenden Wirkung rechtswidrig ist,[425] geeignet, eine Haftung nach § 309 Abs. 2 Satz 1 AktG auszulösen.

Ob § 309 AktG darüber hinaus eine weitere Rechtmäßigkeitsschranke für Weisungen enthält, ist umstritten.

7.1.1.1 Meinungsstand

Die wohl herrschende Meinung vertritt, § 309 AktG erfülle eine Doppelfunktion.[426] Die Norm enthalte zum einen den Haftungstatbestand, bestimme zum anderen aber auch den Haftungsmaßstab. Auch eine Weisung, die nach

---

424 Siehe aber auch *Kuntz*, Der Konzern 2007, 802 zur sonst weitgehend ungeklärten Frage der Haftung der Geschäftsleitung der abhängigen Gesellschaft gegenüber der Obergesellschaft. Mangels Schadenseintritt in der Obergesellschaft ist diese Problematik jedoch ohne praktische Relevanz.

425 Vgl. oben Kapitel 3.4.2.

426 *Veil* in Spindler/Stilz, § 309 Rn. 23; *Emmerich* in Emmerich/Habersack, Aktien- und GmbH-Konzernrecht, § 309 Rn. 29; *Fett* in Bürgers/Körber, § 309 Rn. 15; *Hüffer/Koch*,

§ 308 Abs. 1 AktG rechtmäßig sei, könne eine Haftung nach § 309 AktG begründen, wenn zwar § 308 Abs. 1 AktG erfüllt, § 309 AktG aber verletzt sei. Begründet wird diese Ansicht mit der Systematik des Gesetzes, das § 309 AktG als im Zusammenhang mit § 308 AktG sehe und § 309 Abs. 1 AktG als zusätzliche Schranke für das Weisungsrecht verstehe.[427] Auch sei § 309 AktG dem § 93 AktG nachgebildet. § 309 AktG sei daher in gleicher Weise wie § 93 AktG anzuwenden.[428]

Die Gegenansicht sieht in § 309 Abs. 1 AktG lediglich eine Bestimmung über den Verschuldensmaßstab.[429] Eine Haftung setze daher einen Verstoß gegen § 308 Abs. 1 AktG, also die Erteilung einer rechtswidrigen Weisung voraus.[430] § 309 AktG bestimme dann, dass eine Haftung nur dann eintrete, wenn die Erteilung dieser Weisung subjektiv vorwerfbar, da unter Verstoß gegen den hier vorgeschriebenen Sorgfaltsmaßstab ergangen sei. Zur Begründung wird auch von den Vertretern dieser Ansicht auf den systematischen Zusammenhang zwischen § 308 AktG und § 309 AktG verwiesen. § 308 AktG stelle das Konzerninteresse als Maßgabe für die Rechtmäßigkeit der Weisung auf. Mit § 309 AktG einen weiteren, anderen Maßstab zu verlangen, widerspräche dem Hintergrund, die Einbindung in einen Vertragskonzern als Möglichkeit einer wirtschaftlichen Fusion zu verstehen.[431] Hierdurch werde die in § 308 AktG ausdrücklich normierte Zulässigkeit nachteiliger Weisungen in ihr Gegenteil verkehrt.[432] Nach einer wirtschaftlichen Betrachtungsweise habe der Konzerngeschäftsleiter ein Gesamtunternehmen zu leiten, an dessen Schaden sich im Ergebnis auch eine Haftung zu messen habe.[433]

Auch die Begründung zum Regierungsentwurf zu § 309 Abs. 2 AktG[434] scheint dieser letztgenannten Ansicht zu sein. Dort wird ausgeführt, dass die

---

§ 309 Rn. 14; *Voigt*, S. 289 ff.; *Fischbach*, S. 119 f.; *Wimmer-Leonhardt*, S. 56; so wohl auch *Langenbucher* in Schmidt/Lutter, § 309 Rn. 5.

427 *Emmerich* in Emmerich/Habersack, Aktien- und GmbH-Konzernrecht, § 309 Rn. 29; *Fett* in Bürgers/Körber, § 309 Rn. 15.

428 *Veil* in Spindler/Stilz, § 309 Rn. 23; *Fett* in Bürgers/Körber, § 309 Rn. 15; *Hüffer/Koch*, § 309 Rn. 15; *Langenbucher* in Schmidt/Lutter, § 309 Rn. 5.

429 *Koppensteiner* in Kölner Kommentar, § 309 Rn. 11; *Bank* in Patzina/Bank/Schimmer/Simon-Widmann, Kapitel 10 Rn. 32; *Wellkamp*, WM 1993, 2155 (2156); *Müller*, ZGR 1977, 1 (3); so auch *Altmeppen* in MüKo AktG, § 309 Rn. 68 ff. unter Aufgabe der in der 1. Auflage vertretenen Gegenansicht von *Geßler*.

430 *Koppensteiner* in Kölner Kommentar, § 309 Rn. 11.

431 *Altmeppen* in MüKo AktG, § 309 Rn. 71.

432 *Koppensteiner* in Kölner Kommentar, § 309 Rn. 11.

433 *Altmeppen* in MüKo AktG, § 309 Rn. 71 f.

434 *Begründung RegE* in Kropff, S. 405.

Vorstände, „erteilen sie Weisungen, die sie nach § 308 oder auf Grund des Vertrages nicht erteilen dürfen," der Gesellschaft zum Schadenersatz verpflichtet sind. Auch die Begründung zum Regierungsentwurf fordert mithin eine rechtswidrige Weisung, um eine Haftung nach § 309 AktG zu begründen.

7.1.1.2 Stellungnahme

Von Bedeutung ist eine Entscheidung der Streitigkeit auch in der Frage der Haftung für Maßnahmen zur Freisetzung von Kapital.[435] Folgte man der herrschenden Meinung, so kommt eine Haftung der Geschäftsleiter der herrschenden Gesellschaft infrage, wenn diese Maßnahmen zwar dem Konzerninteresse oder dem Interesse der herrschenden Gesellschaft dienlich waren, sie aber der Sorgfalt eines ordentlichen und gewissenhaften Geschäftsmannes widersprochen haben. Bei Annahme der zweiten Ansicht scheidet eine Haftung der Vertreter des herrschenden Unternehmens aus, wenn die erteilten Weisungen zwar sorgfaltswidrig waren, sie aber die Rechtmäßigkeitsvoraussetzungen des § 308 AktG erfüllt haben, also beispielsweise im Interesse des Konzerns oder der herrschenden Gesellschaft lagen.[436]

Der zweiten Ansicht ist zuzustimmen. Dieser Überlegung zugrunde zu legen ist die Funktion des § 309 AktG. Die Norm ordnet demjenigen, der die Leitungsmacht ausübt, eine entsprechende Verantwortlichkeit bei. Da die Vertreter des herrschenden Unternehmens, die für dieses Weisungen erteilen können, nicht Vertragspartner des beherrschten Unternehmens als Weisungsempfänger sind, unterlägen sie ohne die Regelung des § 309 AktG keiner Haftung gegenüber der beherrschten Gesellschaft. § 309 AktG regelt demnach eine Haftung auf Grundlage des Unternehmensvertrages. Nur ein Verstoß gegen den Unternehmensvertrag oder gegen gesetzliche Bestimmungen, die den Unternehmensvertrag und die Beziehungen seiner Parteien ausgestalten, kann daher eine Haftung nach § 309 AktG nach sich ziehen. Ein Verstoß gegen den Beherrschungsvertrag liegt aber nur bei Erteilung einer rechtswidrigen Weisung vor.

---

435 Siehe zur Unrichtigkeit der oftmals vorgebrachten Meinung (vgl. *Altmeppen* in MüKo AktG, § 309 Rn. 72; *Krieger* in Münchener Handbuch des Gesellschaftsrechts, Band 4, § 71 Rn. 165; *Langenbucher* in Schmidt/Lutter, § 309 Rn. 5), der Streit habe keine praktische Bedeutung, auch: *Fischbach*, S. 117 f.

436 Eine Haftung der gesetzlichen Vertreter des herrschenden Unternehmens wird sich dann zwar nicht gegenüber der beherrschten Gesellschaft nach § 309 AktG, wohl aber unter Umständen gegenüber der herrschenden Gesellschaft nach § 93 AktG ergeben. Siehe hierzu noch sogleich.

Nur in diesem Falle läge eine Pflichtverletzung des Unternehmensvertrages durch das herrschende Unternehmen vor, die – wie noch näher auszuführen sein wird – eine Haftung desselben zu begründen vermag. Zwischen der Haftung des herrschenden Unternehmen und seiner Vertreter muss jedoch ein Gleichlauf bestehen. Widersinnig wäre es schließlich, wenn eine Weisung, die, weil sie nach § 308 AktG rechtmäßig ist, keine Haftung des herrschenden Unternehmens als Vertragspartner begründen würde, wohl aber eine Haftung des Vertreters desselben.

Zudem besteht auch keine Haftungslücke bei Annahme dieser Ansicht: Selbst wenn eine Verantwortlichkeit des Vertreters des herrschenden Unternehmens gegenüber der beherrschten Gesellschaft nach § 309 Abs. 2 Satz 1 AktG dann mangels Rechtswidrigkeit einer sorgfaltswidrigen Weisung ausscheidet, besteht dennoch der Verlustdeckungsanspruch gegenüber dem herrschenden Unternehmen selbst. Diesem gegenüber wird der Geschäftsleiter nach § 93 Abs. 1 Satz 1 AktG verantwortlich sein. Dieses Ergebnis ist auch insoweit schlüssig, als § 308 Abs. 2 Satz 2 AktG auch die Aussage enthält, dass die beherrschte Gesellschaft, welche Gläubigerin des Anspruchs nach § 309 Abs. 2 Satz 1 AktG wäre, eben nicht jede Weisung auf ihre Sinnhaftigkeit oder eben Sorgfaltsmäßigkeit zu überprüfen hat. Sie hat lediglich eine Evidenzkontrolle auf Rechtmäßigkeit vorzunehmen.

Diese Rechtmäßigkeit richtet sich im Grundsatz nach der gesetzlichen Regel des § 308 Abs. 1 Satz 2, Abs. 2 Satz 2 AktG, die die Rechtswidrigkeit einer Weisung dann annimmt, wenn die Weisung nicht den Konzerninteressen oder den Interessen des herrschenden Unternehmens dient. Zudem ist entsprechend den eben gemachten Untersuchungen auch die Weisung zu existenzvernichtenden Maßnahmen als Sonderfall zu berücksichtigen und führt mithin zur Rechtswidrigkeit einer Weisung.

7.1.1.3 Die Sorgfaltswidrigkeit der Weisung als Voraussetzung der Pflichtverletzung

Es wurde bereits festgestellt, dass die sorgfaltswidrige Weisung nach § 309 Abs. 1 AktG zu einer Haftung für aus selbiger entstehende Schäden führen kann. Diese Sorgfaltswidrigkeit kann entsprechend dem § 309 Abs. 1 AktG darauf begründet sein, dass ein ordentlicher und gewissenhafter Geschäftsleiter die entsprechende Maßnahme nicht vorgenommen hätte, dass sie also beispielsweise unvernünftig riskant war.

Nun ergibt sich hieraus notwendiger Weise, dass die Weisung zu Maßnahmen, die dem Sorgfaltsmaßstab entsprechen, und auch sonst rechtmäßig sind, keine Haftung im Sinne des § 309 Abs. 2 Satz 1 AktG begründen können. Die Maßnahmen zum Abzug von Kapital also, die von den §§ 308 und 309 AktG gedeckt sind, lösen keine Schadenersatzpflicht aus. Dies wird stets dann der Fall sein, wenn die Maßnahmen zwar nachteilig für die beherrschte Gesellschaft sind, sie aber entsprechend dem § 308 Abs. 1 Satz 2 AktG dem Konzerninteresse dienen. Dies wird für gewöhnlich der Fall sein.[437] Bereits aus diesem Grund wird eine Haftung nach § 309 Abs. 2 Satz 1 AktG in den hier untersuchten Fällen meist nicht gegeben sein.

7.1.2 Bestimmung des Schadens

Zur Schädlichkeit von Maßnahmen zur Freisetzung von Kapital kann auf oben[438] gemachte allgemeine Ausführungen verwiesen werden. So lässt sich aufgrund der Tatsache, dass auch ein verzögerter Schadenseintritt zu berücksichtigen ist, ein Schadenseintritt im Allgemeinen annehmen. Auch für die beherrschte Aktiengesellschaft negative Entwicklungen nach dem Ende des Unternehmensvertrages können also zu einem zu ersetzenden Schaden führen. Besonderheiten bei der Bestimmung der Schadenshöhe könnten sich im Vertragskonzern jedoch zum einen aus Gewinnabführung oder Verlustausgleich ergeben. Zum anderen wird auch die Berücksichtigung von sich eventuell ergebenden Konzernvorteilen bei der Schadensermittlung diskutiert.

7.1.2.1 Schadenseintritt bei Gewinnabführung oder Verlustausgleich

Umstritten ist die Frage, ob die Gewinnabführungs- und die Verlustausgleichspflicht des Gewinnabführungsvertrages bzw. des Beherrschungsvertrages einen Schaden im Sinne von § 309 Abs. 1 Satz 1 AktG ohnehin entfallen lassen.[439]

7.1.2.1.1 Meinungsstand

Teilweise wird vertreten, der Gewinnabführungsanspruch mindere sich zwar um den zugefügten Nachteil, für die beherrschte Gesellschaft aber käme es zum gleichen Ergebnis. Es liege daher kein Schaden vor. Ebenso verhielte es sich mit der Verlustausgleichspflicht, die ebenso den Schadenseintritt bei der beherrschten

437 Siehe oben Kapitel 3.1.2.3.

438 Siehe Kapitel 5.1.1.

439 Einen ausführlichen Überblick über den Streitstand bietet *Altmeppen* in MüKo AktG, § 309 Rn. 81 ff.

Gesellschaft verhindere.[440] Einen tatsächlichen Gewinn oder Verlust, in welchem sich ein Schaden zeigen könne, erziele die beherrschte Aktiengesellschaft nie.

Eine andere Ansicht fordert unter Berücksichtigung dieser Überlegungen, dass Gewinnabführungs- und Verlustausgleichspflicht bei der Schadenberechnung im Rahmen des § 309 Abs. 1 Satz 1 AktG keine Berücksichtigung finden dürften.[441] Würde ein Schaden aufgrund von Gewinnabführungs- oder Verlustausgleichspflicht bei der beherrschten Gesellschaft stets entfallen, so würde das herrschende Unternehmen stets belastet. Es entfiele auch die präventive Wirkung der Haftung der gesetzlichen Vertreter, da diese praktisch leer laufen würde.

In eine ähnliche Richtung geht die Ansicht von *Altmeppen*,[442] der Schaden wirke sich nur dann auf Gewinnabführungs- bzw. Verlustausgleichspflicht aus, wenn er bis zum Stichtag der Ergebnisfeststellung ignoriert würde. Dies ändere jedoch nichts daran, dass der beherrschten Gesellschaft zunächst ein entsprechender Schaden entstanden sei. Die Verlustausgleichs- und Gewinnabführungspflicht habe daher ohnehin keinen Einfluss auf die Schadensberechnung.

Eine weitere Ansicht schließlich differenziert, ob es tatsächlich zu einem Ausgleich nach § 302 Abs. 1 AktG gekommen ist, oder nicht. Sei dies der Fall, so entfiele ein Schaden für die beherrschte Gesellschaft.[443]

7.1.2.1.2 Stellungnahme

Auch im Rahmen des § 309 Abs. 2 Satz 1 AktG kommt es für die Frage des Vorliegens eines Schadens entsprechend oben gemachten Feststellungen auf § 249 BGB, und mithin im Grundsatz auf die Differenzhypothese an.[444] Wenn ein Vergleich zwischen den Vermögenslagen der beherrschten Gesellschaft mit und ohne die schädigende Weisung gezogen wird, so hängt das Vorliegen und die Höhe einer Differenz tatsächlich davon ab, ob ein Verlustausgleich gewährt wird, Gewinnabführung vorgenommen wird, oder nicht.

Daher wird die Frage des Schadenseintritts von dem hiermit eigentlich nicht in Zusammenhang stehenden Umstand abhängen, ob die Aktiengesellschaft einen Jahresüberschuss erwirtschaftet oder nicht, und welcher Art der

---

440 *Koppensteiner* in Kölner Kommentar, § 309 Rn. 14; *Kantzas*, S. 202.

441 *Veil* in Spindler/Stilz, § 309 Rn. 27; *Leuering/Goertz* in Hölters, § 309 Rn. 38; *Peres* in Heidel, § 309 AktG Rn. 28; *Hüffer/Koch*, § 309 Rn. 18.

442 *Altmeppen* in MüKo AktG, § 309 Rn. 87 ff.

443 *Fett* in Bürgers/Körber, § 309 Rn. 17 f.; *Langenbucher* in Schmidt/Lutter, § 309 Rn. 26; *Emmerich* in Emmerich/Habersack, Aktien- und GmbH-Konzernrecht, § 309 Rn. 40; *Fischbach*, S. 133 ff.

444 Vgl. Kapitel 3.1.1.1.2.

abgeschlossene Unternehmensvertrag ist. Wird ein Defizit erzielt, so reichen der Beherrschungsvertrag und seine Verlustdeckungspflicht aus, damit ein Schaden nicht eintritt. Wird hingegen ein Überschuss erwirtschaftet, so bedarf es eines Gewinnabführungsvertrages, da nur bei Vorliegen einer Gewinnabführungspflicht die Schädigung ohne Auswirkung bleibt. Die Verlustdeckungspflicht des Beherrschungsvertrages reicht in diesem Fall nicht. Ein Schadenseintritt wäre also von der Ertragshöhe der beherrschten Gesellschaft und von der Art des bestehenden Unternehmensvertrages abhängig. Es erscheint daher durchaus sinnvoll, Gewinnabführung und Verlustausgleich bei der Schadensberechnung unberücksichtigt zu lassen.

Der Schadenersatzanspruch jedoch ist stets, also auch ohne Vorliegen eines Unternehmensvertrages, in der Bilanz zu aktivieren und steht somit immer dem Schaden gegenüber.[445] Der Schadensfall ist, bilanziell betrachtet, also ohnehin neutral und hat somit keine Auswirkung auf Gewinnabführung oder Verlustdeckung. Denn nach der Bilanz wird sich im Vertragskonzern nach den oben dargestellten Grundsätzen die Höhe der Verlustausgleichspflicht und des Gewinnabführungsanspruchs richten.[446]

Selbst wenn eine Aktivierung nicht erfolgt, beispielsweise weil der Schadenersatzanspruch erst später verfolgt wird, so ändert dies nichts an der Tatsache, dass ein Schaden vor der Aufstellung der Bilanz entstanden war.[447] Denn wenn der Beurteilung des Schadens eine ex post-Betrachtung zugrunde zu legen ist, dann bedeutet das nur, dass sich die Schadenshöhe bis zum Ende der letzten Tatsacheninstanz verändern kann. Das heißt aber nicht, dass er nicht bereits zum Zeitpunkt des schädigenden Ereignisses entstanden ist. Ebenso ergibt sich also aus dieser Überlegung, dass Verlustausgleich und Gewinnabführung keine Auswirkung auf die Schadenshöhe haben können.[448]

---

445 *Altmeppen* in MüKo AktG, § 309 Rn. 87.

446 Vgl. Kapitel 6.1 zur Berechnung des Verlustausgleichsanspruchs, Kapitel 2.2 zur Berechnung des Gewinnabführungsanspruchs.

447 *Altmeppen* in MüKo AktG, § 309 Rn. 87.

448 Wenn diese einen Schaden bei einer späteren Beurteilung wieder haben entfallen lassen, so ist dies nur im Rahmen des internen Ausgleichs zwischen dem herrschenden Unternehmen und seinem Geschäftsleiter von Bedeutung, wenn dieser die Schädigung auch gegenüber seiner Anstellungskörperschaft zu vertreten hat.

7.1.2.2 Anrechnung von Konzernvorteilen

Im Zusammenhang mit der Schadensberechnung im Vertragskonzern wird ferner die Frage diskutiert, ob der nach § 309 Abs. 2 Satz 1 AktG zum Schadenersatz verpflichtete Geschäftsleiter des herrschenden Unternehmens Vorteile, die dem Gesamtkonzern entstanden sind, gegenüber dem durch ihn auszugleichenden Schaden der beherrschten Gesellschaft zur Anrechnung bringen kann.

7.1.2.2.1 Meinungsstand

Teilweise wird vertreten, nur in der Höhe, in welcher dem Gesamtkonzern nach Berechnung aller Vor- und Nachteile noch ein Schaden verbleibt, könne dieser nach § 309 Abs. 2 Satz 1 AktG geltend gemacht werden.[449] Dies resultiere aus dem einer Schadenersatzhaftung zugrunde liegenden Pflichtwidrigkeitszusammenhang. Unter Berücksichtigung der soeben dargestellten Annahmen zum Schadenseintritt bei Bestehen eines Unternehmensvertrages[450] wird begründet, die beherrschte Gesellschaft erhalte durch den Schadenersatzanspruch ohnehin keinen Vorteil. Daher sei es folgerichtig, einen Schaden nur insoweit anzunehmen, wie er für den Gesamtkonzern schädlich, und mithin pflichtwidrig sei.[451]

Die Gegenansicht verweist auf die praktischen Schwierigkeiten, die eine Berechnung sämtlicher dem Konzern durch eine Weisung entstehender Vor- und Nachteile bereiten würde. Die Anrechnung von Vorteilen sei mithin ausgeschlossen.[452]

Auch sei das sonst erzielte Ergebnis „absurd".[453] Die beherrschte Gesellschaft als Gläubigerin bekäme nur den Schaden ersetzt, den der Konzern als Schuldner erlitten habe.

7.1.2.2.2 Stellungnahme

Nun ist zwar weder der Konzern, noch das herrschende Unternehmen Schuldner des Anspruchs nach § 309 Abs. 2 Satz 1 AktG, sondern der gesetzliche Vertreter desselben.[454] Nur im Fall eines Einzelkaufmannes als herrschendem Unternehmen fiele dies zusammen.

---

449 *Koppensteiner* in Kölner Kommentar, § 309 Rn. 20.

450 Vgl. Kapitel 7.1.1.1.

451 *Koppensteiner* in Kölner Kommentar, § 309 Rn. 20.

452 *Veil* in Spindler/Stilz, § 309 Rn. 27; *Leuering/Gortz* in Hölters, § 309 Rn. 37.

453 *Altmeppen* in MüKo AktG, § 309 AktG Rn. 98 ff.

454 Siehe aber noch sogleich Kapitel 7.1.3 zur Ausweitung der Haftung auf das herrschende Unternehmen.

Eine Haftung nach § 309 Abs. 2 Satz 1 AktG kommt jedoch nur dann infrage, wenn eine rechtswidrige Weisung vorliegt. Eine solche ist anzunehmen, wenn die Weisung nicht im Konzerninteresse liegt, oder der Ausnahmefall der Existenzvernichtung vorliegt.[455] Liegt die Weisung nicht im Konzerninteresse, so erwachsen dem Konzern keine Vorteile, über deren Anrechnung man diskutieren könnte. Begründet sich die Haftung jedoch auf die Erteilung einer existenzvernichtenden Weisung, und ist daher rechtswidrig, so kann der Geltendmachung durch Gläubiger der beherrschten Gesellschaft oder den Insolvenzverwalter wohl nur schwerlich entgegen gehalten werden, der Schaden an der beherrschten Aktiengesellschaft habe aber im Gegenzug dem Gesamtkonzern Vorteile gebracht. Auch mit diesem Einwand ist der nach § 309 Abs. 2 Satz 1 AktG in Anspruch genommene Geschäftsleiter daher auf den Ausgleich im Verhältnis zwischen ihm und dem herrschenden Unternehmen als seiner Anstellungskörperschaft zu verweisen.[456]

7.1.3 Schuldner des Anspruchs nach § 309 AktG

Im Rahmen der Haftung des § 309 AktG wird teilweise infrage gestellt, wessen Haftung die Norm überhaupt regeln will.

7.1.3.1 Meinungsstand

So möchte eine Ansicht in § 309 AktG neben der Regelung der Haftung der gesetzlichen Vertreter der herrschenden Gesellschaft auch eine abschließende Bestimmung über die Haftung des herrschenden Unternehmens selbst sehen.[457] § 280 BGB bedürfe als Generalklausel der näheren Konkretisierung. Diese habe ohnehin durch § 309 AktG zu erfolgen.[458] In Verbindung mit § 31 BGB analog solle daher § 309 AktG als Haftungsgrundlage herangezogen werden.[459]

Nach der herrschenden Ansicht aber regle § 309 AktG nur die Haftung der gesetzlichen Vertreter des herrschenden Unternehmens. Die Haftung des herrschenden Unternehmens hingegen richte sich nach § 280 Abs. 1 Satz 1 BGB als der allgemeinen Vorschrift für die Haftung für Pflichtverletzungen aus

455 Siehe oben Kapitel 3.4.2.

456 So auch *Altmeppen* in MüKo AktG, § 309 AktG Rn. 104.

457 *Ulmer* in FS Stimpel, 705 (712); *Beuthien*, DB 1969, 1781 (1782 f.).

458 *Hüffer/Koch*, § 309 Rn. 27.

459 *Ulmer* in FS Stimpel, 705 (712); ähnlich *Beuthien*, DB 1969, 1781 (1782 f.), der auch § 309 AktG für analog anwendbar hält.

Schuldverhältnissen.[460] Dies begründe sich darauf, dass die Haftung des herrschenden Unternehmens keine Organhaftung, sondern eine Haftung auf Grundlage des Unternehmensvertrages sei.[461]

7.1.3.2 Stellungnahme

Bereits die amtliche Überschrift des § 309 AktG, die von der Verantwortlichkeit der gesetzlichen Vertreter spricht, deutet auf die Richtigkeit letztgenannter Ansicht hin. Dieser Ansicht ist beizupflichten. Es ist bereits keine Pflicht des Geschäftsleiters der herrschenden Gesellschaft gegenüber der beherrschten Gesellschaft außer der Sorgfaltspflicht bei der Erteilung von Weisungen ersichtlich. Bereits deswegen kann Abs. 2 nur an die in Abs. 1 beschriebenen Pflichten anknüpfen. Sämtliche anderen vertraglichen Pflichten gegenüber der beherrschten Gesellschaft sind solche der herrschenden Gesellschaft selbst als Vertragspartnerin, nicht aber ihrer gesetzlichen Vertreter.

Auch die Begründung zum Regierungsentwurf der Norm führt aus, die Vorschrift regle „nicht die Haftung des herrschenden Unternehmens selbst. Das herrschende Unternehmen hafte[t] nach allgemeinen Rechtsgrundsätzen auf Grund des Vertrags; eine besondere aktienrechtliche Regelung ist daher nicht erforderlich.“[462]

Die Voraussetzungen für eine Analogie schließlich liegen ebenso wenig vor. Aufgrund des Bestehens des § 280 Abs. 1 Satz 1 BGB als allgemeine Haftungsnorm für Pflichtverletzungen im Schuldverhältnis besteht keine Regelungslücke.[463]

7.2 § 93 AktG und § 310 AktG

Wie im faktischen Konzern kommt auch im Vertragskonzern eine Haftung der Geschäftsleitung sowohl der einwirkenden Obergesellschaft, als auch der

---

460 *Koppensteiner* in Kölner Kommentar, § 309 Rn. 37; *Langenbucher* in Schmidt/Lutter, § 309 Rn. 41; *Altmeppen* in MüKo AktG, § 309 Rn. 139 ff.; *Veil* in Spindler/Stilz, § 309 Rn. 3 und Rn. 39; *Fett* in Bürgers/Körber, § 309 Rn. 28; *Leuering/Goertz* in Hölters, § 309 Rn. 56; *Emmerich* in Emmerich/Habersack, Aktien- und GmbH-Konzernrecht, § 309 Rn. 21.

461 *Koppensteiner* in Kölner Kommentar, § 309 Rn. 37; *Veil* in Spindler/Stilz, § 309 Rn. 39; *Altmeppen* in MüKo AktG, § 309 Rn. 141.

462 *Begründung RegE* in Kropff, S. 404 f.

463 *Fett* in Bürgers/Körber, § 309 Rn. 28.

beeinflussten abhängigen Aktiengesellschaft nach den gewöhnlichen Grundsätzen der Organhaftung infrage.

7.2.1 Der Geschäftsleiter der Obergesellschaft als Haftungsadressat

Wie bereits zum faktischen Konzern ausgeführt, ist der Geschäftsleiter der Obergesellschaft Adressat der Organhaftung nach § 93 Abs. 2 AktG oder nach § 43 Abs. 2 GmbHG. Diese Haftung gegenüber seiner eigenen Anstellungskörperschaft könnte also für den Geschäftsleiter des herrschenden Unternehmens neben die soeben dargestellte Haftung gegenüber der beherrschten Gesellschaft nach § 309 AktG treten, wenn auf eine Freisetzung und Abführung von Kapital in der abhängigen Aktiengesellschaft hingewirkt wird. Es wird allerdings wie auch im faktischen Konzern an der Verursachung eines Schadens fehlen, weil die Einflussnahme zum Abzug von Kapital im Interesse der Obergesellschaft vorgenommen wird.

7.2.2 Die Vorstandshaftung in der Ziel-Aktiengesellschaft

Von ungleich größerer Bedeutung als die Haftung des Geschäftsleiters des herrschenden Unternehmens gegenüber demselben ist für die vorliegende Untersuchung die Schadenersatzhaftung des Vorstands der beherrschten Aktiengesellschaft dieser gegenüber. Wird eine unzulässige Weisung befolgt, so kommt eine Haftung nach § 93 Abs. 2 AktG sowie nach § 310 Abs. 1 Satz 1 AktG infrage. § 310 Abs. 1 Satz 1 AktG legt fest, dass sich die Haftung des Geschäftsleiters der beherrschten Gesellschaft gegenüber derselben nach den gleichen Regeln wie die des Geschäftsleiters des herrschenden Unternehmens richtet und sie gesamtschuldnerisch neben selbige tritt.

Somit kommt eine Haftung des Vorstands der beherrschten Gesellschaft mit dem des herrschenden Unternehmens infrage, wenn Letzterer eine rechtswidrige Weisung erteilt, und Ersterer sie befolgt.

7.2.2.1 Pflichtverletzung

Die für § 310 Abs. 1 Satz 1 AktG notwendige Pflichtverletzung des Geschäftsleiters der abhängigen Gesellschaft besteht also in der Befolgung der unzulässigen Einflussnahme. Ebenso würde die Nichtbefolgung einer rechtmäßigen Weisung eine Pflichtverletzung darstellen, da sich der Pflichtenmaßstab im Vertragskonzern nach § 308 Abs. 2 Satz 1 AktG um die Folgepflicht erweitert.

Es gelten jedoch auch hier die oben angestellten Überlegungen zur Übereinstimmung der Maßnahmen zum Abzug von Kapital mit § 308 Abs. 1 Satz 2 AktG,[464] und mithin zu dem Schluss, dass Maßnahmen zum Abzug von Kapital für gewöhnlich mangels Pflichtverletzung keine Schadenersatzpflicht auslösen werden.

7.2.2.2 Das Verhältnis zwischen §§ 310 AktG und § 93 AktG

§ 310 AktG verdrängt als lex specialis § 93 AktG, soweit es um Pflichten des Vorstands bei der Umsetzung von Weisungen des herrschenden Unternehmens geht.[465] Befolgt der Vorstand der beherrschten Gesellschaft eine rechtswidrige Weisung, so wäre § 310 AktG nicht unbedingt erforderlich. Denn aus dem Rechtsverstoß folgt auch die Pflichtverletzung im Sinne des § 93 AktG.[466] Neben § 93 AktG verbleibt für § 310 AktG daher kein Anwendungsbereich, was die Begründung einer Haftung angeht. Denn die Befolgung der pflichtwidrigen Weisung wäre stets auch Verstoß gegen § 93 AktG.

Von Bedeutung ist § 310 AktG daher mit seinem Abs. 3 als Ausschlusstatbestand, also für die Frage, wann eine Haftung aufgrund des Handelns auf Weisung ausgeschlossen ist, sowie für die Anordnung der gesamtschuldnerischen Haftung mit dem Geschäftsleiter des herrschenden Unternehmens.[467]

7.2.2.3 Schaden

Auch hier gelten oben gemachte Feststellungen zum Schadenseintritt und dessen Nachweis. Der Nachweis der haftungsausfüllenden Kausalität wird in der Praxis Schwierigkeiten bereiten. Dem steht eine theoretisch extrem weit gehende Schadenshöhe gegenüber.

7.3 § 280 BGB

Wenn bereits festgestellt wurde, dass sich die Haftung des herrschenden Unternehmens für Pflichtverletzungen aus dem Unternehmensvertrag nach § 280 Abs. 1 Satz 1 BGB richten soll,[468] so ist dies doch zumindest nicht

---

464 Siehe 3.1.2.4.

465 *Hüffer/Koch*, § 310 Rn 1; *Langenbucher* in Schmidt/Lutter, § 310 Rn. 2 f.; *Leuering/Goertz* in Hölters, § 310 Rn. 2.

466 Vgl. oben Kapitel 7.1.2.

467 So auch *Langenbucher* in Schmidt/Lutter, § 310 Rn. 1; *Fett* in Bürgers/Körber, § 310 Rn. 1; *Leuering/Goertz* in Hölters, § 310 Rn. 1.

468 Vgl. Kapitel 7.1.3.

völlig selbstverständlich. Zu problematisieren ist bereits die Anwendbarkeit von § 280 BGB auf einen Beherrschungs- und Gewinnabführungsvertrag. Fraglich ist auch, worin die Pflichtverletzung bestehen kann und wie ein Verschulden bestimmt werden soll.

7.3.1 Anwendbarkeit

Soll § 280 BGB als Anspruchsgrundlage berücksichtigt werden, so ist zu klären, ob die Regelungen des allgemeinen Schuldrechts überhaupt auf Unternehmensverträge anwendbar sind.

7.3.1.1 Meinungsstand

Wenn Beherrschungs- und Gewinnabführungsverträge früher[469] als zweiseitig verpflichtende Verträge eingeordnet wurden, so bietet die heute mehrheitlich[470] vorgenommene Qualifikation von Beherrschungs- und Gewinnabführungsverträgen als Organisationsverträge keinen Aufschluss über die schuldrechtliche Natur. *Koppensteiner*[471] führt aus, die Einordnung als Organisationsvertrag lasse keinen Rückschluss darauf zu, dass die Normen des BGB über gegenseitige Verträge anzuwenden seien. Im Ergebnis sei dies aber wohl eher anzunehmen. Explizit für eine Anwendung schuldrechtlicher Normen, namentlich auch § 280 BGB, sprechen sich *Emmerich*[472] und *Langenbucher*[473] aus. Die Organisationsverträge seien zugleich auch als Schuldverträge einzustufen, da sie beiderseitige Leistungspflichten enthielten. Nach *Grüner*[474] sorge gerade der organisationsrechtliche Charakter des Unternehmensvertrages dafür, dass die Pflichtenbindung des

469 Siehe Nachweise bei *Wilhelm*, S. 57 oder bei *Knoblau*, S. 109.

470 OLG Stuttgart, Urteil vom 29.10.1997 – 20 U 8/97, NZG 1998, 601 (602); *Veil* in Spindler/Stilz, Vor § 291 Rn. 25; *Altmeppen* in MüKo AktG, § 291 Rn. 27; *Emmerich* in Emmerich/Habersack, Aktien- und GmbH-Konzernrecht, § 291 Rn. 25; *Langenbucher* in Schmidt/Lutter, § 291 Rn. 18; *Voigt*, S. 278; *Wilhelm*, S. 57 f.; *Kley*, S. 16; *Rottnauer*, NZG 1999, 337 (338); *Koppensteiner* in Kölner Kommentar, Vorb. § 291 Rn. 156 für Beherrschungsverträge, offen gelassen für Gewinnabführungsverträge, Rn. 160; ebenso *Ebenroth/Parche*, BB 1989, 637 (638); ebenso ausdrücklich offen gelassen von *Begründung RegE* in Kropff, S. 376.

471 *Koppensteiner* in Kölner Kommentar, Vorb. § 291 Rn. 157.

472 *Emmerich* in Emmerich/Habersack, Aktien- und GmbH-Konzernrecht, § 291 Rn. 27 und § 309 Rn. 21.

473 *Langenbucher* in Schmidt/Lutter, § 291 Rn. 18.

474 *Grüner*, S. 46.

herrschenden Unternehmens intensiviert werde, und daher Schutz- und Nebenleistungspflichten schuldrechtlicher Art entstünden.

7.3.1.2 Stellungnahme

Dass Unternehmensverträge als Organisationsverträge bezeichnet werden, weil sie die innere Organisationsstruktur einer Gesellschaft zu ändern vermögen,[475] lässt tatsächlich keinen Rückschluss darauf zu, ob auch schuldrechtliche Elemente enthalten sind. Schließlich könnten schuldrechtliche Elemente auch neben der satzungsändernden Wirkung enthalten sein. Für die Änderung der Organisationsstruktur ist indessen die Annahme schuldrechtlicher Elemente nicht denknotwendig.

Eindeutig jedoch geht die Begründung zum Regierungsentwurf vom Vorliegen schuldrechtlicher Elemente aus, wenn sie ausführt, ob Unternehmensverträgen „über die Wirkung eines schuldrechtlichen Vertrags hinaus die Natur eines Organisationsvertrags, einer Satzung, zuzusprechen ist, brauch[e] der Entwurf nicht zu klären."[476]

In der Tat ist die Rechtsnatur eines Beherrschungs- oder Gewinnabführungsvertrages als schuldrechtlicher Vertrag, der ein Schuldverhältnis begründet, eindeutig zu bejahen. So ist es unzweifelhaft, dass ein solcher Unternehmensvertrag neben dem Vorgang der Abänderung der inneren Unternehmensorganisation in der beherrschten Gesellschaft auch weitere Rechte und Pflichten zwischen den Parteien konstituiert. Wenn sich diese auch nicht in einem synallagmatischen Austauschverhältnis gegenüber stehen, so ist dennoch das Bestehen einer Sonderverbindung[477] zwischen herrschender und beherrschter Partei unzweifelhaft. Schließlich beschränkt sich der Unternehmensvertrag nicht in seiner einmaligen und einseitigen Auswirkung auf die beherrschte Gesellschaft und ihre Organisation, sondern der Katalog an Rechten und Pflichten besteht während der gesamten Dauer des Vertrags.[478]

---

475 Vgl. *Begründung RegE* in Kropff, S. 376.

476 *Begründung RegE* in Kropff, S. 376; ebenso unter Hinweis auf die *Begründung RegE*: *Knoblau*, S. 109 f.

477 Siehe zu den Voraussetzungen eines Schuldverhältnisses als einer Sonderverbindung zwischen zwei Personen, einer Gesamtheit von Rechtsbeziehungen: *Grüneberg* in Palandt, Einl v § 241 Rn. 3; *Ernst* in MüKo BGB, Einl. Band 2 Rn. 10; *Westermann* in Erman, Einl § 241 Rn. 5; *Medicus/Lorenz*, Rn. 1 ff.; *Looschelders*, Rn. 3 und 7.

478 Vgl. zu den Leistungspflichten der Parteien *Emmerich* in Emmerich/Habersack, Aktien- und GmbH-Konzernrecht, § 291 Rn. 25; anders wohl *Wilhelm*, S. 57 f., der ausführt, hinsichtlich der Leitung würden durch den Unternehmensvertrag

Auf Schuldverhältnisse ist, auch wenn diese nicht ihren Ursprung in Normen des BGB haben, das allgemeine Schuldrecht grundsätzlich anzuwenden.[479]

7.3.2 Pflichtverletzung

Wenn auch eine verbreitete Ansicht, wie auch die hier vertretene, recht selbstverständlich davon ausgeht, dass eine Haftung des herrschenden Unternehmens als eine vertragliche Haftung für Pflichtverletzungen bei § 280 Abs. 1 Satz 1 BGB zu verorten ist, so werden dennoch keine Überlegungen zur Anwendung der Tatbestandsmerkmale für den Vertragskonzern angestellt. Gleichwohl vermag die Bestimmung selbiger durchaus Schwierigkeiten zu bereiten. So stellt sich im vorliegenden Zusammenhang die Frage, wann eine Pflichtverletzung des Beherrschungs- und Gewinnabführungsvertrages vorliegt, die eine Haftung nach § 280 Abs. 1 Satz 1 BGB auslösen könnte.

Die Frage nach der Pflichtverletzung hat nicht bei § 280 Abs. 1 Satz 1 BGB anzusetzen, dessen Tatbestand es, ebenso wie § 241 Abs. 2 BGB, völlig offen lässt, worin die Verletzung des Schuldverhältnisses zu bestehen hat, die eine Haftung auszulösen vermag. Die Antwort ist vielmehr im jeweiligen Schuldverhältnis und dem hieraus resultierenden Pflichtenkatalog für die Parteien zu suchen. Zu fragen ist demnach im vorliegenden Zusammenhang, ob und wie sich aus dem Beherrschungs- und Gewinnabführungsvertrag eine Pflicht ergeben kann, Maßnahmen zum Abzug von Kapital nicht vorzunehmen. Bereits diese negative Formulierung deutet darauf hin, dass eine solche Pflicht nicht in einem aktiven Tun bestehen wird. Eine aktive Schutzpflicht im Sinne einer Nebenpflicht des Unternehmensvertrag wird man mit oben gemachten Überlegungen zur Existenzgefährdung[480] ablehnen müssen. Die aktive Erhaltung der Existenz der beherrschten Aktiengesellschaft durch das herrschende Unternehmen ist vertraglich nicht geschuldet. Eine Verletzung eines positiven Leistungsinteresses kommt mithin nicht infrage.

---

unmittelbar keine schuldrechtlichen Ansprüche erzeugt. Allerdings siehe auch S. 120, wo die schuldrechtliche Haftung für Vertragsverletzungen als „ungefähr vergleichbare Parallele" auf den Beherrschungs- und Gewinnabführungsvertrag angewendet wird.

479 *Ernst* in MüKo BGB, Einl. Band 2 Rn. 4 ff.; *Grüneberg* in Palandt, Einl v § 241 Rn. 6; *Westermann* in Erman, Einl § 241 Rn. 1; *Looschelders*, Rn. 32; wohl eher a.A.: *Beuthien*, DB 1969, 1781 (1781).

480 Vgl. Kapitel 3.3.

Infrage kommt die Annahme einer Pflichtverletzung daher als eine Verletzung nicht-leistungsbezogener Nebenpflichten i.S.d. § 241 Abs. 2 BGB.[481] Möglich wäre aber auch, die Pflichtverletzung in einem Verstoß gegen die Regeln zur Ausübung der aus dem Unternehmensvertrag resultierenden Rechte, namentlich des Herrschaftsrechts, der Leitungsmacht des herrschenden Unternehmens, zu sehen.

Im Ergebnis führen beide Annahmen dazu, dass die Pflichtverletzung in der Erteilung einer rechtswidrigen Weisung gesehen werden muss. Denn zum einen resultiert aus dem Unternehmensvertrag die Verpflichtung zur Rücksichtnahme auf die Interessen der anderen Partei als vertragliche Nebenpflicht nach § 241 Abs. 2 BGB. Diese Rücksichtnahmepflichten finden ihre Ausgestaltung in § 308 AktG und den darüber hinaus bereits beschriebenen Maßstäben zur Rechtmäßigkeit der nachteiligen Einflussnahme.[482] Zum anderen konstituieren eben diese Maßstäbe zur Rechtmäßigkeit von Weisungen auch die Regeln, denen die Ausübung der Leitungsmacht unterworfen ist, um dem Unternehmensvertrag zu entsprechen. Ein Verstoß gegen diese Regeln begründet mithin auch eine Pflichtverletzung des Unternehmensvertrages.[483]

Auch zur Haftung des herrschenden Unternehmens nach § 280 BGB gilt daher das oben bereits gesagte: Maßnahmen zum Abzug von Kapital werden wegen ihrer Übereinstimmung mit dem Konzerninteresse und mithin mit § 308 Abs. 1 Satz 2 AktG trotz ihrer Nachteiligkeit für die beherrschte Gesellschaft zu keiner Schadenersatzpflicht führen.[484]

7.3.3 Verschulden

Ein Verschulden hat sich im Rahmen von § 280 BGB nicht am Verschuldensmaßstab des § 309 Abs. 1 AktG zu orientieren. § 309 AktG ist eine in sich geschlossene Regelung, die in ihrem Abs. 1 lediglich den Sorgfaltsmaßstab für die gesetzlichen Vertreter des herrschenden Unternehmens bei der Erteilung von Weisungen aufstellt. § 309 Abs. 1 AktG enthält aber keinen allgemeinen

---

481 So *Veil* in Spindler/Stilz, § 309 Rn. 39, der von einer unternehmensvertraglichen Treuepflicht spricht.

482 Siehe Kapitel 3.4.2.

483 So wohl auch *Koppensteiner* in Kölner Kommentar, § 309 Rn. 37, der ausführt, der Unternehmensvertrag verpflichte das herrschende Unternehmen, sich bei der Erteilung von Weisungen innerhalb der vertraglichen und gesetzlichen Grenzen zu halten. Ähnlich auch *Kuhlmann/Ahnis*, Rn. 654.

484 Siehe Kapitel 7.1.1.

Sorgfaltsmaßstab für das herrschende Unternehmen als Partei im Unternehmensvertrag. Ausschlaggebend muss vielmehr § 276 BGB als allgemeine Festlegung des Maßstabs für das Vertretenmüssen in einem schuldrechtlichen Vertrag, sein. Durch das herrschende Unternehmen i.S.d. § 280 Abs. 1 BGB zu vertreten sind mithin Vorsatz und Fahrlässigkeit, vgl. § 276 Abs. 1 Satz 1 BGB.

Zunächst ist festzustellen, dass für eine Beurteilung des Verschuldens auf die Person der gesetzlichen Vertreter des herrschenden Unternehmens abzustellen ist, deren Verschulden nach § 31 BGB analog dem herrschenden Unternehmen als eigenes Verschulden zugerechnet wird.[485]

Fahrlässigkeit ist die Verletzung eines Sorgfaltsmaßstabs, vgl. § 276 Abs. 2 BGB. Es verbleibt also die Frage zu klären, wie sich dieser Sorgfaltsmaßstab für das herrschende Unternehmen bestimmen soll. Die Antwort gibt wiederum der Unternehmensvertrag selbst. Seinem Inhalt nach gewährt er dem herrschenden Unternehmen je nach Vertragstypus Zugriffs- und/oder Herrschaftsrechte zulasten der anderen Vertragspartei. Aus diesen leitet sich eine Stellung des herrschenden Unternehmens ab, die teilweise mit der eines Organs der beherrschten Gesellschaft verglichen werden kann.[486] Aus dieser Tatsache einer organähnlichen Machtposition lässt sich herleiten, dass auch der Sorgfaltsmaßstab für das herrschende Unternehmen dem eines Leitungsorgans entsprechen muss. Sowohl aus § 93 Abs. 1 Satz 1 AktG als auch aus § 309 Abs. 1 AktG ergibt sich, dass Leitungsorgane die Sorgfalt eines ordentlichen und gewissenhaften Geschäftsleiters anzuwenden haben.

Im Ergebnis ergibt sich also für das Verschulden des herrschenden Unternehmens im Rahmen des § 280 Abs. 1 BGB der selbe Maßstab wie für das Verschulden seiner gesetzlichen Vertreter nach § 309 Abs. 1 AktG. Dies ergibt sich jedoch nicht aus einer Anwendung des § 309 Abs. 1 AktG, sondern nur aus der in der Norm enthaltenen Wertung.

In der Folge besteht demnach ein Haftungsgleichlauf zwischen der Verantwortlichkeit des herrschenden Unternehmens und seiner gesetzlichen

---

485 *Ellenberger* in Palandt, § 31 Rn. 1 und Rn. 3; *Arnold* in MüKo BGB, § 31 Rn. 2; *Mansel* in Jauernig, § 31 Rn. 1 f.; *Schmidt*, Gesellschaftsrecht, § 10 IV. Nicht anzuwenden ist § 278 BGB, da nicht die juristische Person für fremdes Verschulden einzustehen hat, sondern das Handeln ihrer Organe ein eigenes Verschulden der juristischen Person begründet, vgl. *Grüneberg* in Palandt, § 278 Rn. 6; *Grundmann* in MüKo BGB, § 278 Rn. 10; *Caspers* in Staudinger, § 278 Rn. 124; *Stadler* in Jauernig, § 278 Rn. 17; a.A., nämlich für eine Anwendung von § 278 BGB im vertraglichen, § 31 BGB im deliktischen Bereich: *Westermann* in Erman, § 278 Rn. 9.

486 Vgl. *Koppensteiner* in Kölner Kommentar, § 309 Rn. 37.

Vertreter: Erteilt der Vorstand des herrschenden Unternehmens eine rechtswidrige Weisung, so kommt es auf sein Verschulden an. Hat er pflichtwidrig gehandelt, so haftet er nach § 309 Abs. 2 Satz 1 AktG, sowie die herrschende Gesellschaft nach § 280 Abs. 1 Satz 1 BGB. War die Weisung hingegen nicht pflichtwidrig, sondern nur rechtswidrig, so besteht eine Schadenersatzpflicht mangels Verschulden nicht. Ein Ausgleich erfolgt dann durch die Verlustausgleichspflicht.

7.4 § 117 AktG

§ 117 AktG wurde auf seine Anwendbarkeit im Vertragskonzern bereits untersucht.[487] An dieser Stelle soll daher der Hinweis genügen, dass die Schadenersatzhaftung des § 117 Abs. 1 Satz 1 AktG neben die Haftung wegen rechtswidriger Weisungserteilung tritt.

Voraussetzung hierfür ist wiederum ein vorsätzliches Handeln entsprechend den bereits zum faktischen Konzern gemachten Ausführungen. Auch im Vertragskonzern unterscheidet sich der Verschuldensmaßstab des § 117 Abs. 1 Satz 1 AktG von dem der § 309 Abs. 1 AktG und des § 276 BGB.

Es gelten jedoch auch hier die oben angestellten Überlegungen zur Übereinstimmung der Maßnahmen zum Abzug von Kapital mit § 308 Abs. 1 Satz 2 AktG,[488] und damit zu dem Schluss, dass Maßnahmen zum Abzug von Kapital für gewöhnlich keine Schadenersatzpflicht auslösen werden.

7.5 § 826 BGB

Fraglich ist, ob auch im Vertragskonzern auf § 826 BGB als Anspruchsgrundlage für einen Schadenersatzanspruch bei schädlicher Einflussnahme zurückgegriffen werden kann. In Bezug auf das Verhältnis zwischen § 826 BGB und den Normen des Vertragskonzernrechts ist zunächst festzustellen, dass die durch letzteres aufgestellte Prämisse, dass für rechtmäßige Einflussnahme keine Haftung erfolgen kann, nicht durch die Anwendung einer Generalklausel überholt werden kann. Wie auch im faktischen Konzern ergibt sich dieses Ergebnis bereits aus der Notwendigkeit des Tatbestandsmerkmals der Sittenwidrigkeit.[489] Eine durch das AktG legitimierte Einflussnahme und Schädigung kann nicht sittenwidrig i.S.d. § 826 BGB sein.[490] Maßnahmen zum Abzug von Kapital werden

487 Siehe 3.1.3.

488 Siehe Kapitel 7.1.1.

489 Siehe Kapitel 5.2.3.

490 Ähnlich *Burg/Hützen*, Der Konzern, 2010, 20 (27).

daher wegen ihrer Legitimation durch § 308 Abs. 1 Satz 2 AktG keine Haftung nach § 826 BGB auslösen.[491]

Sind hingegen die Voraussetzungen des § 826 BGB erfüllt, so steht seiner Anwendbarkeit auch im Vertragskonzern nichts entgegen. Demnach kann eine Haftung nach § 826 BGB bei vorsätzlicher und sittenwidriger Schadenszufügung auch neben eine Haftung nach § 280 Abs. 1 Satz 1 BGB oder nach § 309 Abs. 2 Satz 1 AktG treten.

7.6 Die Haftung aus Treuepflichtverletzungen im Vertragskonzern

Im Vertragskonzern wird, soweit die Frage behandelt wird, von einer Verdrängung durch die speziellen Reglungen des Konzernrechts und daher Unanwendbarkeit der Grundsätze der Treuepflichten ausgegangen.[492] Wenn bereits für den faktischen Konzern festgestellt wurde, dass die Treuepflichten keinen eigenen Regelungsgehalt mehr neben den Normen der §§ 311 ff. AktG entfalten können, so ist dies erst recht im Verhältnis zu §§ 291 ff. AktG anzunehmen. Es besteht aufgrund der Regelungen des Vertragskonzernrechts, die einen Minderheitenschutz und einen Schutz der beherrschten Gesellschaft bezwecken, kein darüber hinaus gehendes Bedürfnis nach einem weiteren Pflichtenkatalog.

Zudem besteht die Treuepflicht eines Aktionärs gegenüber der Aktiengesellschaft lediglich um des Schutzes anderer Gesellschafter willen, sie ist allein Ausprägung der unter den Aktionären gegenseitig bestehenden Treuepflichten. Deren gemeinsame Interessen bündeln sich nämlich im Interesse der Gesellschaft.[493] Dieses Interesse jedoch wird im Vertragskonzern durch das Interesse des Konzerns überlagert. Wenn die Normen des Vertragskonzernrechts anordnen, dass die Geschäftsleitung in der beherrschten Aktiengesellschaft am Konzerninteresse ausgerichtet wird, so ist neben diesen Normen mit ihren Schutzregeln offensichtlich kein Raum mehr für die Annahme von weiteren Prinzipien, die ein eigenes Interesse der beherrschten Gesellschaft schützen sollen.

---

491 Vgl. Kapitel 7.1.1.

492 *Cahn/v. Spannenberg* in Spindler/Stilz, § 53a Rn. 59 f.

493 *Cahn/v. Spannenberg* in Spindler/Stilz, § 53a Rn. 40.

8 Zusammenfassende Betrachtung der Verantwortlichkeiten

In § 1 wurde die erste der beiden eingangs aufgeworfenen Thesen beantwortet. Der Beherrschungs- und Gewinnabführungsvertrag ist notwendiges Mittel für eine effektive Freisetzung in und eine größtmögliche Abführung von Kapital aus der abhängigen Aktiengesellschaft. Dieser § 2 diente der Verifizierung der zweiten These, die lautete, dass gerade die Einbindung der Aktiengesellschaft in einen Vertragskonzern die Möglichkeit einer ausgleichslosen Schädigung derselben eröffne.

8.1 Zusammenfassende Betrachtung der Lage im faktischen Konzern

Für den faktischen Konzern wurde die Bedeutung der §§ 311 ff. AktG herausgearbeitet. Diese Normen bestimmen das grundsätzliche Verbot an die Obergesellschaft, eine Abhängigkeit zu für die abhängige Gesellschaft nachteiligen Einwirkungen auszunutzen. Eine nachteilige Einwirkung darf nur dann vorgenommen werden, wenn die Nachteile ausgeglichen werden. Verstößen gegen dieses Verbot begegnet das Gesetz hauptsächlich mit einer Schadenersatzhaftung sowohl der einwirkenden Obergesellschaft und ihres Geschäftsleiters als auch des Vorstands der abhängigen Aktiengesellschaft, der der Einwirkung Folge leistet.

Denn spiegelbildlich zum Verbot der Einwirkung für das herrschende Unternehmen besteht auch ein an den Vorstand der abhängigen Aktiengesellschaft gerichtetes Verbot, der Einwirkung Folge zu leisten, wenn Nachteile nicht ausgeglichen werden. Der Pflichtenmaßstab des Vorstands einer Aktiengesellschaft ändert sich nämlich durch die faktische Konzernierung nicht. Die §§ 311 ff. AktG sind keine Spezialregelung zu den §§ 76, 93 AktG.

Ebenso stellt sich das Verhältnis der §§ 311 ff. AktG zu den Vorschriften der Vermögensbindung in den §§ 57 ff. AktG dar. Entgegen der herrschenden Meinung ist in den §§ 311 ff. AktG keine Spezialregelung zu §§ 57 ff. AktG zu sehen, sondern eine Konkretisierung für den Fall des faktischen Konzerns. Der Rückgewähranspruch des § 62 AktG tritt daher neben die Schadenersatzansprüche, wenn kein Nachteilsausgleich gewährt wird.

Tab. 1: Auswirkungen von Einflussnahmen im faktischen Konzern

Auswirkungen von Einflussnahmen im faktischen Konzern	Auswirkung vor dem Ende des Konzernverhältnisses	Auswirkung nach dem Ende des Konzernverhältnisses
Rechtmäßige Einflussnahme	Keine Auswirkung, da Nachteilsausgleich	Keine Auswirkung, da Nachteilsausgleich
Rechtswidrige Einflussnahme	Rückgewähranspruch, Schadenersatzanspruch	Rückgewähranspruch, Schadenersatzanspruch

8.2 Zusammenfassende Betrachtung der Lage im Vertragskonzern

Im Vertragskonzern hingegen werden die §§ 57 ff. AktG nach § 57 Abs. 1 Satz 2 Alt. 1 AktG suspendiert. Hier ergibt sich ein Ausgleich für nachteilige Einwirkungen als Globalausgleich im Rahmen der Verlustdeckungspflicht nach § 302 AktG. Hinsichtlich dieses Verlustausgleichs jedoch wurde festgestellt, dass er aufgrund seiner Mechanik viele Fälle des Zugriffs auf Vermögenswerte nicht zu erfassen und auszugleichen vermag. Denn die Maßnahmen zur Freisetzung von Kapital, wie eine Auflösung stiller Reserven oder ein Verkauf von Wirtschaftsgütern zielen auf eine Erhöhung des (fiktiven) Jahresüberschusses in der beherrschten Gesellschaft. Ein auszugleichendes (fiktives) Jahresdefizit wird mithin nicht oder zumindest nicht sofort auftreten. Gleichwohl ist der Eintritt von Nachteilen zu einem späteren Zeitpunkt nicht fernliegend, für die jedoch nach dem Ende des Unternehmensvertrages kein Ausgleich nach § 302 AktG erfolgt.

Ähnlich verhält es sich mit einem Schadenersatzanspruch gegenüber dem herrschendem Unternehmen oder seinen Geschäftsleitern im Vertragskonzern. Für eine Schadenersatzhaftung ist, unabhängig von der Anspruchsgrundlage, eine Pflichtverletzung notwendig. Wenn sich ein verzögerter Schadenseintritt der Weisung zur Freisetzung von Kapital noch anhand von Kausalität und Zurechnung zuordnen lassen wird, ist dagegen eine Pflichtverletzung nicht anzunehmen, da die Maßnahmen zum Abzug von Kapital in aller Regeln nach § 308 Abs. 1 Satz 2 AktG legitimiert sein werden. Zudem richtet sich das Vorliegen einer Pflichtverletzung nach dem jeweils ausschlaggebenden Interessenmaßstab. Dieser ist im Vertragskonzern, also zum maßgeblichen Beurteilungszeitpunkt, der des herrschenden Unternehmens oder des Gesamtkonzerns. Erst nach dem Ende des Konzernverhältnisses besteht wieder eine Pflichtenbindung der

Geschäftsleitung an das Interesse der zuvor beherrschten Aktiengesellschaft selbst.

Die in § 1 festgestellte Möglichkeit der Effektivierung der Freisetzung und der Abführung von Kapital lässt, in Verbindung mit den eben gemachten Feststellungen über das Leerlaufen von Schadenersatzanspruch und Verlustdeckung als Ausgleichsmechanismen, den Schluss zu, dass der Abzug von Kapital im Vertragskonzern unter Umständen, nämlich bei Erteilung einer rechtmäßigen Weisung, die ihre Wirkung nach dem Ende des Vertragskonzerns entfaltet, ohne einen Ausgleich für die beherrschte Aktiengesellschaft bleiben kann.

Die zweite der eingangs aufgeworfenen Thesen kann mithin bestätigt werden. Gerade die Einbindung der Aktiengesellschaft in einen Vertragskonzern eröffnet die Möglichkeit einer ausgleichlosen Schädigung derselben.

Tab. 2: Auswirkungen von Einflussnahmen im Vertragskonzern

Auswirkungen von Weisungen im Vertragskonzern	Auswirkung vor dem Ende des Konzernverhältnisses	Auswirkung nach dem Ende des Konzernverhältnisses
Rechtmäßige Weisung	Keine Auswirkung, da Verlustdeckungsanspruch	Kein Ausgleich
Rechtswidrige Weisung	Schadenersatzanspruch	Schadenersatzanspruch

§ 3 Der ausgleichslose Abzug von Kapital

Der folgende § 3 soll als letzter Teil dieser Untersuchung die Frage des Umgangs mit den aus dieser These gewonnenen Erkenntnissen klären.

9 Ausgleichslose Schädigung im faktischen Konzern

Im faktischen Konzern ergibt sich nach der dargestellten gesetzlichen Lage in der theoretischen Betrachtung eine umfassende Verantwortlichkeit des herrschenden Unternehmens für Maßnahmen der Freisetzung von Kapital und den Abzug von Kapital. Von hierbei maßgeblicher Bedeutung ist § 311 AktG und das hierdurch implementierte System des Einzelausgleichs von Nachteilen. Dieses sorgt dafür, dass sich Einflussnahmen des herrschenden Unternehmens für die abhängige Aktiengesellschaft zumindest erfolgsneutral auswirken sollten. Dennoch ist auch auf die Lage im faktischen Konzern nochmals zurückzukommen.

Gefahren für die abhängige Aktiengesellschaft durch schädliche Einflussnahmen ergeben sich im faktischen Konzern dann, wenn die Grenzen des § 311 AktG durch das herrschende Unternehmen und den Vorstand der abhängigen Aktiengesellschaft nicht eingehalten werden, also kein Nachteilsausgleich gewährt wird.

Eine solche Nichteinhaltung kann auf der Tatsache beruhen, dass die Voraussetzungen des § 311 AktG unterschiedlich beurteilt werden. Dies zeigt beispielsweise der Mannesmann/Vodafone-Fall deutlich, in welchem die Frage der durch Vodafone veranlassten Veräußerung des durch Mannesmann zuvor erworbenen Unternehmens Orange[494] diskutiert wurde. Streitig waren hierbei unter anderem die Frage der Nachteiligkeit der Veräußerung, der Quantifizierbarkeit der Nachteile durch den Verkauf, sowie die Ausgleichsfähigkeit nicht quantifizierbarer Nachteile.[495] In jedem dieser Streitpunkte waren – selbstverständlich – auch andere Auslegungen des § 311 AktG, des § 57 AktG und des Konkurrenzverhältnisses zwischen den Normen vertreten worden, als die oben dargestellten. Auch im Fall HVB/UniCredit[496] hatte eine für das herrschende Unternehmen vorteilhaftere Auffassung über die Möglichkeit des gestreckten Nachteilsausgleichs zur Schädigung der abhängigen Gesellschaft und mithin zur Klage von Minderheitsaktionären geführt.

494 Ohne eine Veräußerung von Orange hätte eine Übernahme von Mannesmann durch Vodafone aus kartellrechtlichen Gründen nicht stattfinden können.

495 Siehe die zusammenfassenden Betrachtungen von *Lutter* in FS Peltzer, 241, oder *Wackerbarth*, Der Konzern 2010, 337 (344 f.) jeweils mit Verweisen auf die von beiden Seiten vorgebrachten Gutachten.

496 BGH, Urteil vom 26.06.2012 – II ZR 30/11, NZG 2012, 1030.

Die in der Praxis teilweise angenommenen Auffassungen führten also zu einem deutlich geringeren Schutzniveau der abhängigen Gesellschaft, als dies bei dem in dieser Arbeit vertretenen Verständnis des § 311 AktG der Fall ist. Dies wird noch begünstigt durch die Tendenz der Rechtsprechung, Maßnahmen als nicht nachteilig einzuordnen, und sie mithin als von § 311 AktG und seiner Ausgleichsverpflichtung überhaupt nicht erfasst anzusehen.[497] Zudem sorgt das durch das MoMiG eingeführte bilanzielle Verständnis des Nachteilsausgleichs[498] dafür, dass ein Ausgleich von Nachteilen auch dann angenommen wird, obwohl ein Ausgleich tatsächlich nicht erfolgt ist, weil sich der Nachteil nicht (nur) in der Bilanz widerspiegelt.[499]

Neben den oben bereits angeführten Argumenten für die Annahme der in den betroffenen Fragestellungen hier vertretenen Ansichten,[500] soll also auch für selbige angeführt werden, dass sie jeweils aber auch kumulativ ein hohes Schutzniveau für die abhängige Aktiengesellschaft vor schädlicher Einflussnahme bewirken.

Die Nichteinhaltung der Anforderungen des § 311 AktG kann aber selbstverständlich auch auf der schlichten Unwilligkeit des herrschenden Unternehmens beruhen. Denn wenn § 311 AktG beispielsweise vorgibt, dass zu Maßnahmen, deren Auswirkungen sich nicht bemessen lassen, nur nach Abschluss eines Beherrschungsvertrages angeleitet werden darf, so ist dies eine durchaus einschneidende Beschränkung für das herrschende Unternehmen. Mit dem Abschluss des Unternehmensvertrages sind, wie bereits dargestellt, wiederum andere und unter Umständen weiter gehende Verantwortlichkeiten verbunden. Möglicherweise verfügt das herrschende Unternehmen auch nicht über die zum Abschluss des Unternehmensvertrages notwendige Mehrheit in der Hauptversammlung des abhängigen Unternehmens. Der Gedanke liegt dann nahe, Einflussnahmen auf die abhängige Gesellschaft trotz ihrer Rechtswidrigkeit vorzunehmen.

497 *Drygala* AG 2013, 198 (207).

498 Vgl. hierzu oben Kapitel 4.

499 Siehe oben Kapitel 4; ebenso *Drygala* AG 2013, 198 (207, Fn. 81).

500 Die Nachteiligkeit von Maßnahmen der Freisetzung von Kapital, sowie die mangelnde Quantifizierbarkeit und Ausgleichbarkeit dieser Nachteile, vgl. 3.1.1.

9.1 Ein Verbot des Buyout als Lösungsansatz

Bereits eingangs wurde die Situation der Refinanzierung als eines der beiden Beispielszenarios für einen Abzug von Kapital aus einer Aktiengesellschaft vorgestellt.

Der Abzug von Kapital im Rahmen einer Refinanzierung, also die Möglichkeit, effektiv Kapital aus einer zu erwerbenden Ziel-Aktiengesellschaft abzuziehen, bietet eine wesentlich erleichterte Möglichkeit des fremdfinanzierten Erwerbs, ermöglicht diesen in vielen Fällen erst. Da Kredite schneller bedient werden können, ist zum einen der Zinsaufwand geringer, zum anderen auch die Bereitschaft zur Kreditvergabe durch Fremdkapitalgeber höher, als bei einem normalen, nicht refinanzierten Erwerb.

Es soll die bereits in der juristischen und in der volks- und betriebswirtschaftlichen Wissenschaft geführte Diskussion um Sinn und Zweck des Unternehmenskaufs als solchen an dieser Stelle nicht nochmals aufgerollt werden.[501] Da dieser auch schwerlich noch weiter Zielführendes hinzugefügt werden kann, soll an dieser Stelle der Hinweis auf die wohl gemeinhin anerkannte volks- und betriebswirtschaftliche Funktion des Unternehmenskaufs, und somit dessen grundsätzliche Akzeptanz genügen. Es ist darüber hinaus festzustellen, dass es für die Beurteilung des volkswirtschaftlichen Wertes oder Unwertes eines Unternehmenskaufs keinen Unterschied darstellt, ob das Kapital für neue Investitionen an die vorherigen Anteilseigner Eigen- oder Fremdkapital des Käufers ist.[502] Diesen steht mit dem Zufluss des Kaufpreises neues Kapital für Investitionen zur Verfügung, unabhängig von der Frage, ob der Käufer dieses aus eigenen liquiden Mitteln oder als Kredit aufgebracht hat.

Die Möglichkeit des refinanzierten Erwerbs ermöglicht jedoch die Beteiligung von finanzschwachen Unternehmen oder die Verwendung von schlecht mit Kapital ausgestatteten Akquisitionsvehikeln.[503] Wenn auch aus der Käufergesellschaft stets der Kaufpreis an den Verkäufer abfließen wird, so bringt der

501 Vgl. hierzu beispielsweise die Übersichten bei *Hirte/Heinrich* in Kölner Kommentar WpÜG, Einl. Rn. 11 ff. oder *Ekkenga/Schulz* in Ehricke/Ekkenga/Oechsler, Einf Rn. 29 ff.

502 Anders *Schneider*, vgl. Fn. 10, der beim refinanzierten Erwerb überhaupt keinen Kapitalfluss erkennen möchte.

503 Im Vertragskonzern besteht diese Gefahr nach der herrschenden und auch hier vertretenen Meinung in geringerem Maße, da für die rechtmäßige Ausübung des Weisungsrechts eine ausreichende Kapitalausstattung des herrschenden Unternehmens zu besorgen ist, vgl. Kapitel 6.3.

fremdfinanzierte Erwerb doch offenkundig noch die zusätzliche Belastung des Käufers mit der Verpflichtung gegenüber dem Fremdkapitalgeber mit sich. Dies kann beispielsweise eine erhöhte Motivation des Erwerbers mit sich bringen, möglichst schnell und in großem Maße Kapital aus der Zielgesellschaft zu entnehmen. Führt dies im Ergebnis zu einer erhöhten Belastung der Zielgesellschaft, so wird dieser Trend in einigen Fällen noch erheblich verstärkt werden. Denn die Möglichkeit der Erzielung von Erträgen durch die Zerschlagung vor allem von unterbewerteten Aktiengesellschaften wird teilweise dafür sorgen, dass ein Erwerb allein um des Weiterverkaufs in Einzelteilen willen stattfindet.

Auch erfolgt oftmals die Besicherung der Kreditvergabe mit Wirtschaftsgütern der Zielgesellschaft.[504] Gerade in Fällen, in welchen finanzschwache Akquisitionsvehikel zur Übernahme verwendet werden, besteht in der Besicherung von Krediten mit Wirtschaftsgütern der Ziel-Aktiengesellschaft vielfach die einzige Möglichkeit, Fremdkapital für die Aufbringung des Kaufpreises zu erlangen. Dies sorgt für ein nochmals erhöhtes Existenzrisiko für die Zielgesellschaft, die dem Zugriff der Fremdkapitalgeber des Investors ausgesetzt wird.[505]

9.1.1 Faktischer Einfluss als Mittel der Schädigung

Nach den in § 1 gefundenen Ergebnissen ist das Mittel zur Durchführung derartiger Einflussnahmen, zur Refinanzierung, – wenn (noch) kein Beherrschungsvertrag abgeschlossen wurde – die faktische Einflussnahme. Der Vorgang einer Refinanzierung eröffnet also wie soeben dargestellt durchaus eigene Gefährdungslagen für eine abhängige Aktiengesellschaft. Diese Gefährdungen aber werden mithilfe faktischen Einflusses auf selbige Gesellschaft geschaffen. Wenn also der dem § 311 AktG zugrunde liegende Gedanke des Gesetzgebers auch nicht der an die spezielle Gefährdungssituation der Refinanzierung gewesen sein sollte, so handelt es sich bei den Gefahren der Refinanzierung, des Abzugs von Kapital doch um die allgemeine Gefahr aufgrund der Möglichkeit faktischer Einflussnahme, die den Regeln der §§ 311 ff. AktG ihre Grundlage bildet.

---

504 *Lutter/Drygala* in Kölner Kommentar, § 71a Rn. 10; *Lutter/Wahlers*, AG 1989, 1 (3); *Freitag*, AG 2007, 157 (158).

505 Vgl. auch *Bezzenberger* in Schmidt/Lutter, § 71a Rn. 9.

9.1.2 Die rechtspolitische Würdigung der Gefährdung einer Aktiengesellschaft

Nun erschließt es sich jedoch zumindest nicht auf den ersten Blick, dass und warum einer Gefährdung einer Aktiengesellschaft im Rahmen einer Refinanzierung durch einen Aktionär entgegen zu wirken sein soll. Denn die Entscheidung über die Beendigung der wirtschaftlichen Tätigkeit eines Unternehmens steht im Grundsatz seinen Eigentümern zu.[506] Die Gründung einer Aktiengesellschaft ist, auch wenn die Gesellschaft sich in ihren Interessen nicht auf das ihrer Aktionäre beschränkt, nicht etwa „Schaffung eines neuen, eigenständigen Verfassungssubjekts, das gegenüber Gründern und Mitgliedern selbstständige Existenzinteressen geltend machen könnte."[507] Die Auflösung einer Aktiengesellschaft kann daher – natürlich nur unter Beachtung der Formalitäten des Liquidationsverfahrens – durch ihre Aktionäre beschlossen werden. Und jede Schädigung einer Aktiengesellschaft durch ihre Aktionäre könnte als Minus zur Beendigung derselben angesehen werden.

Auch lässt sich dem nicht entgegenhalten, dass die Entscheidung eines Investors, eine Ziel-Aktiengesellschaft zu schädigen oder zu zerschlagen nur um der Partikularinteressen dieses Investors willen, und unter Umständen gegen den Willen einer Minderheit gefällt wird. Denn die Entscheidung über die Beendigung einer Gesellschaft ist stets eine eigennützige.[508] Sie trägt den Willen in sich, sämtliche in der Gesellschaft verfolgten Gemeinziele aufzugeben, die Desinvestition des in der Gesellschaft gebündelten Vermögens zu betreiben,[509] und nur noch die Auszahlung des eigenen Anteils weiter zu verfolgen. Und eine Prüfung des Auflösungsbeschlusses auf seine Sinnhaftigkeit, Notwendigkeit, Verhältnismäßigkeit oder auf die hinter ihm für jeden Aktionär stehenden Ziele ist im Grundsatz weder gesetzlich vorgesehen, noch notwendig.[510]

---

506 Wenn hier von Aktionären als Eigentümern des von der Aktiengesellschaft betriebenen Unternehmens gesprochen wird, so ist dies in untechnischem Sinne gemeint. Zum Aktieneigentum und der hierdurch vermittelten „mittelbaren" Eigentümerstellung von Aktionären zur Aktiengesellschaft vgl. beispielsweise BVerfG, Urteil vom 01.03.1079 – 1 BvR 532/77, NJW 1979, 699 (703); BVerfG, Urteil vom 07.08.1962 – 1 BvL 16/60, NJW 1962, 1667 (1667); *Schön* in FS Ulmer, S. 1363 und S. 1370.

507 *Schön* in FS Ulmer, S. 1374, wie hier ablehnend; so auch *Bachmann* in Spindler/Stilz, § 262 Rn. 31.

508 *Janke*, S. 69.

509 Vgl. *Henzler*, S. 117 f.

510 *J. Koch* in MüKo AktG, § 262 Rn. 49; vgl. auch *Bachmann* in Spindler/Stilz, § 262 Rn. 31; *Wermeckes* in Heidel, § 262 AktG Rn. 18; *Schmidt-Hern* in Handbuch AG, § 17 Rn. 5.

Soweit also die Formalität des Hauptversammlungsbeschlusses eingehalten ist,[511] und der Liquidationsprozess ordnungsgemäß durchgeführt wird, ist auch die Beendigung des Zielunternehmens zulässig. Die Unzulässigkeit der Zerschlagung ohne die Einhaltung ebendieser Förmlichkeiten ergibt sich hingegen aus den Vorschriften zur Liquidation und dem aus ihnen resultierenden Verbot der Existenzvernichtung.[512] Was nun die Schädigung der Ziel-Aktiengesellschaft betrifft, so kann diese, wie soeben dargestellt, im faktischen Konzern in rechtmäßiger Weise ohnehin nicht ausgleichslos erfolgen. Der Gefährdung von Unternehmen durch faktische Einflussnahmen im Rahmen von Refinanzierungen ist somit nicht durch die Findung neuer Haftungs-, Verbotsnormen oder Verantwortlichkeiten zu begegnen, sondern vielmehr durch die verstärkte Sorge um die Einhaltung des § 311 AktG.[513]

Da also die Gefahren der Refinanzierung nur „gewöhnliche" Gefahren der Einflussnahme im Sinne des § 311 AktG sind, wäre es verfehlt, eine Lösung für die Beseitigung oder Minderung selbiger Gefahren in einem Vorgehen gegen die im Einzelfall hinter der Freisetzung und dem Abzug von Kapital stehende Absicht, also beispielsweise das Refinanzierungsvorhaben, zu suchen.

9.2 Die Einschränkung des Finanzinvestors als Schädiger

Da die Refinanzierung eine für die Tätigkeit von Finanzinvestoren typische Vorgehensweise ist, wird – vielleicht auch durch die gute Möglichkeit, die der Finanzinvestor als Feindbild bietet,[514] bedingt – die Lösung für die Gefahren der Refinanzierung oftmals im Versuch gesehen, den Aktienerwerb durch derartige Investoren zu unterbinden.

---

511 Vgl. auch die Entscheidung des BVerfG, Beschluss vom 23.08.2000 – 1 BvR 68/95 und 1 BvR 147/97, NJW 2001, 279 – MotoMeter, zur Zulässigkeit der „übertragenden Auflösung" (siehe zur entsprechenden Entscheidung des BGH ausführlich *Lutter/Drygala* in FS Kropff, 191), bei welcher der Beschluss über die Auflösung der Aktiengesellschaft nach erfolgter Veräußerung des gesamten Vermögens tatsächlich nur noch eine bloße Formsache darstellte.

512 Vgl. *Henzler*, S. 130 ff.; siehe auch oben Kapitel 3.4.

513 So wohl auch *Kumpan*, AG 2007, 461 (472) nach einer rechtsvergleichenden Betrachtung.

514 Vgl. beispielsweise die Nachweise bei *Fleischer*, ZGR 2008, 185 (185) zu verschiedenen Sachbüchern. Siehe hierzu auch *Zeyher*, S. 25 f.; *Rudolph*, ZGR 2008, 161 (165); *Kumpan*, AG 2007, 461 (461).

9.2.1 Ansätze zur Einschränkung von Finanzinvestoren

Der Gefahr durch schädliche Einflussnahmen auf erworbene Aktiengesellschaften soll also durch eine bessere Wehrhaftigkeit der Zielgesellschaften gegenüber Übernahmen durch Finanzinvestoren begegnet werden. Derartige Verteidigungsmöglichkeiten sollen durch eine Erhöhung der Satzungsfreiheit, und mithin die Möglichkeit der Einräumung von Mehrstimmrechten, Erwerbsbegrenzungen oder Stimmrechtsbeschränkungen erreicht werden.[515]

Diskutiert wird auch die Einführung von Treuestimmrechten, um eine nachhaltige Beteiligung von Investoren zu bewirken. Ab einer bestimmten Haltedauer könnte Aktionären ein erhöhtes Stimmrecht oder ein Dividendenvorzug eingeräumt werden. Durch die Motivation zu einer längerfristigen Bindung an ein Investment würde auch die Bereitschaft zur Schädigung der Zielgesellschaft sinken. Bislang letzter Stand dieser Bestrebungen ist allerdings die (mit Stimmgleichheit knappe) Ablehnung des entsprechenden Vorschlags von *Habersack* auf dem Deutschen Juristentag 2012.[516]

Ebenfalls auf eine Einschränkung von Finanzinvestoren zielt die AIFM-Richtlinie der Europäischen Union[517] ab. Während die vorangegangene OGAW-Richtlinie[518] noch ihren Schwerpunkt im Anlegerschutz hatte, und mithin vor allem Transparenzpflichten konstituiert, soll im Rahmen der AIFM-Richtlinie und ihrer deutschen Umsetzung durch das Kapitalanlagegesetzbuch eine stärkere Regulierung der Fondsbranche erfolgen.

Von Interesse für die vorliegend behandelte Problematik der Refinanzierung könnten Regeln der AIFM-Richtlinie und des Kapitalanlagegesetzbuchs hinsichtlich der Kapitalausstattung von Finanzinvestoren[519] sowie des Verbots, übernommene Unternehmen zu zerschlagen[520], sein. Normadressaten sollen Alternative Investmentfonds sein, was Fonds jeder Art und Rechtsform

---

515 So *Schneider*, NZG 2007, 888 (889).

516 Vgl. hierzu *Rubner*, NJW Spezial 2012, 655 (656).
Vgl. auch *Hopt*, EuZW 2007, 257 mit einer Übersicht zur europarechtlichen Diskussion unter anderem um Treuestimmrechte und Mehrstimmrechte. Ablehnend gegenüber dem Institut der Treuestimmrechte: *Kumpan*, AG 2007, 461 (470).

517 Richtlinie 2011/61/EU vom 11.11.2010 über die Verwalter alternativer Investmentfonds (AIFM).

518 Richtlinie 85/611/EWG vom 20.12.1985 zur Koordinierung der Rechts- und Verwaltungsvorschriften betreffend bestimmte Organismen für gemeinsame Anlagen in Wertpapieren (OGAW).

519 Art. 9 RL 2011/61/EU; § 25 KAGB.

520 Art. 30 RL 2011/61/EU; § 292 KAGB.

umfasst.[521] Für Fonds wird eine bestimmte Summe als Anfangskapital, sowie ab einer bestimmten Größe auch eine bestimmte Quote an Eigenkapital vorgeschrieben. Schließlich soll das Zerschlagen von nicht börsennotierten Unternehmen durch Fonds unterbunden werden, indem für einen bestimmten Zeitraum nach dem Kontrollerwerb Kapitalherabsetzungen, die Rücknahme und der Ankauf eigener Anteile durch das Unternehmen auf Betreiben des Fonds nicht vorgenommen werden dürfen, und Ausschüttungen limitiert werden.[522]

9.2.2 Stellungnahme

Den Gefahren der Refinanzierung und noch allgemeiner des Abzugs von Kapital im Allgemeinen für eine Ziel-Aktiengesellschaft vermag eine Einschränkung von Finanzinvestoren nur sehr begrenzt abzuhelfen.

Es ist bereits die schädigende Einwirkung auf eine abhängige Aktiengesellschaft keine unbedingte Eigenheit der Tätigkeit von Finanzinvestoren. Auch strategische Investoren streben zuweilen eine schädigende Einwirkung bis hin zur Zerschlagung eines Zielunternehmens an. Als Beispiel sei hierfür der Fall des Erwerbs eines Unternehmens zur Marktbereinigung,[523] also allein um der Ausschaltung eines Konkurrenten willen, oder die Zerschlagung des MAN Konzerns durch Volkswagen (unter Nutzung des bestehenden Beherrschungsvertrages) genannt.[524] Auch in dem Fall, in welchem eine Gesellschaft aus einem bestehenden Konzernverbund ausgegliedert werden soll, liegt ein – zumindest bedingter – Schädigungsvorsatz nahe, wenn neben die Einnahmen aus der Veräußerung des Unternehmens weitere Erträge aus der Vermögensmasse treten sollen. Die Konstituierung von Verteidigungsmöglichkeiten gegen Unternehmensübernahmen brächte hier keinen Zugewinn.

Eine Einschränkung der Satzungsfreiheit, um weitere Verteidigungsmöglichkeiten gegen feindliche Übernahmen zu schaffen, widerspräche zudem weitgehend dem Sinn und Wesen der Aktiengesellschaft. Gerade die Satzungsstrenge dient in weiten Teilen dem Schutz von Minderheitsaktionären. Eine Einschränkung der Fungibilität von Aktien ließe die – durchaus sinnvoll gezogene – Grenze zwischen öffentlichen und privaten Gesellschaften verschwimmen.

---

521 Vgl. § 1 KAGB; siehe auch *Weitnauer*, BKR 2011, 143 (144).

522 Siehe bereits Kapitel 2.5 zum Ausschüttungsbegriff.

523 Vgl. hierzu *Hölters* in Hölters, Handbuch Unternehmenskauf, Teil I, Rn. 16; *Beisel* in Beisel/Klumpp, 1. Kapitel Rn. 7; *Eidenmüller*, DStR 2007, 2116 (2116).

524 FAZ.net Artikel vom 11.05.2015: „Volkswagen zerschlägt MAN".

Eine Lösung für die Gefahren durch den Abzug von Kapital für Aktiengesellschaften sollte mithin nicht am Erwerb derselben oder der Refinanzierung nach dem Erwerb ansetzen, sondern, wie bereits festgestellt, am Schutz vor ausgleichsloser Schädigung.

Die AIFM-Richtlinie und das Kapitalanlagegesetzbuch verfolgen einen hiervon abweichenden Ansatz. Den Gefahren durch die Tätigkeit der Fondsbranche soll durch eine Anfangskapitalausstattung, durch Verhaltensregeln und durch ein Verbot von Maßnahmen, die eine Zerschlagung vorbereiten können, begegnet werden. Das Mindeststartkapital scheint mit 300.000 EUR[525] mit Hinblick auf die verschiedenen Haftungsrisiken[526] nicht besonders hoch gewählt. Eine Schädigung von Zielunternehmen indessen vermag es überhaupt nicht zu verhindern. Eher zweifelhaft erscheint auch die Wirkung einer Implementierung allgemeiner Programmsätze, wie die Verpflichtung von Fonds, ehrlich, redlich und gewissenhaft zu handeln.[527] Das Verbot der Zerschlagung von Zielunternehmen schließlich findet auf börsennotierte Gesellschaften überhaupt keine Anwendung.[528] Auch durch das Ausschüttungsverbot wird mangels Anwendbarkeit und Veränderung der Kapitalerhaltungsvorschriften für Aktiengesellschaften keine Erhöhung des Schutzniveaus für Ziel-Aktiengesellschaften erreicht.[529]

Auch die AIFM-Richtlinie und ihre Umsetzung durch das Kapitalanlagegesetzbuch bieten also der Ziel-Aktiengesellschaft keinen Schutz vor ausgleichslosen Schädigungen. Allgemeiner erscheint die Einschränkung von Finanzinvestoren ebenso wie eine Unterbindung des Mechanismus des Buyout als ein falscher Ansatzpunkt bei der Suche nach einem Schutz für Aktiengesellschaften vor ausgleichslosen Schädigungen.

9.3 Stärkung des Vorstands als Abhilfe

Nach den oben gemachten Feststellungen verbleibt es im faktischen Konzern bei der Verpflichtung des Vorstands der abhängigen Gesellschaft auf das Interesse seiner Anstellungskörperschaft. Es liegt die Verantwortung für eine nachteilige Einflussnahme daher nicht allein bei der Einfluss übenden Obergesellschaft,

525 Art. 9 Abs. 1 RL 2011/61/EU; § 25 KAGB.

526 Vgl. § 2.

527 Art. 12 Abs. 1 RL 2011/61/EU, § 26 KAGB.

528 Art. 30 RL 2011/61/EU, § 292 KAGB.
Siehe auch *Zetzsche*, NZG 2012, 1164 (1170), der im Zerschlagungsverbot für „gut beratene“ Investoren ohnehin kein Hindernis sieht.

529 Siehe hierzu bereits Kapitel 2.5.

sondern auch beim der Einflussnahme nachgebenden Vorstand der abhängigen Aktiengesellschaft.

Es fällt bei der Betrachtung des geltenden Konzernrechts im Allgemeinen auf, dass die Lösung für Probleme der Nachteilszufügung fast ausschließlich in einer Einschränkung und Reglementierung für die Ausübung des Einflusses durch das herrschende Unternehmen gesucht wird. So werden umfangreiche Regeln erarbeitet, in welcher Hinsicht das herrschende Unternehmen auf den Vorstand der beherrschten Aktiengesellschaft Einfluss nehmen darf, und wie nicht.[530]

Im Vertragskonzern erscheint dieses Konzept auch durchaus schlüssig: Der Vertragskonzern will und muss eine straffe und dichte Konzernführung legitimieren. Er dient mehr noch als der faktische Konzern nicht nur dem Minderheitenschutz, sondern auch der Konzernorganisation.[531] Dem Weisungsempfänger bei jeglicher Einflussnahme die Möglichkeit zu geben, Sinnhaftigkeit, Nachteiligkeit, oder Wirtschaftlichkeit der entsprechenden Maßnahme zu überprüfen, wäre kontraproduktiv. Im Übrigen ändert sich ohnehin die Verhaltensmaxime des Vorstands der beherrschten Gesellschaft als Empfängerin der Weisungen. Das Vorstandshandeln wird durch die Einbindung der Aktiengesellschaft in einen Vertragskonzern am Konzerninteresse ausgerichtet.[532] Auch die Überprüfung einer Weisung erfolgt demnach am Konzerninteresse, und nicht an den nach § 93 AktG sonst üblichen Maßstäben des Interesses der vom Vorstand geleiteten Gesellschaft.

Anders hingegen verhält es sich im faktischen Konzern, wo der Pflichtenmaßstab des Vorstands unverändert am Interesse seiner Anstellungskörperschaft ausgerichtet bleibt. Der Vorstand der abhängigen Aktiengesellschaft sollte nach dem Leitbild des Gesetzgebers also das Interesse seiner Gesellschaft auch gegenüber der Obergesellschaft verteidigen können, und sie dadurch vor einer nachteiligen Einflussnahme ohne Ausgleich schützen. Dieser Wunschvorstellung des Gesetzes allerdings steht die Rechtswirklichkeit entgegen.[533] Wenn das Gesetz mit seinen Regeln zum faktischen Konzern sieht, dass ein herrschendes Unternehmen faktischen Einfluss auf den Vorstand der abhängigen Gesellschaft haben kann, dann geht diese Erkenntnis jedoch fälschlicherweise nicht so weit,

530 Vgl. beispielsweise *Ekkenga,* AG 2013, 181 (182) zum Minderheitenschutz durch Konzernbildungs- und Konzernleitungskontrolle.

531 Vgl. zu den Regelungszielen des Konzernrechts „Minderheitenschutz" und „Konzernorganisationslehre": *Ekkenga,* AG 2013, 181 (181).

532 Vgl. oben 3.1.2.1.

533 So auch *Teichmann*, AG 2013, 184 (184).

dass dieser Einfluss den Vorstand auch die Anforderungen des § 311 AktG teilweise vergessen lassen wird.

Dies führt im faktischen Konzern zu den dieser Untersuchung gegenständlichen Gefahren für die abhängige Aktiengesellschaft durch den Abzug von Kapital.

Daneben wird durch die faktische Abhängigkeit des Vorstands der abhängigen Gesellschaft aber auch dieser selbst in eine missliche Lage gebracht.[534] Denn ihm drohen Haftungsrisiken aufgrund der stets bestehenden Möglichkeit der pathologischen Entwicklung von Sachverhalten.[535] Wird die einstmals abhängige Gesellschaft beispielsweise durch einen Insolvenzverwalter geführt, so ist eine Überprüfung des zuvor erfolgten Vorstandshandelns zu erwarten. Auch eine Veräußerung der Gesellschaft kann beispielsweise dazu führen, dass der Erwerber nach der Kaufabwicklung oder im Rahmen einer Due Diligence-Prüfung sein Augenmerk auf mögliche Pflichtverletzungen der Geschäftsleitung legt.

Der im Grundsatz vollständige Schutz, den die §§ 311 ff. AktG vor den Gefahren des Abzugs von Kapital im faktischen Konzern bieten, sollte also durch eine Stärkung der Position des Vorstands der abhängigen Gesellschaft ergänzt werden.

9.3.1 Vorstandsdoppelmandate

Ein größeres Maß an Unabhängigkeit des Vorstands der abhängigen Gesellschaft, und somit der Kontrolle von Einflussnahmen ließe sich in praktischer Hinsicht beispielsweise durch ein Verbot von Vorstandsdoppelmandaten erreichen.[536] Eine unabhängige Überprüfung einer Einflussnahme auf ihre Nachteiligkeit und den eventuellen Ausgleich dieser Nachteile wird offensichtlich dann nicht stattfinden, wenn der Einfluss Nehmende personenidentisch ist mit dem diesem Einfluss ausgesetzten.[537] Nach geltendem Recht sind nach § 88 Abs. 1 Satz 2 AktG Vorstandsdoppelmandate gestattet, wenn beide betreffenden Aufsichtsräte zustimmen.[538] Gleichwohl wird verbreitet auf mögliche Interessenkonflikte

534 Vgl. auch *Teichmann*, AG 2013, 184 (185).

535 Vgl. auch beispielsweise *Erne*, GWR 2012, 503 zur Haftungsgefahr des Vorstands der Zielgesellschaft bei der Bestellung von Sicherheiten für die Akquisitionsfinanzierung. Siehe auch *Forum Europaeum on Company Groups*, ZGR 2015, 507 (508) zur europaweit bestehenden Problematik.

536 So auch *Koppensteiner* in FS Steindorff, 79 (106 f.).

537 Siehe grundlegend zur Problematik von Vorstandsdoppelmandaten: *Hoffmann-Becking*, ZHR 1986, 570.

538 BGH, Urteil vom 09.03.2009 – II ZR 170/07, NZG 2009, 744; *Hüffer/Koch*, § 76 Rn. 54; *Mertens/Cahn* in Kölner Kommentar, § 76 Rn. 70; *Eckert* in Wachter, § 76 Rn. 24; *Seibt*

hingewiesen, und die gesetzliche Zulässigkeit kritisiert.[539] Dieser Kritik kann an dieser Stelle unter Hinweis auf die eben erläuterte Möglichkeit der Erhöhung des Schutzniveaus für die abhängige Gesellschaft zugestimmt werden.

Das Zustimmungserfordernis zugunsten der Aufsichtsräte wird in der Regel kein tatsächliches Hindernis für eine Doppelmandatschaft darstellen, denn der Aufsichtsrat der Obergesellschaft wird kaum etwas gegen die Bestellung eines seiner Gesellschaft loyalen Geschäftsleiters auch in der abhängigen Gesellschaft haben. In der abhängigen Gesellschaft wird der Aufsichtsrat in der Regel durch die herrschende Muttergesellschaft kontrolliert, und wird demnach ebenso zustimmen.

Eine von den Interessen des herrschenden Unternehmens unabhängige Geschäftsleitung in der abhängigen Gesellschaft, mithin eine strikte Beachtung der §§ 311 ff. AktG und dadurch die Vermeidung von Schäden durch den Abzug von Kapital durch die Obergesellschaft ist bei Personenidentität der Geschäftsleiter kaum denkbar. Zumindest im Falle einer faktischen Konzernierung sollte also das Vorstands-Doppelmandat untersagt sein.

Denkbar wäre auch eine Gestaltung vergleichbar der Regelung des § 181 BGB, also einer Ausnahme von der Prüfungsmöglichkeit der Maßnahme im konkreten Fall. Zweifelhaft erscheint allerdings die praktische Nutzbarkeit einer solchen Regelung. Denn es müsste durch den personenidentischen Vorstand von abhängiger Gesellschaft und herrschendem Unternehmen ständig unterschieden werden, was er in der abhängigen Gesellschaft auf Veranlassung des herrschenden Unternehmens veranlasst, und was aus eigenem Antrieb. Zudem liegt die Vermutung nahe, dass eine einschränkende Vorschrift wie auch bei § 181 BGB lediglich Mehraufwand für die beratende Anwaltskanzlei, nicht aber eine echte Einschränkung begründen würde.

9.3.2 Vergütung nach dem Erfolg der Obergesellschaft

Wenn bereits mehrfach festgestellt wurde, dass im faktischen Konzern der Pflichtenmaßstab des Vorstands in der abhängigen Gesellschaft keine Änderung

---

in Schmidt/Lutter, § 76 Rn. 18; *Fleischer* in Spindler/Stilz, § 76 Rn. 106; *Spindler* in MüKo AktG, § 76 Rn. 56; *Emmerich* in Emmerich/Habersack, Aktien- und GmbH-Konzernrecht, § 308 Rn. 29; *Wiesner* in Münchener Handbuch des Gesellschaftsrechts, Band 4, § 20 Rn. 10; *Wackerbarth*, Der Konzern 2010, 261 (265); *Hoffmann-Becking*, ZHR 1986, 570 (574); *Austmann*, ZGR 2009, 277 (287); *Passarge*, NZG 2007, 441 (441).

539 Vgl. *Hüffer/Koch*, § 76 Rn. 54; *Koppensteiner* in FS Steindorff, 79 (106 f.); *Hoffmann-Becking*, ZHR 1986, 570.

erfährt, und er somit nur dem Interesse seiner Anstellungskörperschaft, nicht aber der Obergesellschaft, verpflichtet bleibt, so mag es überraschen, wenn teilweise eine Vergütung in Abhängigkeit vom Erfolg der Obergesellschaft vereinbart ist. Oftmals richtet sich der erfolgsabhängige Anteil der Vergütung des Vorstands einer abhängigen Gesellschaft nach dem unternehmerischen Erfolg der Obergesellschaft oder des Konzerns. Der Geschäftsleiter einer Gesellschaft wird in diesen Fällen also nicht nach dem Erfolg seiner Gesellschaft bezahlt, sondern nach dem Interesse eines Gesellschafters.

Eine größere Unabhängigkeit des Vorstands der abhängigen Gesellschaft von den Interessen der Obergesellschaft könnte daher auch durch eine Bezahlung bewirkt werden, die nicht am Aktienkurs oder sonst am Erfolg des herrschenden Unternehmens orientiert ist. Es ist umstritten, ob es überhaupt rechtlich zulässig ist, die Vergütung des Vorstands einer abhängigen Gesellschaft vom Erfolg der Obergesellschaft oder eines anderen Konzernunternehmens abhängig zu machen.[540] Denn wenn sich die Entlohnung des Vorstands in der abhängigen Gesellschaft nach der Entwicklung der Obergesellschaft richtet, so liegt die Vermutung nahe, dass deren Interessen dem Vorstand wichtiger wiegen als die der eigenen Anstellungskörperschaft.[541]

Zuzustimmen ist daher den Stimmen in Literatur und Rechtsprechung, die eine derartige Vergütungsregelung nach § 87 Abs. 1 AktG um des Schutzes der abhängigen Gesellschaft willen für unzulässig halten.[542]

9.3.3 Aufklärung über Haftungsrisiken

Die praktische Erfahrung zeigt, dass das „ich will nicht“ des Vorstands der Tochtergesellschaft, wenn es denn überhaupt vorgebracht wird, gegenüber dem

---

540 Einen ausführlichen Überblick über Problematik und Streitstand bietet *Tröger*, ZGR 2009, 447 (452 ff.).

541 *Weber* in Hölters, § 87 Rn. 40; *Wackerbarth*, Der Konzern 2010, 261 (267).

542 So OLG München, Urteil vom 07.05.2008 - 7 U 5618/07, NZG 2008, 631 (632 f.); *Spindler* in MüKo AktG, § 87 Rn. 64 ff., derselbe DStR 2004, 36 (39); *Veil* in Schmidt/Lutter, § 192 Rn. 24; *Hoffmann-Becking*, NZG 1999, 797 (799); *Tröger*, ZGR 2009, 447 (472 f.); *Zitzewitz*, NZG 1999, 698 (700); wohl auch *Hüffer/Koch*, § 87 Rn. 14 f. sowie *Mertens/Cahn* in Kölner Kommentar, § 87 Rn. 11; *Weber* in Hölters, § 87 Rn. 40.
Für eine Zulässigkeit aber *Habersack* in Besprechung zu OLG München, Urteil vom 07.05.2008, NZG 2008, 631 (634 f.); *Austmann*, ZGR 2009, 277 (289 f.).
offen gelassen von BGH, Beschluss vom 09.11.2009 - II ZR 154/08, DStR 2009, 2692 sowie von *Fleischer* in Spindler/Stilz, § 87 Rn. 14.

Einfluss übenden herrschenden Unternehmen wenig Wirkung zeigt. Etwas schlagkräftiger wird seine Position, wenn er ein „ich darf nicht“, also den Hinweis auf seine eigene Pflichtenbindung, § 311 AktG und seine mögliche Haftung vorbringen kann. Erfolg versprechend ist aber schließlich am ehesten das „ich darf nicht, und Ihr auch nicht“. Kann der Vorstand der abhängigen Gesellschaft also auch darauf hinweisen, dass die Einwirkung durch die Geschäftsleiter des herrschenden Unternehmens zu dessen und deren eigener Haftung führen kann, so werden diese ihre Einwirkung durchaus überdenken.

Eine verbesserte Aufklärung von Geschäftsleitern über die Problematiken des Konzernrechts, die Anforderungen an eine rechtmäßige Einwirkung im Sinne des § 311 AktG und die drohenden Haftungsrisiken bei Rechtsbrüchen, die in der Praxis weitgehend unbekannt scheinen, wäre sinnvoll. Dies ließe sich beispielsweise durch Erweiterungen der durch den Notar bei der Bestellung als Geschäftsleiter vorgenommenen Belehrungen bewerkstelligen.

10 Ausgleichslose Schädigung im Vertragskonzern

Hinsichtlich des Vertragskonzerns wurde in § 2 die zweite der eingangs aufgestellten Thesen bestätigt. Gerade die Einbindung in einen Vertragskonzern ermöglicht die ausgleichslose Schädigung der Ziel-Aktiengesellschaft, ermöglicht den Zugriff auf ihr Vermögen ohne das Greifen eines Ausgleichsmechanismus. Im Vertragskonzern stellt sich das konzernrechtliche System also nicht wie im faktischen Konzern als zumindest rechtstheoretisch lückenlos dar. Gefahren für die beherrschte Gesellschaft ergeben sich nicht aus einer Nichtbeachtung gesetzlicher Regeln. Vielmehr lässt das Vertragskonzernrecht nach den gemachten Feststellungen eine ausgleichslose Einflussnahme zum Abzug von Kapital zu.

Ein Verlustausgleichsanspruch wird durch Maßnahmen zur Freisetzung von Kapital, die auf eine Erhöhung des Jahresergebnisses abzielen, nicht ausgelöst.[543] Zu späteren Zeitpunkten jedoch, unter Umständen nach dem Ende des Beherrschungs- und Gewinnabführungsvertrages und nach dem Ende der Stellung des Einwirkenden als Aktionär, können sich durchaus Gewinneinbußen oder andere nachteilige Auswirkungen aufgrund der Einflussnahmen ergeben.[544] Ein Ausgleich besteht hierfür jedoch, wie gezeigt wurde, nicht. Lediglich in seiner extremsten Form, wenn nämlich der beherrschten Gesellschaft ihre Zukunftsaussichten genommen werden, erfolgt ein Ausgleich durch Schadenersatzansprüche[545] und durch den Verlustausgleich, der nun aufgrund des Ansatzes von Wirtschaftsgütern zu Zerschlagungswerten erhöht ist.[546] Die nicht existenzgefährdende, sondern nur schlicht schädliche Einwirkung jedoch bleibt ohne Ausgleich. Das theoretisch bestehende System des Pauschalausgleichs durch die Ergebnisübernahme greift insoweit tatsächlich nicht. Grundlegendes Problem der aufgezeigten Schwäche des Verlustausgleichssystems ist die Bemessung des Verlustausgleichs am Jahresergebnis.[547] Dieses bildet die Zukunftsaussichten eines Unternehmens nur in sehr geringem Maße ab. Eine Verlustdeckung

543 Vgl. oben Kapitel 8.2.

544 Vgl. Kapitel 3.1.1.2.

545 Vgl. oben Kapitel 7.

546 Vgl. oben Kapitel 6.4.5.

547 Ähnlich *Zöllner*, ZHR 1998, 235 (240), nach welchem sich die gesamte Wertverschiebungsproblematik des Konzernrechts nicht mit den Möglichkeiten der Bewertung durch die Betriebswirtschaftslehre lösen lasse.

reflektiert dementsprechend die Zukunftsaussichten der beherrschten Gesellschaft auch nur in den aufgezeigten Extremfällen.[548] Die Verlustdeckung erfasst daher Weisungsfolgen, die diese Zukunftsaussichten beeinträchtigen, oftmals nicht.

Im Ergebnis ebenso verhält es sich, wie festzustellen war, hinsichtlich eines Ausgleichs von Einwirkungen auf die beherrschte Gesellschaft durch Schadenersatz, denn ein entsprechender Anspruch wird mangels Pflichtverletzung im Normalfall ausscheiden. Zum Zeitpunkt der Einwirkung auf die beherrschte Aktiengesellschaft liegt eine Pflichtverletzung des herrschenden Unternehmens oder seiner Geschäftsleiter nicht vor. Dies ändert sich auch nicht mit dem Ende des Unternehmensvertrages. Die zuvor rechtmäßige Einwirkung wird nicht nachträglich in eine rechtswidrige umqualifiziert.

Es wurde bereits von einem „Kreislaufgedanken", also einer dem Vertragskonzernrecht zugrunde liegenden Idee, dass eine Benachteiligung der beherrschten Aktiengesellschaft gestattet wird, weil die Nachteile durch die Konzernierung, sei es durch Vorteile des Konzerns oder durch die Verlustdeckung, auch wieder ausgeglichen werden, gesprochen. Dieser Kreislauf des Ausgleichs von Vor- und Nachteilen kann sich dann nicht verwirklichen, wenn er durch das Ende des Vertragskonzerns unterbrochen wird. Eben diese Unterbrechung ist die eingangs hervorgehobene gemeinsame Besonderheit der beiden Szenarien der Refinanzierung und der Ausgliederung einer Aktiengesellschaft aus einem Konzern.[549]

Diese ausnahmsweise Unterbrechung spricht dafür, in der Möglichkeit des ausgleichslosen Abzugs von Kapital eine Unbilligkeit zu sehen. Bevor nun allerdings die Suche nach einem Schutzmechanismus begonnen wird, verdient die Frage Klärung, wessen Schutz überhaupt zu besorgen ist. Die beherrschte Gesellschaft selbst verdient ihn, wie bereits angesprochen, nicht um ihrer selbst willen.[550] Gleichwohl lassen sich aber schützenswerte Interessen in einer beherrschten Aktiengesellschaft finden.

In erster Linie ist an Minderheitsaktionäre zu denken, deren Interesse am Wert der beherrschten Gesellschaft durch einen ausgleichslosen Abzug von Kapital beeinträchtigt wird.

---

548 Anders *Hentzen*, NZG 2008, 201 (205), der ausführt, es ließen sich durch die Bildung von Rückstellungen und durch die Bewertung von Wirtschaftsgütern grundsätzlich alle durch das herrschende Unternehmen veranlassten Effekte in der Bilanz abbilden. Vgl. Kapitel 6.4.5.

549 Vgl. Kapitel 1.3

550 Siehe Kapitel 3.3.2.2.

Im Beispielszenario des Abzugs von Kapital vor einer Veräußerung der Aktiengesellschaft besteht auch ein Interesse des Erwerbers, über Weisungen, deren schädliche Auswirkungen noch ausstehen, zumindest informiert zu sein. Dies wird bei einer Veräußerung an einen oder mehrere neue Großaktionäre, die für Gewöhnlich eine Due Diligence-Prüfung des Zielunternehmens durchführen werden, weniger relevant sein, als bei einer Veräußerung der Anteile an verschiedene Anleger auf dem freien Aktienmarkt.

Neben diesen Eigenkapitalgebern kann auch ein Interesse von (insbesondere langfristigen) Fremdkapitalgebern, also beispielsweise Kreditbanken bestehen, vor derartigen Einflussnahmen auf die beherrschte Aktiengesellschaft als Kreditnehmerin geschützt zu werden. Denn aus dem Handelsregister ist lediglich die Einbindung in einen Vertragskonzern ersichtlich, nicht aber dessen bevorstehendes Ende und die damit einhergehende Möglichkeit des ausgleichslosen Abzugs von Kapital.

Schließlich sind auch sonstige Vertragspartner wie insbesondere Arbeitnehmer der beherrschten Aktiengesellschaft als schützenswerte Interessengruppe zu nennen. Auch diese haben ein Interesse an der Fortführung der Geschäftstätigkeit der beherrschten Aktiengesellschaft auch nach dem Ende der Konzernierung. Auch mit Blick auf diese Interessengruppen ist mithin eine Behandlung der aufgezeigten Unbilligkeit geboten.

Hierfür sollen im Folgenden drei Lösungsansätze diskutiert werden: Abschaffung des Vertragskonzerns (Kapitel 10.1), Transaktionstransparenz (10.2) und Haftung für die Nachwirkungen von Weisungen (10.3).[551]

10.1 Abschaffung des Vertragskonzerns

Eine Lösung des Problems der ausgleichslosen Einflussnahme im Vertragskonzern könnte in der Abschaffung desselben oder zumindest des Instituts des Beherrschungsvertrages gesehen werden. Weisungen, deren Nachwirkung, und mithin die Möglichkeit des Zugriffs auf Vermögenswerte der abhängigen Aktiengesellschaft ohne Ausgleich, wären damit nicht mehr möglich.

Diese, auf den ersten Blick recht kühn anmutende Vorstellung ist bei näherer Betrachtung nicht völlig abwegig.[552] Bereits angedeutet wurde die teilweise bereits geäußerte Kritik an der Idee der Konzerngefahr.[553] Diese Kritik besteht

---

551 Vgl. oben Kapitel 6.4 zu den in der Literatur bereits diskutierten Lösungsansätzen, aus denen sich nach der vorliegenden Untersuchung keine Abhilfe ergibt.

552 Vgl. auch *Wackerbarth*, Der Konzern 2005, 562, für eine Abschaffung des Konzernrechts aber aus größtenteils abweichenden Erwägungen.

553 Vgl. Nachweise in Fn. 112.

nicht zu Unrecht. Denn nicht nur aus der Förderungsabsicht zugunsten eines fremden Unternehmens können sich für einen Aktionär Partikularinteressen ergeben, die mit denen der übrigen Aktionäre der Aktiengesellschaft nicht in Einklang stehen. Es ergibt sich für die Gefährdungslage einer abhängigen Gesellschaft kein Unterschied daraus, ob ein von ihrem eigenen abweichendes Konzerninteresse oder ein Privatinteresse durchgesetzt wird.[554] Die Systematik des Konzernrechts erscheint daher zumindest überdenkenswert.

Auch ist der Vertragskonzern eine Eigenheit des deutschen Gesellschaftsrechts.[555] Die Lösung von Gefahren durch Konzernierung wird ansonsten nicht in der Bestrebung, Unternehmen zum Abschluss einer vertraglichen Regelung über Herrschaft und Ausgleich zu bewegen, sondern durch allgemeine Regeln gegen Machtmissbrauch und Minderheitenschutz, gesucht.

So wird im französischen Recht eine Lösung für die (strafrechtliche) Fragestellung der konzerninternen Nachteilszufügung durch die Anwendung der sogenannten „Rozenblum"-Formel, basierend auf einer Entscheidung der französischen Cour de cassation, gesucht.[556] Diese Formel besagt, dass bei Anwendung eines einheitlichen Konzerninteresses in einem Konzernverbund einer abhängigen Gesellschaft auch Nachteile zugefügt werden können, wenn diese Nachteile in irgendeiner Weise und in absehbarer Zeit ausgeglichen werden. Die Anwendung der Rozenblum-Formel würde auch in den der vorliegenden Arbeit zugrunde liegenden Sachverhalten zu adäquaten Ergebnissen führen. Denn in den Fällen, in welchen der Abzug von Kapital im Rahmen einer Refinanzierung des Erwerbs erfolgt, oder in welchen die Ziel-Aktiengesellschaft aus dem Konzern ausgegliedert werden soll, wird kein Ausgleich der zugefügten Nachteile erfolgen, auch wenn der Rozenblum-Formel nicht die dem deutschen Recht eigene strenge bilanzielle Beurteilung des Nachteilsausgleichs zugrunde liegt.

Allerdings wäre die Abschaffung der Möglichkeit der vertraglichen Konzernierung im Ergebnis dieselbe verfehlte Vorgehensweise wie die bereits oben diskutierte Einschränkung des Weisungsrechts, stellte sie doch die komplette Beseitigung des Instituts der Leitungsmacht dar. Für diese besteht aber ein großes

---

554 *Dähnert*, S. 41.

555 Eine Ausnahme bildet Österreich. Vgl. *Druey* in Konzernrecht im Ausland, S. 310 (343). zur gesetzlichen Lage in Frankreich, Italien und England. Siehe auch *Ebenroth/Reiner*, BB, Beilage 13 zu Heft 22/1992, 1 (4 f.) zum französischen Recht. Vgl. auch *Conac*, ECFR 2013, 194 (199) mit einer Übersicht über die in Europa geltenden Regelungssysteme.

556 Vgl. zu dieser Entscheidung beispielsweise *Conac*, ECFR 2013, 194 (200 f.) oder *Teichmann*, AG 2013, 184 (193 f.).

praktisches Bedürfnis. Für Unternehmen ist es unerlässlich, umfassend und im Interesse des Konzerns auf abhängige Gesellschaften einwirken zu können.[557]

Dies berücksichtigt auch der Vorschlag des *Forum Europaeum on Company Groups*[558] für ein europäisches Regelungssystem für das Konzernrecht und ergänzt ein an die französische Rozenblum-Formel angelehntes Schutzsystem für die abhängige Gesellschaft um ein Weisungsrecht des herrschenden Unternehmens.[559] Derartige Regelungen könnten dann zu einer Verhinderung ausgleichsloser Schädigungen, wie sie in dieser Arbeit herausgearbeitet wurden, dienen, während sie zugleich die effektive Führung eines Konzerns mithilfe eines Weisungsrechts ermöglichen würden.

Die Abschaffung des Vertragskonzerns als Rechtsinstitut scheint für die hier untersuchte Problematik des Abzugs von Kapital aus einer beherrschten Aktiengesellschaft daher nur unter der Voraussetzung, dass zugleich ein ersetzendes System installiert wird, eine Lösung. Dieses ersetzende System müsste ebenso wie das derzeit in Deutschland geltende Konzernrecht eine Konzernführung durch ein Weisungsrecht zulassen, um den praktischen Anforderungen an die Führungsmöglichkeit einer Unternehmensgruppe gerecht zu werden.

10.2 Transaktionstransparenz

§ 314 Abs. 1 Nr. 13 HGB sieht seit dem BilMoG vor, dass im Anhang zum Jahresabschluss des Konzerns über Geschäfte berichtet wird, die zu nicht marktüblichen Bedingungen mit nahestehenden Personen oder Unternehmen eingegangen wurden. Neben die Eintragung der unternehmensvertraglichen Verbindung zwischen herrschendem Unternehmen und beherrschter Aktiengesellschaft im Handelsregister tritt damit auch eine Komponente der Transaktionstransparenz. Ein Abfluss von Vermögenswerten aus einer Konzerngesellschaft in eine andere wird durch den Anhang zum Jahresabschluss öffentlich gemacht.[560]

Teilweise kann daher auch diese Transparenz für einen Schutz der oben angeführten Interessengruppen vor den Auswirkungen eines Abzugs von Kapital durch das herrschende Unternehmen helfen. Erfolgt ein solcher Abzug nämlich als konzerninternes Rechtsgeschäft, was häufig der Fall sein wird,[561] und nicht

557 Siehe Kapitel 6.4.4.

558 Eine Gruppe von Wissenschaftlern und Praktikern aus mehreren Staaten Europas, die eine Überarbeitung des europäischen Konzernrechts zum Ziel hat. Vgl. näher: *Forum Europaeum on Company Groups*, ZGR 2015, 507 (509 f.).

559 Vgl. *Forum Europaeum on Company Groups*, ZGR 2015, 507 (511 und 513).

560 Vgl. *Teichmann*, AG 2013, 184 (187).

561 Vgl. oben Kapitel 3.

zu marktüblichen Bedingungen, so wird er aus dem Jahresabschluss ersichtlich. Es könnte dann beispielsweise ein Minderheitsaktionär seine Beteiligung veräußern oder eine Bank den Kredit kündigen.

Im hier diskutierten Zusammenhang allerdings kann diese Transaktionstransparenz nur einen bedingten Schutz bewirken. Denn zum einen werden die Maßnahmen zur Freisetzung von Kapital nicht ausschließlich als konzerninternes Rechtsgeschäft vorgenommen.[562] Sie werden zudem auch konzernintern oftmals aus steuerrechtlichen Gründen einem Drittvergleich standhalten. Derartige Rechtsgeschäfte werden sich mithin nicht im Anhang zum Jahresabschluss wiederfinden. Dass sie dennoch eine schädliche Auswirkung auf die beherrschte Aktiengesellschaft entfalten können, wurde bereits hinreichend diskutiert.[563]

Diese spätere Schädlichkeit aber wird sich, selbst wenn eine Maßnahme zur Freisetzung von Kapital im Jahresabschluss aufgeführt wird, einem Kleinanleger, einem Arbeitnehmer oder anderen Geschäftspartnern oftmals kaum erschließen. Er wird schon deswegen oftmals keinen Nutzen aus den Transparenzpflichten ziehen können.

Schließlich wird es vielen dieser Interessengruppen, insbesondere Arbeitnehmern, auch oftmals kaum möglich sein, Konsequenzen aus der Erkenntnis über eine schädliche Einwirkung auf die Ziel-Aktiengesellschaft zu ziehen. So wird ein Arbeitnehmer in den meisten Fällen seine Anstellung nicht ohne größere Schwierigkeiten wechseln können.

10.3 Haftung für die Nachwirkung von Weisungen

Ein Schutz für diese Interessengruppen ist daher im Ergebnis in einer Veränderung der Verantwortlichkeit des herrschenden Unternehmens, seiner Geschäftsleiter und des Vorstands der beherrschten Gesellschaft zu suchen.

10.3.1 Verändertes Ausgleichssystem im Vertragskonzern

Denkbar wäre die Implementierung eines insgesamt anderen Ausgleichssystems zwischen herrschender und beherrschter Gesellschaft im Vertragskonzern. Ein solches könnte sich, um die herausgearbeiteten Probleme vermeiden zu können, am Unternehmenswert anstatt am (fiktiven) Jahresergebnis zu orientieren. Denn Ursache der Möglichkeit der ausgleichslosen Einflussnahme ist die mangelnde

562 Vgl. oben Kapitel 3.

563 Vgl. oben Kapitel 3.1.3.1.

Abbildung von Zukunftsaussichten der beherrschten Gesellschaft im Jahresabschluss.

Man mag nun Schwierigkeiten bei der Bestimmung des Unternehmenswertes und der Ertragschancen einer Aktiengesellschaft einwenden. Jedoch ordnet das Gesetz auch bei der Bestimmung der Ausgleichs- und Abfindungsansprüche der außenstehenden Aktionäre an, selbige Schwierigkeiten auf sich zu nehmen.

Eine Orientierung am Unternehmenswert hätte den Vorteil, dass künftige Ertragschancen und sonstige Zukunftsaussichten der beherrschten Gesellschaft berücksichtigt würden. Legte man allerdings dem Ausgleich zwischen herrschendem und beherrschtem Unternehmen den Wertzuwachs oder -verlust des beherrschten Unternehmens zugrunde, würde man das Ziel dieses Ausgleichs verfehlen. Die vorliegend diskutierte Problematik fußt zwar in dem Manko, dass ein Ertrag im beherrschten Unternehmen auf Kosten des Substanzwertes erkauft wird, es sollen aber eigentlich nicht die Substanzwertsteigerung oder -minderung ausgeglichen werden, sondern nur unbillige Folgen von Einflussnahmen ausgeglichen werden.

Der entscheidende Nachteil des Unternehmenswertes als Ausgleichsmaßstab ist der, dass zwar ein Sinken des Wertes der beherrschten Gesellschaft als Geldzahlung zufließen könnte, umgekehrt aber ein gestiegener Wert nicht, oder nicht komplett an das herrschende Unternehmen abgeführt werden könnte. Ein Anstieg im Unternehmenswert wird sich nicht stets (komplett) in einem Gewinn bilanziell auswirken. Dieses Ausgleichssystem würde mithin zu einer erneuten Unbilligkeit, diesmal zulasten des herrschenden Unternehmens, führen.

10.3.2 Verändertes Ausgleichssystem vor Ende des Unternehmensvertrages

Vorstellbar wäre es aber, die herrschende Gesellschaft für einen zu bestimmenden Zeitraum – beispielsweise ein Jahr vor dem Ende des Beherrschungs- und Gewinnabführungsvertrages – rückwirkend einem veränderten Ausgleichssystem zu unterwerfen.

Da die Beendigung des Unternehmensvertrages oftmals nicht voraussehbar sein wird, käme hierfür nur eine rückwirkende Gestaltung ex post infrage. Es müsste somit im Rahmen einer nachträglichen Prüfung untersucht werden, ob Weisungsfolgen entsprechend einem schärferen Ausgleichssystem ausgeglichen wurden. Eine solche nachträgliche Überprüfung könnte nach dem Ende des Beherrschungsvertrages beispielsweise durch die vormals beherrschte Gesellschaft, durch ihren Insolvenzverwalter im Insolvenzfalle, durch einen Erwerber der Gesellschaft oder durch außenstehende Aktionäre angestellt werden.

Als Ausgleichssystem für den Zeitraum vor der Beendigung des Vertragskonzerns würde sich beispielsweise das Prinzip des Einzelausgleichs wie im faktischen Konzern anbieten. Das herrschende Unternehmen müsste also, um einer Schadenersatzhaftung zu entgehen, vor dem Ende des Beherrschungs- und Gewinnabführungsvertrages sämtliche zuvor vorgenommenen Weisungen einem Nachteilsausgleich zuführen und angewiesene Maßnahmen mit nicht quantifizierbaren Folgen rückgängig machen. Auch im Vertragskonzern ist, wie bereits dargestellt wurde, stets nach der Nachteiligkeit einer Weisung zu fragen.[564] Die Frage, ob eine Weisung einen Nachteil für die beherrschte Gesellschaft mit sich bringt, ist also zumindest theoretisch geklärt, auch wenn im Gegensatz zum faktischen Konzern kein Ausgleich des Nachteils erfolgen muss.

Doch kaum können Weisungen jeweils als Einzelfall erfasst und in ihren Folgen bemessen werden. Genau hierin liegt schließlich der entscheidende – und wie bereits gesagt erhaltenswerte – Vorteil des Vertragskonzerns, nämlich eine dichtere Konzernführung zu ermöglichen. Praktisch nur schwer umsetzbar erschiene es daher, zum Ende des Vertragskonzerns jeweils feststellen zu wollen, ob noch Nachteile von Weisungen fortbestehen. Zudem wären hier die gleichen Schwierigkeiten zu bemerken, die zur Diskussion um den „qualifiziert faktischen Konzern" geführt haben. Soweit im Jahr vor der Beendigung des Unternehmensvertrages zu Maßnahmen angewiesen wurde, deren Folgen sich nicht quantifizieren lassen, ist ein Ausgleich nicht möglich. Auch wird oftmals aus praktischen Gründen keine Möglichkeit bestehen, Folgen rückgängig zu machen.

Die Annahme des Einzelausgleichssystems vor dem Ende des Beherrschungs- und Gewinnabführungsvertrages ist somit mangels Umsetzbarkeit ebenso abzulehnen.

10.3.3 Beendigung des Vertragskonzerns als Maßnahme i.S.d. § 311 AktG

Ein Lösungsansatz könnte im Versuch gesehen werden, nicht sämtliche Nachteile eines bestimmten Zeitraumes vor der Beendigung des Unternehmensvertrages auszugleichen, wie eben diskutiert, sondern nur die Folgen der Beendigung selbst auszugleichen, und hierdurch ein Nachwirken von Weisungen und einen daher ausgleichslosen Zugriff auf Vermögen zu verhindern.

Die Beendigung des Beherrschungs- und Gewinnabführungsvertrages könnte hierfür als Maßnahme im Sinne des § 311 AktG betrachtet werden. Möglich

564 Siehe oben Kapitel 3.1.2.

wäre dies nur, wenn man eine Analogie annehmen wollte, da § 311 AktG bei Bestehen eines Unternehmensvertrages keine Anwendung findet.

Die Rechtsfolge wäre dann eine Pflicht zum Nachteilsausgleich zugunsten der abhängigen Aktiengesellschaft.

Die Ziel-Aktiengesellschaft müsste so gestellt werden, als wäre die Kündigung nicht erfolgt. Offenkundig ist dies als Lösung wenig passend. Denn die abhängige Aktiengesellschaft so zu stellen, als sei sie noch im Konzernverbund eingebunden, ist nicht zielführend. Sinnvoller schiene es, sie so zu stellen, dass sie als unabhängige Gesellschaft überleben kann. Tatsächlich ist auch im Rahmen der Anwendung des § 311 AktG nicht danach zu fragen, wie sich die Lage ohne das Nachteil stiftende Ereignis darstellen würde, sondern, wie es um eine unabhängige Gesellschaft in der gleichen Situation bestellt wäre. Die nachteilige Einflussnahme im Sinne des § 311 AktG könnte somit in der zwangsweisen Entlassung in die Selbstständigkeit ohne die vorherige Befähigung hierzu zu sehen sein. Allerdings führte dies zu eben der Annahme, die bereits verworfen wurde, nämlich einer Verantwortung des herrschenden Unternehmens für die Erhaltung der abhängigen Gesellschaft.[565]

Die nachteilige Einflussnahme müsste vielmehr in der Beendigung des Unternehmensvertrages trotz der fortbestehenden Auswirkungen durch die zuvor erfolgte Einwirkung gesehen werden. Nicht die Überlebensfähigkeit der abhängigen Gesellschaft ist herzustellen, sondern die durch die Konzernierung erlittenen fortbestehenden Nachteile sind auszugleichen. Nun allerdings käme man mit den soeben zum veränderten Ausgleichssystem vor dem Ende des Unternehmensvertrages festgestellten Schwierigkeiten zur Unbrauchbarkeit dieser Lösung. Die noch fortbestehenden Nachteile werden im Allgemeinen einem Einzelausgleich nicht zugänglich sein.

§ 311 AktG zur Lösung des Problems der fortbestehenden Weisungsfolgen anzuwenden, ist somit als unpassend in Tatbestandsvoraussetzungen und Rechtsfolge abzulehnen.

10.3.4 Ausgleichsanspruch nach § 89b HGB analog

Denkbar wäre ein Ausgleichsanspruch entsprechend dem für den Fall der Beendigung eines Handelsvertretervertrages in § 89b HGB zugunsten des Handelsvertreters vorgesehenen.

Für die bei Beendigung des zugrunde liegenden Vertrages beim Unternehmer verbleibenden Vorteile durch die Tätigkeit des Handelsvertreters sieht diese

565 Vgl. oben Kapitel 3.3.2.

Norm einen Ausgleichsanspruch vor, der den Handelsvertreter so stellen soll, als würde er noch eine Vergütung für die durch ihn geschaffenen Vorteile des Unternehmers erhalten. Diese Situation ist im Grundsatz mit der vorliegenden Problemstellung vergleichbar. Nach Beendigung des Beherrschungs- und Gewinnabführungsvertrages verbleiben beim zuvor herrschenden Unternehmen Vorteile aus der Zeit des Bestehens des Unternehmensvertrages. Spiegelbildlich zu diesen Vorteilen entstehen der zuvor beherrschten Gesellschaft Nachteile, weil sie in den Konzern eingebunden war.

Auch bei Annahme einer Vergleichbarkeit dieser Ausgangslagen stellt sich ein Ausgleichsanspruch jedoch als nicht umsetzbar dar. Denn möchte man diesen an den Nachteilen, die bei der beherrschten Gesellschaft verbleiben, oder an den Vorteilen, die das herrschende Unternehmen für sich behalten kann, bemessen, steht man vor den soeben aufgezeigten Schwierigkeiten. Vor- und Nachteile werden sich nicht im Einzelnen erfassen und bemessen lassen. Möchte man den Ausgleichsanspruch hingegen ähnlich der Gestaltung des § 89b HGB an der zuvor an die beherrschte Gesellschaft geleistete Vergütung knüpfen, so existiert eine solche nicht. Die Konzernvorteile sind, so man in ihnen eine Gegenleistung des herrschenden Unternehmens sehen wollte, ebenfalls nicht zu beziffern.

Die Vergleichbarkeit zur Ausgangslage des § 89b HGB, und mithin seine Verwendbarkeit für die Problematik des Zugriffs auf Vermögenswerte ohne Ausgleich, scheitert daher an der mangelnden synallagmatischen Verbindung zwischen den Leistungen des Unternehmensvertrages.

10.3.5 Einbeziehung des Konzernvorteils in den Pflichtenmaßstab

Soll schließlich ein Schadenersatzanspruch zum Ausgleich eines Abzugs von Kapital, dessen Schäden sich nach dem Ende des Vertragskonzerns zeigen, verwendet werden, so ist die Schwierigkeit bei der Begründung desselben der Pflichtwidrigkeitszusammenhang. Denn wie bereits mehrfach herausgestellt ist die Weisung zur Freisetzung und zum Abzug von Kapital im Zeitpunkt ihrer Erteilung rechtmäßig. Nach dem Ende des Vertragskonzerns kann keine nachträgliche Änderung des Beurteilungsmaßstabes mehr erfolgen. Mit gewichtigen Argumenten lässt sich allerdings vertreten, dass eine pflicht- und damit rechtswidrige Weisung auch dann vorliegt, wenn das bevorstehende Ende des Unternehmensvertrages bei Weisungserteilung bekannt oder fahrlässig unbekannt war und nicht berücksichtigt wurde. Das Fortbestehen des Vertragskonzerns ist also in die Entscheidung des Geschäftsleiters des herrschenden Unternehmens über die Weisungserteilung zwingend einzubeziehen.

Er hat sich nämlich zu fragen, ob die Weisung der Sorgfalt eines ordentlichen und gewissenhaften Geschäftsleiters entspricht. Und hierbei sind neben den Nachteilen für die beherrschte Gesellschaft auch die Vorteile für den Konzern einzubeziehen. Ist dem Geschäftsleiter bei dieser Überlegung bewusst, dass der Konzern (zumindest was die betreffende beherrschte Gesellschaft angeht), nicht mehr lange Bestand haben wird, so hat dies ein Abwägungskriterium darzustellen. Denn den Nachteilen steht dann eben kein Konzernvorteil mehr entgegen, die Nachteilszufügung bliebe ohne Ausgleich. Diese in dieser Arbeit als Unbilligkeit herausgearbeitete Besonderheit, bedingt durch das Ende des Vertragskonzerns, hat in die Entscheidungsfindung über die Weisungserteilung einzufließen und bedingt mithin deren Rechtmäßigkeit.

Spiegelbildlich hat sich der Weisungsempfänger, der Vorstand der beherrschten Gesellschaft, nach § 308 Abs. 1 Satz 2 AktG zu fragen, ob den Nachteilen für seine Gesellschaft Vorteile des Konzerns entgegenstehen. Auch hier wäre das Wissen um ein Ende der Konzernierung entscheidungsrelevant und bedingt mithin die Pflichtgemäßheit und Rechtmäßigkeit der Weisungsbefolgung. Für den Vorstand der beherrschten Gesellschaft kann dies allerdings nach § 308 Abs. 2 Satz 2 AktG nur gelten, wenn offensichtlich ist, dass die Nachteilszufügung aufgrund des Endes des Unternehmensvertrages ohne entgegenstehenden Konzernvorteil bleibt.

In der Rechtsfolge ergibt diese Einbeziehung des Konzernvorteils in den Pflichtenmaßstab der beteiligten Geschäftsleiter ein schlüssiges Gesamtbild. Weiß der Geschäftsleiter des herrschenden Unternehmens nichts vom bevorstehenden Ende des Vertragskonzerns, und ist ihm auch keine fahrlässige Unkenntnis vorzuwerfen, so wird ihm trotz der mangelnden Einbeziehung der Nachwirkungen seiner Weisungen keine Pflichtverletzung zu unterstellen sein. Seine Haftung und die des herrschenden Unternehmens ist daher nicht begründet.[566] Eine Haftung ist in diesen Fällen, in welchen auch das herrschende Unternehmen vom Ende des Vertragskonzerns überrascht wird, dieses mithin nicht bewusst zum ausgleichslosen Zugriff auf Kapital der beherrschten Aktiengesellschaft ausnutzt, auch nicht angezeigt.

566 Ist im herrschenden Unternehmen aber in anderen Personen ein Wissen um das Ende des Konzerns vorhanden, kann unter Umständen eine Schadenersatzhaftung des Unternehmens infrage kommen. Eine solche wird von der Frage der Wissenszurechnung abhängen. Siehe zu dieser Problematik beispielsweise die Übersichten bei *Hüffer/Koch*, § 78 Rn. 24 f. oder *Eckert* in Wachter, § 78 Rn. 6.

Ebenso wird es sich beim Vorstand der beherrschten Gesellschaft verhalten. Weiß dieser mit dem herrschenden Unternehmen um das bevorstehende Ende des Konzernverhältnisses, so ist die Nicht-Beachtung dieses Wissens bei der Weisungsbefolgung pflichtwidrig, und kann eine Schadenersatzhaftung begründen.

11 Zusammenfassung

An dieser Stelle ist auf die eingangs aufgeworfenen Thesen zurückzukommen, deren Beantwortung sich die ersten beiden §§ 1 und 2 dieser Arbeit widmeten. Die erste, in § 1 untersuchte These lautete:

> **Für die Freisetzung von Kapital in einer Aktiengesellschaft und die Auszahlung von Kapital aus einer solchen ist ein Beherrschungs- und Gewinnabführungsvertrag rechtlich notwendige Voraussetzung.**

§ 1 (Möglichkeiten der Einflussnahme) behandelte in Kapitel 2 zunächst die Auszahlung aus der Ziel-Aktiengesellschaft. Es war festgestellt worden, dass auch im faktischen Konzern eine Auszahlung in Form der Dividendenausschüttung möglich ist. Die Errichtung eines Vertragskonzerns mithilfe eines kombinierten Beherrschungs- und Gewinnabführungsvertrages bietet allerdings die gewichtigen Vorteile der Verzichtbarkeit des Gewinnverwendungsbeschlusses und der Beteiligung von (anderen) Aktionären am Gewinn. Außerdem kann die Einwirkung des Vorstands der abhängigen Aktiengesellschaft auf die Höhe des zu verteilenden Anteils des Jahresüberschusses verhindert werden.

In Kapitel 3 waren die Möglichkeiten der Freisetzung von Kapital in der Zielgesellschaft erörtert worden. Im Ergebnis war festzuhalten, das sowohl faktische Einflussmöglichkeit als auch Weisungsrecht es ermöglichen, nachteilig auf eine Aktiengesellschaft einzuwirken. Die Herbeiführung einer Existenzvernichtung ist weder im faktischen Konzern, noch im Vertragskonzern in rechtmäßiger Weise möglich. Allerdings ist im faktischen Konzern die Anleitung zu Maßnahmen, deren Folgen sich nicht bemessen lassen, nicht zulässig. Die Existenzgefährdung ist nach der in dieser Arbeit vertretenen Auffassung im Vertragskonzern zulässig, im faktischen Konzern jedoch nicht. Schließlich muss für außergewöhnliche Maßnahmen im Sinne der Holzmüller-Gelatine-Rechtsprechung im faktischen Konzern ein Hauptversammlungsbeschluss gefasst werden. Im Vertragskonzern entfällt dies nach hier vertretener Ansicht beim Handeln auf Weisung des herrschenden Unternehmens. Im faktischen Konzern sorgt die Pflicht zum Nachteilsausgleich dafür, dass sich Maßnahmen stets erfolgsneutral auszuwirken haben. Die Eignung des faktischen Konzerns zur Freisetzung von Kapital bleibt also hinter der des Vertragskonzerns mit seinem Weisungsrecht deutlich zurück.

Die erste These konnte somit zum Teil bestätigt werden. Der Beherrschungs- und Gewinnabführungsvertrag ist zur Auszahlung von Kapital aus einer

Aktiengesellschaft nicht unbedingt rechtlich notwendig, bietet aber gewichtige Vorteile gegenüber dem faktischen Konzern. Zur Freisetzung von Kapital für eine solche Auszahlung ist ein Beherrschungsvertrag rechtlich notwendig.

Der folgende **§ 2 (Ausgleichsmechanismen für Vermögenszugriffe)** befasste sich sodann mit der Überprüfung der zweiten These:

> **Gerade die Einbindung der Aktiengesellschaft in einen Vertragskonzern eröffnet jedoch die Möglichkeit einer ausgleichslosen Schädigung derselben.**

In Kapitel 4 wurde festgestellt, dass im faktischen Konzern der Rückgewähranspruch des Kapitalerhaltungsrechts neben die Rechtsfolgen einer Verletzung des Rechts zum faktischen Konzern tritt. Dies liegt nach hier vertretener Auffassung aber entgegen der herrschenden Meinung nicht an einem Spezialitätsverhältnis.

Kapitel 5 behandelte sodann die Frage der Schadenersatzhaftung im faktischen Konzern. Es wurde festgestellt, dass aufgrund des späteren Beurteilungszeitraumes Maßnahmen zur Freisetzung von Kapital für gewöhnlich einen Schaden in der abhängigen Aktiengesellschaft verursachen werden. Im Falle eines Verstoßes gegen die Pflicht zum Einzelausgleich von Nachteilen drohen im faktischen Konzern dem Geschäftsleiter der Obergesellschaft und dieser selbst Schadenersatzansprüche. Spiegelbildlich hierzu können sich Schadenersatzansprüche auch gegen den Vorstand der abhängigen Gesellschaft richten, der einer rechtswidrigen Einflussnahme Folge leistet. Denn der Pflichtenmaßstab des Vorstands bleibt in der abhängigen Gesellschaft im faktischen Konzern an deren Interesse ausgerichtet.

In Kapitel 6 wurde die Verlustausgleichspflicht im Vertragskonzern untersucht. Hierbei wurde herausgearbeitet, dass ein Verlustausgleich für spätere Vermögenseinbußen, wie sie der Abzug von Kapital für gewöhnlich mit sich bringen wird, nur sehr bedingt erfolgt. Im Verlustausgleichsanspruch des Vertragskonzerns finden sich die Folgen derartiger Weisungen nur dann wieder, wenn eine Existenzgefährdung begründet wird. Die schlichte Schädigung bleibt dann ohne Ausgleich durch den Verlustdeckungsanspruch, wenn nach der Weisung die Beendigung des Vertragskonzerns erfolgt.

Kapitel 7 widmete sich dem Schadenersatz im Vertragskonzern. Bei Bestehen eines Unternehmensvertrages kommt vergleichbar der Lage im faktischen Konzern eine Schadenersatzhaftung des herrschenden Unternehmens und seiner Geschäftsleiter, sowie des Vorstands der beherrschten Gesellschaft infrage. Allerdings wird eine Schadenersatzhaftung für den Abzug von Kapital mangels Pflichtverletzung ausscheiden. Denn entsprechende Weisungen werden, selbst bei Nachteiligkeit für die beherrschte Gesellschaft, aufgrund ihrer Konzernvorteile rechtmäßig und pflichtgemäß sein.

Somit konnte in der zusammenfassenden Betrachtung in Kapitel 8 die zweite These verifiziert werden. Verlustausgleich und Schadenersatzhaftung erfassen im Vertragskonzern die Nachwirkung von Weisungen zum Abzug von Kapital nach dem Ende eines Vertragskonzerns nicht. Der Abschluss eines Beherrschungs- und Gewinnabführungsvertrages begründet also die Möglichkeit, ohne einen Ausgleich Kapital aus einer beherrschten Aktiengesellschaft abzuziehen.

Der letzte Teil der vorliegenden Arbeit, **§ 3 (Der ausgleichslose Abzug von Kapital)**, behandelte daher die Folge dieser Erkenntnis.

Kapitel 9 zog aus den vorangegangenen Untersuchungen den Schluss, dass das rechtliche System des faktischen Konzerns bei strenger Beachtung im hier untersuchten Zusammenhang lückenlos ist. Ein Schutz vor dem ausgleichslosen Abzug von Kapital ist de lege lata gegeben. Um den praktisch dennoch auftretenden Schutzlücken zu begegnen, wird eine Stärkung der Position des Vorstands der abhängigen Gesellschaft angeregt. Dessen Funktion im Interesse seiner Gesellschaft sollte einen ausreichenden Schutz vor dem Abzug von Kapital ohne Ausgleich bieten.

In Kapitel 10 wurde der Versuch unternommen, dem Abzug von Kapital ohne Ausgleich im Vertragskonzern zu begegnen. Angeregt wird eine Einbeziehung des Konzernvorteils in den Pflichtenmaßstab der beteiligten Geschäftsleiter im Vertragskonzern. Wenn der Konzernvorteil und dessen baldiges Entfallen durch Beendigung des Unternehmensvertrages in die Abwägung der Geschäftsleiter über Erteilung und Befolgung von Weisungen einbezogen würde, ließen sich sachgerechte Ergebnisse erzielen. Die Nichtbeachtung des bevorstehenden Endes des Konzernverhältnisses und die daraus resultierenden Nachwirkung von Weisungen, wäre dann geeignet, Schadenersatzpflichten zu begründen. Einem Abzug von Kapital aus einer Aktiengesellschaft ohne Ausgleich ließe sich hierdurch in Fällen, in welchen er planmäßig betrieben würde, mit Schadenersatzhaftung begegnen.

Tabellenverzeichnis

Literaturverzeichnis

Altmeppen, Holger: Cash Pooling und Kapitalerhaltung bei bestehendem Beherrschungs- oder Gewinnabführungsvertrag, NZG 2010, 361.

Altmeppen, Holger: Cash Pooling und Kapitalerhaltung im faktischen Konzern, NZG 2010, 401.

Altmeppen, Holger: Die Haftung des Managers im Konzern, 1998, C.H. Beck Verlag, München, zit.: *Altmeppen* in Managerhaftung.

Altmeppen, Holger: „Upstream-loans", Cash Pooling und Kapitalerhaltung nach neuem Recht, ZIP 2009, 49.

Altmeppen, Holger: Wirklich keine Haftung der Bundesrepublik Deutschland im Fall Telekom?, NJW 2008, 1553.

Altmeppen, Holger: Zur Entstehung, Fälligkeit und Höhe des Verlustausgleichsanspruchs nach § 302 AktG, DB 1999, 2453.

Altmeppen, Holger: Zur immer noch geheimnisvollen Regelung der faktisch abhängigen AG, in: Festschrift für Hans-Joachim Priester zum 70. Geburtstag, von Hommelhoff, Peter, Rawert, Peter, Schmidt, Karsten (Hrsg.) S. 1, 2007, Dr. Otto Schmidt Verlag, Köln, zit.: *Altmeppen* in FS Priester.

Altmeppen, Holger: Zur Vermögensbindung in der faktisch abhängigen AG, ZIP 1996, 693.

Austmann, Andreas: Integration der Zielgesellschaft nach Übernahme, ZGR 2009, 277.

Austmann, Andreas/*Herfs*, Achim/*Hoffmann-Becking*, Michael/*Kraft*, Ernst-Thomas/*Krieger*, Gerd/*Semler*, Franz-Jörg/*Wiesner*, Georg: Münchener Handbuch des Gesellschaftsrechts Band 2, 4. Auflage 2014, Band 4, 4. Auflage 2015, jeweils C.H. Beck Verlag, München, zit.: *Verfasser* in Münchener Handbuch des Gesellschaftsrechts.

Bälz, Ulrich: Verbundene Unternehmen, AG 1992, 277.

Baetge, Jörg/*Kirsch*, Hans-Jürgen/*Thiele*, Stefan: Bilanzen, 5. Auflage 2001, IDW-Verlag, Düsseldorf, zit.: *Baetge/Kirsch/Thiele.*

Ballerstedt, Kurt: Schranken der Weisungsbefugnis aufgrund eines Beherrschungsvertrages, ZHR 137 (1973), 388.

Bamberger, Heinz Georg/*Roth*, Herbert (Hrsg.): Kommentar zum Bürgerlichen Gesetzbuch, Band 1, 3. Auflage 2012, C.H. Beck Verlag, München, zit.: *Verfasser* in Bamberger/Roth.

Baumbach, Adolf/*Hopt*, Klaus: Handelsgesetzbuch, 38. Auflage 2018, C.H. Beck Verlag, München, zit.: *Verfasser* in Baumbach/Hopt.

Baumbach, Adolf/*Hueck*, Alfred (Hrsg.): GmbHG, 21. Auflage 2017, C.H. Beck Verlag, München, zit.: *Verfasser* in Baumbach/Hueck.

Bechlivanis, Achilleys: Vermögensbindung bei der unabhängigen und der einfach faktisch konzernierten Aktiengesellschaft, 2004, Verlag Recht und Wirtschaft, Heidelberg

Beck, Lukas: Macht und die Berücksichtigung von Machtverhältnissen im Konzern, Der Konzern 2013, 301.

Beck, Lukas: Nachhaftung und Gewährleistung der Lebensfähigkeit einer Konzerngesellschaft nach der Beendigung des Unternehmensvertrags, NZI 2015, 258.

Beck, Lukas: Nachteilszufügung, ihre Wirkung und ihr Ausgleich im faktischen AG-Konzern, BB 2015, 1289.

Becker, Ralph: Gesellschaftsrechtliche Probleme der Finanzierung von Leveraged-Buy-Outs, DstR 1998, 1429.

Beisel, Wilhelm/*Klumpp*, Hans-Hermann: Der Unternehmenskauf, 6. Auflage 2009, C.H. Beck Verlag, München, zit.: *Verfasser* in Beisel/Klumpp.

Beusch, Karl: Rücklagenbildung im Konzern, in: Bilanz- und Konzernrecht, Festschrift zum 65. Geburtstag von Dr. Dr. h.c. Reinhard Goerdeler, S. 25, 1987, IDW-Verlag, Düsseldorf, zit.: *Beusch* in FS Goerdeler.

Beuthien, Volker: Art und Grenzen der aktienrechtlichen Haftung herrschender Unternehmen für Leitungsmachtmißbrauch, DB 1969, 1781.

Bicker, Eike Thomas: Offene Fragen der Existenzvernichtungshaftung im Konzern, DZWIR 2007, 284.

Bilda, Klaus: Zum Geltungsgrund der Ausgleichs- und Abfindungsregelungen in den §§ 304, 305 AktG, in: Festschrift für Uwe Hüffer zum 70. Geburtstag von Kindler, Peter, Koch, Jens, Ulmer, Peter, Winter, Martin (Hrsg.), S. 49, 2010, C.H. Beck Verlag, München, zit.: *Bilda* in FS Hüffer.

Bitter, Georg: Das „TBB"-Urteil und das immer noch vergessene GmbH-Vertragskonzernrecht, ZIP 2001, 265.

Bloß, Henning: Die Unternehmensgruppe im englischen und deutschen Recht der Kapitalgesellschaften, 1999, Peter Lang Verlag, Frankfurt am Main.

Bommert, Rainer: Verdeckte Vermögensverlagerungen im Aktienrecht, 1989, Carl Heymanns Verlag, Köln.

Bous, Ulrich: Die Konzernleitungsmacht im Insolvenzverfahren konzernverbundener Kapitalgesellschaften, 2001, Carl Heymanns Verlag, Berlin.

Brüggemeier, Gert: Die Einflussnahme auf die Verwaltung einer Aktiengesellschaft, AG 1988, 93.

Bürgers, Tobias/*Körber*, Torsten (Hrsg.): Aktiengesetz, Heidelberger Kommentar, 4. Auflage 2017, C.F. Müller Verlag, Heidelberg, zit.: *Verfasser* in Bürgers/Körber.

Bundesministerium der Justiz (Hrsg.): Bericht über die Verhandlungen der Unternehmensrechtskommission, 1980, Dr. Otto Schmidt Verlag, Köln, zit.: Bericht Unternehmensrechtskommission.

Burg, Michael/*Hützen*, Peter: Existenzvernichtungshaftung im Vertragskonzern – Anwendung der Existenzvernichtungshaftung als Lösung für die Problematik der Überlebensfähigkeit der abhängigen Gesellschaft nach Beendigung eines Beherrschungs- und Gewinnabführungsvertrages?, Der Konzern, 2010, 20.

Busse von Colbe, Walther: Der Konzernabschluss als Bemessungsgrundlage für die Gewinnverwendung, in: Bilanz- und Konzernrecht, Festschrift zum 65. Geburtstag von Dr. Dr. h.c. Reinhard Goerdeler, S. 61, 1987, IDW-Verlag, Düsseldorf, zit.: *Busse von Colbe* in FS Goerdeler.

Buth, Andrea/*Hermanns*, Michael: Restrukturierung, Sanierung, Insolvenz, 4. Auflage 2014, C.H. Beck Verlag, München, zit.: *Verfasser* in Buth/Hermanns.

Butzke, Volker: Der Abfindungsanspruch nach § 305 AktG nach Squeeze out, Formwechsel oder Verschmelzung, in: Festschrift für Uwe Hüffer zum 70. Geburtstag, S. 97, 2010, C.H. Beck Verlag, München, zit.: *Butzke* in FS Hüffer.

Cahn, Andreas: Kapitalerhaltung im Konzern, 1998, Carl Heymanns Verlag, Köln.

Cahn, Andreas: Kredite an Gesellschafter, Der Konzern 2009, 67.

Cichy, Patrick/*Jander-McAlister*, Heiko: Minderheitsbeteiligungen von Finanzinvestoren an Familienunternehmen, BB 2012, 723.

Clemm, Hermann: Die Grenzen der Weisungsfolgepflicht des Vorstands der beherrschten AG bei bestehendem Beherrschungsvertrag, ZHR 141 (1977), 197.

Conac, Pierre-Henri: Director's Duties in Groups of Companies – Legalizing the Interest of the Group at the European Level, ECFR 2013, 194.

Cornett, Christian: Treubindung gegenüber dem Eigeninteresse abhängiger Gesellschaften, 2003, Tenea Verlag, Berlin.

Dähnert, Alexander: Konvergenz der Konzernhaftung, 2012, Nomos Verlag, Baden-Baden.

Druey, Jean Nicolas: Das deutsche Konzernrecht aus der Sicht des übrigen Europa, in: Marcus Lutter (Hrsg.): Konzernrecht im Ausland, S. 310, ZGR Sonderheft 11, 1994, Walter de Gruyter Verlag, Berlin, zit.: *Druey* in Konzernrecht im Ausland.

Drygala, Tim: Europäisches Konzernrecht: Gruppeninteresse und Related Party Transactions, AG 2013, 198.

Ebenroth, Carsten/*Reiner*, Günter: Der Schutz der abhängigen Kapitalgesellschaft vor nachteiligen Vermögensverlagerungen in Frankreich, BB, Beilage 13 zu Heft 22/1992, 1.

Ebenroth, Carsten/*Parche*, Ulrich: Konzernrechtliche Beschränkungen der Umstrukturierung des Vertragskonzerns, BB 1989, 637.

Ehricke, Ulrich: Die Haftung im GmbH-Vertragskonzern nach §§ 302, 303 AktG analog – ein (fast) vergessener Irrtum im Konzernrecht, in: Wirtschafts- und Privatrecht im Spannungsfeld von Privatautonomie, Wettbewerb und Regulierung – Festschrift für Ulrich Immenga zum 70. Geburtstag von Fuchs, Andreas, Schwintowski, Hans-Peter, Zimmer, Daniel (Hrsg.), S. 537, 2004, C.H. Beck Verlag, München, zit.: *Ehricke* in FS Immenga.

Ehricke, Ulrich/*Ekkenga*, Jens/*Oechsler*, Jürgen: Wertpapiererwerbs- und Übernahmegesetz, 2003, C.H. Beck Verlag, München, zit.: *Verfasser* in Ehricke/Ekkenga/Oechsler.

Eichner, Christian A.: Management-Buy-Out-Gestaltungen beim Konzern-Spin-Off, 2002, Peter Lang Verlag, Frankfurt am Main.

Eidenmüller, Horst: Private Equity, Leverage und die Effizienz des Gläubigerschutzes, ZHR 2007, 644.

Eidenmüller, Horst: Regulierung von Finanzinvestoren, DStR 2007, 2116.

Eilers, Stephan/*Rödding*, Adalbert/*Schmalenbach*, Dirk (Hrsg.): Unternehmensfinanzierung, 2008, C.H. Beck Verlag, München, zit.: *Verfasser* in Unternehmensfinanzierung.

Ekkenga, Jens: Neue Pläne der Europäischen Kommission für ein Europäisches Konzernrecht: Erste Eindrücke, AG 2013, 181.

Ellrott, Helmut/*Förschle*, Gerhart/*Kozikowski*, Michael/*Winkeljohann*, Norbert (Hrsg.): Beck'scher Bilanz-Kommentar – Handels- und Steuerbilanz, 7. Auflage 2010, C.H. Beck Verlag, München, zit.: *Verfasser* in Beck'scher Bilanz-Kommentar.

Emmerich, Volker: Wie rechne ich mich arm? Kritische Anmerkungen zur gegenwärtigen Bewertungspraxis im Spruchverfahren, in: Recht und spontane Ordnung, Festschrift für Ernst-Joachim Mestmäcker zum achtzigsten Geburtstag von Engel, Christoph, Möschel, Wernhard (Hrsg.), S. 137, 2006, Nomos Verlag, Baden-Baden, zit.: *Emmerich* in FS Mestmäcker.

Emmerich, Volker/*Habersack*, Mathias: Aktien- und GmbH-Konzernrecht, 8. Auflage 2016, C.H. Beck Verlag, München, zit.: *Verfasser* in Emmerich/Habersack, Aktien- und GmbH-Konzernrecht.

Emmerich, Volker/*Habersack*, Mathias: Konzernrecht, 10. Auflage 2013, C.H. Beck Verlag, München, zit.: *Emmerich/Habersack*, Konzernrecht.

Engert, Andreas: Hedgefonds als aktivistische Aktionäre, ZIP 2006, 2105.

Erne, Roland: Haftungsfalle „Financial Assistance", GWR 2012, 503.

Eschenbruch, Klaus: Konzernhaftung, 1996, Werner-Verlag, Düsseldorf.

Exner, Werner: Beherrschungsvertrag und Vertragsfreiheit, 1984, Peter Lang Verlag, Frankfurt am Main.

Fischbach, Jonas: Die Haftung des Vorstands im Aktienkonzern, 2009, Nomos Verlag, Baden-Baden.

Fleischer, Holger: Finanzielle Unterstützung des Aktienerwerbs und Leveraged Buyout, AG 1996, 494.

Fleischer, Holger: Finanzinvestoren im ordnungspolitischen Gesamtgefüge von Aktien-, Bankaufsichts- und Kapitalmarktrecht, ZGR 2008, 185.

Fleischer, Holger: Haftung des herrschenden Unternehmens im faktischen Konzern und unternehmerisches Ermessen (§§ 317 II, 93 I AktG), NZG 2008, 371.

Fleischer, Holger/*Goette*, Wulf (Hrsg.): Münchener Kommentar zum Gesetz betreffend die Gesellschaften mit beschränkter Haftung – GmbHG, Band 1, 3. Auflage 2018, C.H. Beck Verlag, München, zit.: *Verfasser* in MüKo GmbHG.

Forum Europaeum on Company Groups (Hrsg.): Eckpunkte für einen Rechtsrahmen zur erleichterten Führung von grenzüberschreitenden Unternehmensgruppen in Europa, ZGR 2015, 507.

Freitag, Robert: „Financial Assistance" durch die Aktiengesellschaft nach der Reform der Kapitalrichtlinie – (k)ein Freifahrtschein für LBOs?, AG 2007, 157.

Frodermann, Jürgen: Möglichkeiten und Grenzen der Gewinnthesaurierung im Konzern, 1994, Duncker & Humblot Verlag, Berlin.

Fuhrmann, Lambertus: „Gelatine" und die Holzmüller-Doktrin: Ende einer juristischen Irrfahrt?, AG 2004, 339.

Geßler, Ernst: Bestandsschutz der beherrschten Gesellschaft im Vertragskonzern?, ZHR 1976, 433.

Geßler, Ernst: Leitungsmacht und Verantwortlichkeit im faktischen Konzern, in: Festschrift für Harry Westermann zum 65. Geburtstag von Hefermehl, Wolfgang, Gmür, Rudolf, Brox, Hans (Hrsg.), S. 145, 1974, C.F. Müller Verlag, Karlsruhe, zit.: *Geßler* in FS H. Westermann.

Geßler, Ernst/*Hefermehl*, Wolfgang/*Eckardt*, Ulrich/*Kropff*, Bruno: Aktiengesetz, Band 1, 1984, Band 4, 1976, jeweils Franz Vahlen Verlag, München, zit.: *Verfasser* in Geßler/Hefermehl/Eckardt/Kropff.

Glaser, Erhard: Grenzen des Weisungsrechts im Vertragskonzern, 1982, Dissertationsdruck Novotny jr., Söcking/Starnberg.

Goette, Wulf/*Habersack*, Mathias (Hrsg.): Münchener Kommentar zum Aktiengesetz, Band 1, 4. Auflage 2016, Band 2, 4. Auflage 2014, Band 4, 4. Auflage 2016, Band 5, 4. Auflage 2015, jeweils C.H. Beck Verlag/Franz Vahlen Verlag, München, zit.: *Verfasser* in MüKo AktG.

Goldschmidt, Christoph-Ulrich/*Laeger*, Lars M.: Risiken aus der Beendigung von Unternehmensverträgen beim Verkauf der Untergesellschaft, NZG 2012, 1201.

Gollnick, Axel: Gewinnverwendung im Konzern, 1991, Carl Heymanns Verlag, Köln.

Grigoleit, Hans Christoph (Hrsg.): Aktiengesetz – Kommentar, 2013, C.H. Beck Verlag, München, zit.: *Verfasser* in Grigoleit.

Grüner, Michael: Die Beendigung von Gewinnabführungs- und Beherrschungsverträgen, 2003, Peter Lang Verlag, Frankfurt am Main.

Haag, Oliver/*Löffler*, Joachim (Hrsg.): Praxiskommentar zum Handelsrecht, 2. Auflage 2013, ZAP Verlag, Münster, zit.: *Verfasser* in Haag/Löffler.

Habersack, Mathias: Die finanzielle Unterstützung des Aktienerwerbs – Überlegungen zu Zweck und Anwendungsbereich des § 71a Abs. 1 Satz 1 AktG, in: Festschrift für Volker Röhricht zum 65. Geburtstag von Crezelius, Georg, Hirte, Heribert, Vieweg, Klaus (Hrsg.), S. 155, 2005, Dr. Otto Schmidt Verlag, Köln, zit.: *Habersack* in FS Röhricht.

Habersack, Mathias: „Superdividenden", in: Festschrift für Karsten Schmidt zum 70. Geburtstag, S. 523, 2009, Dr. Otto Schmidt Verlag, Köln, zit.: *Habersack* in FS K. Schmidt.

Habersack, Mathias/*Schürnbrand*, Jan: Cash Management und Sicherheitenbestellung bei AG und GmbH im Lichte des richterlichen Verbots der Kreditvergabe an Gesellschafter, NZG 2004, 689.

Happ, Wilhelm (Hrsg.): Konzern- und Umwandlungsrecht, 2012, Carl Heymanns Verlag, Köln, zit.: *Verfasser* in Happ, Konzern-/Umwandlungsrecht.

Hegemann, Mike: Außenseiter im GmbH-Konzern: Der außenstehende GmbH-Gesellschafter, GmbHR 2012, 315.

Heidel, Thomas (Hrsg.): Aktienrecht und Kapitalmarktrecht, 4. Auflage 2014, Nomos Verlag, Baden-Baden, zit.: *Verfasser* in Heidel.

Heidel, Thomas/*Schall*, Alexander (Hrsg.): Handelsgesetzbuch – Handkommentar, 2. Auflage 2015, Nomos Verlag, Baden-Baden, zit.: *Verfasser* in Heidel/Schall.

Henssler, Martin/*Strohn*, Lutz (Hrsg.): Gesellschaftsrecht, 3. Auflage 2016, C.H. Beck Verlag, München, zit.: *Verfasser* in Henssler/Strohn.

Hentzen, Matthias: Atypische Risiken aus der Beendigung von Beherrschungs- und Gewinnabführungsverträgen, NZG 2008, 201.

Hentzen, Matthias/*Rau*, Thomas: Bildung und Auflösung von Rücklagen bei GmbH und AG als Kriterien für Rechtsformwahl und Vertragskonzern, BB 2008, 713.

Henze, Hartwig: Die Treupflicht im Aktienrecht, BB 1996, 489.

Henze, Hartwig: Konzernfinanzierung und Besicherung – Das Upstreamrisiko aus Gesellschafter- und Bankensicht, WM 2005, 717.

Henzler, Jörg: Haftung der GmbH-Gesellschafter wegen Existenzvernichtung, 2009, Nomos Verlag, Baden-Baden.

Herwig, Michael: Leitungsautonomie und Fremdeinfluss, 2014, Duncker & Humblot Verlag, Berlin.

Hess, Harald: Sanierungshandbuch, 4. Auflage 2009, Luchterhand Verlag, Köln.

Hesse, Burc/*Lamsa*, Michael: Die Richtlinie über die Verwalter alternativer Investmentfonds (AIFM-Richtlinie), CFL 2011, 39.

Hirte, Heribert/*Mülbert*, Peter O./*Roth*, Markus (Hrsg.): Aktiengesetz Großkommentar, Zweiter Band, 5. Auflage 2016, Vierter Band, 5. Auflage 2015, jeweils De Gruyter Recht Verlag, Berlin, zit.: *Verfasser* in Großkommentar AktG.

Hirte, Heribert/*Schall*, Alexander: Zum faktischen Beherrschungsvertrag, Der Konzern 2006, 243.

Hirte, Heribert/*von Bülow*, Christoph (Hrsg.): Kölner Kommentar zum WpÜG, 2. Auflage 2010, Carl Heymanns Verlag, Köln, zit.: *Verfasser* in Kölner Kommentar WpÜG.

Hölters, Wolfgang (Hrsg.): Aktiengesetz, 3. Auflage 2017, C.H. Beck Verlag/Vahlen Verlag, München, zit.: *Verfasser* in Hölters.

Hölters, Wolfgang: Handbuch Unternehmenskauf, 8. Auflage 2015, Dr. Otto Schmidt Verlag, Köln, zit.: *Verfasser* in Hölters, Handbuch Unternehmenskauf.

Hoffmann, Gunter M.: Existenzvernichtende Haftung von Vorständen und Aufsichtsräten, NJW 2012, 1393.

Hoffmann-Becking, Michael: Gestaltungsmöglichkeiten bei Anreizsystemen, NZG 1999, 797.

Hoffmann-Becking, Michael: Vorstands-Doppelmandate im Konzern, ZHR 1986, 570.

Hogh, Thomas: Die Nachteilsermittlung im Rahmen des § 311 I AktG, 2004, Peter Lang Verlag, Frankfurt am Main.

Holzapfel, Hans-Joachim/*Pöllath*, Reinhard: Unternehmenskauf in Recht und Praxis, 15. Auflage 2017, RWS Verlag, Köln, zit.: *Verfasser* in Holzapfel/Pöllath.

Holzner, Florian: Private Equity, der Einsatz von Fremdkapital und Gläubigerschutz, 2009, Nomos Verlag, Baden-Baden.

Hopt, Klaus: Feindliche Übernahmen, Protektionismus, One share one vote?, EuZW 2007, 257.

Hüffer, Uwe/*Koch*, Jens: Aktiengesetz, 12. Auflage 2016, C.H.Beck Verlag, München.

Hüffer, Uwe: Der herrschende Aktionär – Adressat eines ungeschriebenen Wettbewerbsverbots?, in: Festschrift für Volker Röhricht zum 65. Geburtstag von Crezelius, Georg, Hirte, Heribert, Vieweg, Klaus (Hrsg.), S. 251, 2005, Dr. Otto Schmidt Verlag, Köln, zit.: *Hüffer* in FS Röhricht.

Hüffer, Uwe: Festausgleich und Abfindung als alternative Instrumente zur Sicherung außenstehender Aktionäre, in: Festschrift für Hans-Joachim Priester zum 70. Geburtstag, S. 285, 2007, Dr. Otto Schmidt Verlag, Köln, zit.: *Hüffer* in FS Priester.

Hüffer, Uwe: Zur gesellschaftsrechtlichen Treupflicht als richterrechtlicher Generalklausel, in: Festschrift für Ernst Steindorff zum 70. Geburtstag am 13. März 1990, S. 59, 1990, Walter de Gruyter Verlag, Berlin, zit.: *Hüffer* in FS Steindorff.

Immenga, Ulrich: Bestandsschutz der beherrschten Gesellschaft im Vertragskonzern?, ZHR 1976, 301.

Janke, Matthias: Gesellschaftsrechtliche Treuepflicht, 2003, Peter Lang Verlag, Frankfurt am Main.

Kakies, Anna: Der Schutz der Minderheitsaktionäre und Gläubiger im faktischen Konzern unter besonderer Berücksichtigung der Sonderprüfung gemäß § 315 AktG, 2003, Peter Lang Verlag, Frankfurt am Main.

Kantzas, Ioannis: Das Weisungsrecht im Vertragskonzern, 1988, Peter Lang Verlag, Frankfurt am Main.

Kellmann, Christof: Schadenersatz und Ausgleich im faktischen Konzern, BB 1969, 1509.

Kellmann, Christof: Zum „faktischen Konzern" Auslegungsfragen und Reformüberlegungen, ZGR 1974, 220.

Kerber, Markus: Das Urteil des OLG Düsseldorf vom 28.9.2006 in Sachen „Babcock Borsig/HDW": Die Klärung der tatbestandlichen Reichweite von § 71a AktG wird bewusst vermieden, NZG 2007, 254.

Kerber, Markus: Die aktienrechtlichen Grenzen der finanziellen Unterstützung des Aktienerwerbs im Buy-out-Verfahren, DB 2004, 1027.

Kley, Karl-Ludwig: Die Rechtsstellung der außenstehenden Aktionäre bei der vorzeitigen Beendigung von Unternehmensverträgen, 1986, V. Florentz Verlag, München.

Knoblau, Jochen: Leitungsmacht und Verantwortlichkeit bei Bestehen eines Beherrschungsvertrages, 1971, Wissenschaftlicher Verlag der Praxis, Bad Schwartau.

Knoll, Leonhard: Unternehmensverträge und der BGH: Volle Entschädigung der außenstehenden Aktionäre?, ZIP 2003, 2329.

Koller, Ingo/*Kindler*, Peter/*Roth*, Wulf-Henning/*Morck*, Winfried: Handelsgesetzbuch, 8. Auflage 2015, C.H. Beck Verlag, München, zit.: *Verfasser* in Koller/Kindler/Roth/Morck.

Koppensteiner, Hans-Georg: Abhängige Aktiengesellschaften aus rechtspolitischer Sicht – eine Skizze, in: Festschrift für Ernst Steindorff zum 70. Geburtstag am 13. März 1990, S. 79, 1990, Walter de Gruyter Verlag, Berlin, zit.: *Koppensteiner* in FS Steindorff.

Kropff, Bruno: Aktiengesetz, 2005, Scripvaz Verlag, Berlin.

Kropff, Bruno: Einlagenrückgewähr und Nachteilsausgleich im faktischen Konzern, NJW 2009, 814.

Küting, Karlheinz: Das Phänomen der Buchwert-Marktwert-Lücke, DB 2012, 1937.

Kuhlmann, Jens/*Ahnis*, Erik: Konzern- und Umwandlungsrecht, 4. Auflage 2016, C.F. Müller Verlag, Heidelberg.

Kumpan, Christoph: Private Equity und der Schutz deutscher Unternehmen, AG 2007, 461.

Kuntz, Thilo: Zur Frage der Verantwortlichkeit der Geschäftsleiter der abhängigen Gesellschaft gegenüber dem herrschenden Unternehmen, Der Konzern 2007, 802.

Kusterer, Stefan: Passivierung von Drohverlustrückstellungen bei Gewinnabführungsverträgen, DStR 1996, 114.

Kusterer, Stefan: Verlustausgleichsverpflichtungen im Gesellschafts- und Bilanzrecht, 1994, Peter Lang Verlag, Frankfurt am Main.

Liebscher, Thomas: Ungeschriebene Hauptversammlungszuständigkeiten im Lichte von Holzmüller, Macroton und Gelatine, ZGR 2005, 1.

Link, Sandra/*Greven*, Tobias: Beendigung von Beherrschungs- und Ergebnisabführungsverträgen im Rahmen von M&A-Transaktionen, Teil 1: M&A Review 2010, 285, Teil 2: M&A Review 2010, 350.

Looschelders, Dirk: Schuldrecht – Allgemeiner Teil, 15. Auflage 2017, Franz Vahlen Verlag, München.

Ludwig, Rüdiger: Verbotene finanzielle Unterstützung im Sinne des § 71a Abs. 1 Satz 1 AktG ohne rechtsgeschäftliche Beteiligung der Zielgesellschaft?, in: Liber amicorum Wilhelm Happ zum 70. Geburtstag am 30. April 2006 von Hoffmann-Becking, Ludwig (Hrsg.), S. 131, 2006, Carl Heymanns Verlag, Köln, zit.: *Ludwig* in LA Happ.

Lüdicke, Jochen/*Sistermann*, Christian: Unternehmenssteuerrecht, 2008, C.H. Beck Verlag, München, zit.: *Verfasser* in Lüdicke/Sistermann.

Lutter, Marcus: Die zivilrechtliche Haftung in der Unternehmensgruppe, ZGR 1982, 244.

Lutter, Marcus: Grenzen zulässiger Einflußnahme im faktischen Konzern, in: Festschrift für Martin Peltzer zum 70. Geburtstag von Lutter, Marcus, Sigle, Walter, Scholz, Manfred (Hrsg.), S. 241, 2001, Dr. Otto Schmidt Verlag, Köln, zit.: *Lutter* in FS Peltzer.

Lutter, Marcus: Rücklagenbildung im Konzern, in: Bilanz- und Konzernrecht, Festschrift zum 65. Geburtstag von Dr. Dr. h.c. Reinhard Goerdeler, S. 327, 1987, IDW-Verlag, Düsseldorf, zit.: *Lutter* in FS Goerdeler.

Lutter, Marcus: Vermögensveräußerungen einer abhängigen Aktiengesellschaft – Haftungsrisiken beim „asset-stripping", in: Festschrift für Ernst Steindorff zum 70. Geburtstag am 13. März 1990 von Baur, Jürgen, Hopt, Klau, Mailänder, Peter (Hrsg.), S. 125, 1990, Walter de Gruyter Verlag, Berlin, zit.: *Lutter* in FS Steindorff.

Lutter, Marcus/*Drygala*, Tim: Die Übertragende Auflösung: Liquidation der Aktiengesellschaft oder Liquidation des Minderheitenschutzes?, in: Festschrift für Bruno Kropff – Aktien- und Bilanzrecht von Forster, Karl, Grunewald, Barbara, Lutter, Marcus, Semler, Johannes (Hrsg.), S. 191, 1997, IDW-Verlag, Düsseldorf, zit.: *Lutter/Drygala* in FS Kropff.

Lutter, Marcus/*Scheffler*, Eberhard/*Schneider*, Uwe H. (Hrsg.): Handbuch der Konzernfinanzierung, 1998, Dr. Otto Schmidt Verlag, Köln, zit.: *Verfasser* in Handbuch Konzernfinanzierung.

Lutter, Marcus/*Wahlers*, Henning W.: Der Buyout: Amerikanische Fälle und die Regeln des deutschen Rechts, AG 1989, 1.

Medicus, Dieter/*Lorenz*, Stephan: Schuldrecht I – Allgemeiner Teil, 20. Auflage 2012, C.H. Beck Verlag, München.

Mertens, Kai: Aktuelle Fragen zur Verschmelzung von Mutter- auf Tochtergesellschaften – down stream merger; AG 2005, 785.

Michalski, Lutz (Hrsg.): Kommentar zum Gesetz betreffend die Gesellschaften mit beschränkter Haftung (GmbH-Gesetz), Band I, 3. Auflage 2017, C.H. Beck Verlag, München, zit.: *Verfasser* in Michalski.

Michalski, Lutz: Ungeklärte Fragen bei der Einlagenrückgewähr im Aktienrecht, AG 1980, 261.

Möhring, Philipp: Zur Systematik der §§ 311, 317 AktG, in: Gesellschaftsrecht und Unternehmensrecht: Festschrift für Wolfgang Schilling zum 65.

Geburtstag am 5.6.1973 von Fischer, Robert, Hefermehl, Wolfgang (Hrsg.), S. 253, 1973, De Gruyter Verlag, Berlin, zit.: *Möhring* in FS Schilling.

Möller, Christian: Änderungen des Aktienrechts durch das MoMiG, Der Konzern 2008, 1.

Mülbert, Peter O./*Leuschner*, Lars: Aufsteigende Darlehen im Kapitalerhaltungs- und Konzernrecht – Gesetzgeber und BGH haben gesprochen, NZG 2009, 281.

Müller, Hans-Friedrich: BGH: Regelung des Ausgleichs für nachteilige Maßnahme bereits im Zustimmungsbeschluss der Hauptversammlung, LMK 2012, 339147.

Müller, Hans-Peter: Zur Gewinn- und Verlustermittlung bei aktienrechtlichen Gewinnabführungsverträgen, in: Bilanz- und Konzernrecht, Festschrift zum 65. Geburtstag von Dr. Dr. h.c. Reinhard Goerdeler, S. 375, 1987, IDW-Verlag, Düsseldorf, zit.: *Müller* in FS Goerdeler.

Müller, Klaus: Die Haftung der Muttergesellschaft für die Verbindlichkeiten der Tochtergesellschaft im Aktienrecht, ZGR 1977, 1.

Müller, Welf/*Rödder*, Thomas (Hrsg.): Beck'sches Handbuch der AG, 2. Auflage 2009, C.H. Beck Verlag, München, zit.: *Verfasser* in Handbuch AG.

Müller-Eising, Karsten/*Stoll*, Thomas: Beherrschung von Unternehmen aufgrund faktischer Hauptversammlungsmehrheiten, GWR 2012, 315.

Neuhaus, Jürgen: Die Grenzen der Konzernleitungsgewalt im faktischen Konzern und der Nachteilsbegriff des § 311 AktG 65, DB 1970, 1913.

Palandt – Bürgerliches Gesetzbuch, 77. Auflage 2018, C.H. Beck Verlag, München, zit.: *Verfasser* in Palandt.

Passarge, Malte: Vorstands-Doppelmandate – ein nach wie vor aktuelles Thema!, NZG 2007, 441.

Patzina, Reinhard/*Bank*, Stefan/*Schimmer*, Dieter/*Simon-Widmann*, Michaele: Haftung von Unternehmensorganen, 2010, C.H. Beck Verlag, München, zit.: *Verfasser* in Patzina/Bank/Schimmer/Simon-Widmann.

Picot, Gerhard (Hrsg.): Unternehmenskauf und Restrukturierung, 4. Auflage 2013, C.H. Beck Verlag, München, zit.: *Verfasser* in Picot.

Priester, Hans-Joachim: Herrschaftswechsel beim Unternehmensvertrag, ZIP 1992, 293.

Priester, Hans-Joachim: Liquiditätsausstattung der abhängigen Gesellschaft und unterjährige Verlustdeckung bei Unternehmensverträgen, ZIP 1989, 1301.

Raiser, Thomas/*Veil*, Rüdiger: Recht der Kapitalgesellschaften, 6. Auflage 2015, Franz Vahlen Verlag, München, zit.: *Raiser/Veil*.

Riegger, Bodo: Kapitalgesellschaftsrechtliche Grenzen der Finanzierung von Unternehmensübernahmen durch Finanzinvestoren, ZGR 2008, 233.

Roth, Günter/*Altmeppen*, Holger: GmbHG, 8. Auflage 2015, C.H. Beck Verlag, München, zit.: *Verfasser* in Roth/Altmeppen.

Rothley, Oliver: Ausgleich für nachteilige Maßnahmen muss bereits im Zustimmungsbeschluss der Hauptversammlung bestimmt werden, GWR 2012, 417.

Rottnauer, Achim: Schranken der Leitungsmacht im GmbH-Vertragskonzernrecht – Anm. zu OLG Stuttgart, NZG 1998, 601, NZG 1999, 337.

Rubner, Daniel: Das Gesellschaftsrecht beim 69. Deutschen Juristentag, NJW Spezial 2012, 655.

Rudolph, Bernd: Funktionen und Regulierung von Finanzinvestoren, ZGR 2008, 161.

Säcker, Franz Jürgen/*Rixecker*, Roland/*Oetker*, Hartmut (Hrsg.): Münchener Kommentar zum Bürgerlichen Gesetzbuch, Band 1, 7. Auflage 2015, Band 2, 7. Auflage 2016, Band 5, 6. Auflage 2013, C.H. Beck Verlag, München, zit.: *Verfasser* in MüKo BGB.

Schmidt, Jochen: Das Recht der außenstehenden Aktionäre, 1979, Peter Lang Verlag, Frankfurt am Main.

Schmidt, Karsten: Die konzernrechtliche Verlustübernahmepflicht als gesetzliches Dauerschuldverhältnis, ZGR 1983, 513.

Schmidt, Karsten: Gesellschafterhaftung und „Konzernhaftung“ bei der GmbH – Bemerkungen zum „Bremer Vulkan“-Urteil des BGH vom 17.9.2001, NJW 2001, 3577.

Schmidt, Karsten: Gesellschaftsrecht, 4. Auflage 2002, Carl Heymanns Verlag, Köln, zit.: *Schmidt*, Gesellschaftsrecht.

Schmidt, Karsten/*Ebke*, Werner (Hrsg.): Münchener Kommentar zum Handelsgesetzbuch, Band 4, 3. Auflage 2013, C.H. Beck Verlag/Franz Vahlen Verlag, München, zit.: *Verfasser* in MüKo HGB.

Schmidt, Karsten/*Lutter*, Marcus (Hrsg.): Aktiengesetz, I. Band, 2. Auflage 2010, II. Band, 2. Auflage 2010, jeweils Dr. Otto Schmidt Verlag, Köln, zit.: *Verfasser* in Schmidt/Lutter.

Schneider, Uwe: Alternative Geldgeber oder Eigenkapitalräuber?, AG 2006, 577.

Schneider, Uwe: Missbräuchliches Verhalten durch Private Equity, NZG 2007, 888.

Schön, Wolfgang: Der Aktionär im Verfassungsrecht, in: Festschrift für Peter Ulmer zum 70. Geburtstag am 2. Januar 2003, S. 1359, 2003, De Gruyter Recht Verlag, Berlin, zit.: *Schön* in FS Ulmer.

Schöne, Torsten/*Heurung*, Rainer/*Petersen*, Sabrina: Erforderliche Änderungen im Recht des faktischen Konzerns im Zuge der Reform der steuerlichen Organschaft, DStR 2012, 1680.

Schubert, Werner (Hrsg.): Akademie für Deutsches Recht 1933–1945, Protokolle der Ausschüsse, Band I Ausschuß für Aktienrecht, 1986, De Gruyter Verlag, Berlin, zit.: *Bericht* in Schubert, Ausschuss für Aktienrecht.

Schüppen, Matthias/*Schaub*, Bernhard (Hrsg.): Münchener Anwaltshandbuch Aktienrecht, 2. Auflage 2010, C.H. Beck Verlag, München, zit.: *Verfasser* in MüAH Aktienrecht.

Schulze-Osterloh, Joachim: Rezension zu Hermann Wilhelm, Die Beendigung des Beherrschungs- und Gewinnabführungsvertrags, ZHR 1978, 519.

Schwenn, Dirk: Der Ausgleichs- und Abfindungsanspruch der außenstehenden Aktionäre im Unternehmensvertrag bei Eintritt neuer Umstände, 1998, Peter Lang Verlag, Frankfurt am Main.

Semler, Johannes/*Stengel*, Arndt (Hrsg.): Umwandlungsgesetz, 4. Auflage 2017, C.H. Beck Verlag, München, zit.: *Verfasser* in Semler/Stengel.

Sieger, Jürgen/*Hasselbach*, Kai: Die Holzmüller-Entscheidung im Unterordnungskonzern, AG 1999, 241.

Sina, Peter: Grenzen des Konzern-Weisungsrechts nach § 308 AktG, AG 1991, 1.

Söhner, Matthias: Beteiligungstransparenz, Hebelfinanzierung und asset stripping nach der AIFM-Richtlinie, WM 2011, 2121.

Sonnenschein, Jürgen: Organschaft und Konzerngesellschaftsrecht, 1976, Nomos Verlag, Baden-Baden.

Sonnenschein, Jürgen: Der aktienrechtliche Vertragskonzern im Unternehmensrecht, ZGR 1981, 429.

Spindler, Gerald: Vergütung und Abfindung von Vorstandsmitgliedern, DStR 2004, 36.

Spindler, Gerald/*Stilz*, Eberhard: Kommentar zum Aktiengesetz, Band 1 und Band 2, jeweils 3. Auflage 2015, C.H. Beck Verlag, München, zit.: *Verfasser* in Spindler/Stilz.

Stöcklhuber, Gregor: Dogmatik der Haftung im faktischen AG-Konzern, Der Konzern 2011, 253.

Strohn, Lutz: Die Verfassung der Aktiengesellschaft im faktischen Konzern, 1977, Carl Heymanns Verlag, Köln.

Stürner, Rolf (Hrsg.): Jauernig: Bürgerliches Gesetzbuch, 17. Auflage 2018, C.H.Beck Verlag, München, zit.: *Verfasser* in Jauernig.

Teichmann, Christoph: Europäisches Konzernrecht: Vom Schutzrecht zum Enabling Law, AG 2013, 184.

Teichmann, Christoph/*Brunner*, Sebastian: Private Equity-Fonds im Sog der AIFM-Richtlinie, CFL 2011, 321.

Tröger, Tobias: Anreizorientierte Vorstandsvergütung im faktischen Konzern, ZGR 2009, 447.

Ulmer, Peter: Das Sonderrecht der §§ 311 ff. AktG und sein Verhältnis zur allgemeinen aktienrechtlichen Haftung für Schädigungen der AG, in: Festschrift für Uwe Hüffer zum 70. Geburtstag von Kindler, Peter, Koch, Jens, Ulmer, Peter, Winter, Martin (Hrsg.), S. 999, 2010, C.H. Beck Verlag, München, zit.: *Ulmer* in FS Hüffer.

Ulmer, Peter: Verlustübernahmepflicht des herrschenden Unternehmens als konzernspezifischer Kapitalerhaltungsschutz, AG 1986, 123.

Ulmer, Peter: Zur Haftung der abordnenden Körperschaft nach § 31 BGB für Sorgfaltsverstöße des von ihm benannten Aufsichtsratsmitglieds, in: Festschrift für Walter Stimpel zum 68. Geburtstag am 29. November 1985 von Lutter, Marcus, Mertens, Hans-Joachim, Ulmer, Peter (Hrsg.), S. 705, 1985, Walter de Gruyter Verlag, Berlin, zit.: *Ulmer* in FS Stimpel.

Ulmer, Peter/*Habersack*, Mathias/*Winter*, Martin: GmbHG (Hrsg.) – Großkommentar, Band III, 2008, Mohr Siebeck Verlag, Tübingen, zit.: *Verfasser* in Ulmer/Habersack/Winter.

Veil, Rüdiger: Unternehmensverträge, 2003, Mohr Siebeck Verlag, Tübingen.

Veith, Alexander/*Schmid*, Simon: Abschluss und Beendigung von Beherrschungs- und Gewinnabführungsverträgen im GmbH-Konzern; DB 2012, 728.

Verschiedene Autoren und Redakteure: J. von Staudingers Kommentar zum Bürgerlichen Gesetzbuch mit Einführungsgesetz und Nebengesetzen, Buch 2, 2014, Sellier & de Gruyter Verläge, Berlin, zit.: *Verfasser* in Staudinger.

Versteegen, Peter: Konzernverantwortlichkeit und Haftungsprivileg, 1993, Carl Heymanns Verlag, Köln.

Voigt, Hans-Christoph: Haftung aus Einfluss auf die Aktiengesellschaft (§§ 117, 309, 317 AktG), 2004, C.H. Beck Verlag, München.

Voigts, Harald: Konzernausgangsschutz im GmbH-Konzern, 2004, Nomos Verlag, Baden-Baden.

Wachter, Thomas (Hrsg.): Kommentar zum Aktiengesetz, 2. Auflage 2014, RWS Verlag, Köln, zit.: *Verfasser* in Wachter.

Wackerbarth, Ulrich: Der Vorstand der abhängigen Aktiengesellschaft und die §§ 311 ff. AktG in der jüngeren Rechtsprechung des II. Senats, Teil 1/2, Der Konzern 2010, 261, Teil 2/2, Der Konzern, 2010, 337.

Wackerbarth, Ulrich: Die Abschaffung des Konzernrechts, Der Konzern 2005, 562.

Wallisch, Kai: Unternehmerische Entscheidungen der Hauptversammlung, 2014, Nomos Verlag, Baden-Baden.

Weitnauer, Wolfgang: Die AIFM-Richtlinie und ihre Umsetzung, BKR 2011, 143.

Weitnauer, Wolfgang/*Boxberger*, Lutz/*Anders*, Dietmar: Kommentar zum KAGB, 2014, C.H. Beck Verlag, München, zit.: *Verfasser* in Weitnauer/Boxberger/Anders.

Wellkamp, Ludger: Die Haftung von Geschäftsleitern im Konzern, WM 1993, 2155.

Westermann, Harm Peter/*Grunewald*, Barbara/*Maier-Reimer*, Georg (Hrsg.): Erman Bürgerliches Gesetzbuch, Band I, 15. Auflage 2017. Dr. Otto Schmidt Verlag, Köln, zit.: *Verfasser* in Erman.

Wilhelm, Alexander: Zur Gestaltung des Nachteilsausgleichs bei Unternehmensveräußerungen im faktischen Aktienkonzern, NZG 2012, 1287.

Wilhelm, Hermann: Die Beendigung des Beherrschungs- und Gewinnabführungsvertrags, 1976, Carl Heymanns Verlag, Köln.

Wilhelmi, Rüdiger: Upstream-Darlehen nach dem MoMiG, WM 2009, 1917.

Willms, Michael: Auflösung einer Kapitalgesellschaft und Vermögensübernahme durch den Mehrheitsgesellschafter oder dessen Tochtergesellschaft, 1999, Peter Lang Verlag, Frankfurt am Main.

Wimmer-Leonhardt, Susanne: Konzernhaftungsrecht, 2004, Mohr Siebeck Verlag, Tübingen.

Winter, Michael: Upstream-Finanzierung nach dem MoMiG-Regierungsentwurf, DStR 2007, 1484.

Wirth, Gerhard: Unbezifferte Nachteilsausgleichsvereinbarungen im faktischen Konzern, in Liber Amicorum für Martin Winter von Hoffmann-Becking, Hüffer, Uwe (Hrsg.), S. 775, 2011, Dr. Otto Schmidt Verlag, Köln, zit.: *Wirth* in LA Winter.

Wiersch, Rachid René: Der Richtlinienentwurf zu Transaktionen mit nahestehenden Unternehmen und Personen, NZG 2014, 1131.

Würdinger, Hans: Betrachtungen zum faktischen Konzern, DB 1973, 45.

Zetzsche, Dirk: Anteils- und Kontrollerwerb an Zielgesellschaften durch Verwalter alternativer Investmentfonds, NZG 2012, 1164.

Zeyher, Stefan: Einlagenrückgewähr und finanzielle Unterstützung im Fall erwerbsfinanzierender Fusion, 2011, Nomos Verlag, Baden-Baden.

Zitzewitz, Jens: Konzernrechtliche Probleme bei Stock Options, NZG 1999, 698.

Zöllner, Wolfgang: Treupflichtgesteuertes Aktienkonzernrecht, ZHR 1998, 235.

Zöllner, Wolfgang/*Noack*, Ulrich (Hrsg.): Kölner Kommentar zum Aktiengesetz, Band 1, 3. Auflage 2011, Band 2/1, 3. Auflage 2010, Band 6, 3. Auflage 2004, jeweils Carl Heymanns Verlag, Köln, zit.: *Verfasser* in Kölner Kommentar.

Schriftenreihe zum deutschen und europäischen Gesellschafts- und Wirtschaftsrecht

Herausgegeben von Christoph Teichmann und Florian Bien
Begründet von Günter Christian Schwarz †

Band 1 Matthias Scheifele: Die Gründung der Europäischen Aktiengesellschaft (SE). 2004.

Band 2 Julia Zwiener: Die Auswirkungen der Verordnung Nr. 1/2003 auf das europäische und deutsche Kartellverfahren. 2005.

Band 3 Cornelius Koke: Die Finanzverfassung der Europäischen Aktiengesellschaft (SE) mit Sitz in Deutschland. 2005.

Band 4 Martin Weger: Haftungsgrundlagen bei kompetenzwidriger Geschäftsführung im Personen- und Kapitalgesellschaftsrecht. Ein Beitrag zur Transformation des bürgerlich-rechtlichen Rechtsinstituts der Geschäftsführung ohne Auftrag in das Gesellschaftsrecht. 2005.

Band 5 Axel Zang: Sitz und Verlegung des Sitzes einer Europäischen Aktiengesellschaft mit Sitz in Deutschland. 2005.

Band 6 Björn Holland: Das amerikanische „board of directors“ und die Führungsorganisation einer monistischen SE in Deutschland. Amerikanische Erfahrungen in Fragen der Corporate Governance als Beitrag zur Ausgestaltung der Unternehmensführung und Unternehmenskontrolle in einer Deutschen SE. 2006.

Band 7 Nils K. Roitsch: Auflösung, Liquidation und Insolvenz der Europäischen Aktiengesellschaft (SE) mit Sitz in Deutschland. Art. 63–65 SE-VO. 2006.

Band 8 Timo Wanner: Die GmbH in der Krise. Geschäftsführerverantwortlichkeit im Vorfeld der Insolvenz. 2015.

Band 9 Wolf-Amelung Böhm: Die Sicherung der Abfindung beim Ausscheiden aus der GmbH. Haftung der Mitgesellschafter beim Eingreifen der Kapitalerhaltungsschranke. 2016.

Band 10 Christina Eschenfelder: Rechtsnachfolge in die Kommanditistenhaftung. Zur Rechtsnachfolge in die unbeschränkte Kommanditistenhaftung aufgrund rechtsgeschäftlicher Übertragung von Kommanditanteilen. 2016.

Band 11 Christoph Teichmann / Martin Kraushaar (Hrsg.): Mitbestimmungsvielfalt in Deutschland und Europa. 2018.

Band 12 Julian Wacker: Persönliche Schadensersatzhaftung von Vorstandsmitgliedern einer Aktiengesellschaft für Kartellverstöße. Ein Beitrag zur kartellzivilrechtlichen Organhaftung. 2017.

Band 13 Tobias Alexander Begemann: Die SE & Co. KGaA als Rechtsform für Familienunternehmen. 2018.

Band 14 Adams, Matthias: Mittelbare Beteiligung an einer Publikumspersonengesellschaft über einen Treuhänder. 2018.

Band 15 Manuel Bernhard Schütt: Die deutsche Unternehmensmitbestimmung – Reformdruck aus Europa? Reichweite und Grenzen der Grundfreiheiten. 2018.

Band 16 Olga Gurman: Die Vorstandsvergütung nach der Finanzkrise. Eine rechtsvergleichende Analyse der deutschen, britischen und US-amerikanischen Lösungsansätze. 2018.

Band 17 Anna-Katharina Friese: Europäisches Kartellrecht und Schiedsverfahrensrecht nach der Reform durch die VO 1/2003. 2018.

Band 18 Andrea Götz: Die Einpersonengesellschaft als Vehikel grenzüberschreitender unternehmerischer Tätigkeit. 2019.

Band 19 Frederik Wilhelm von Essen: Mitteilungspflichten bei Finanzinstrumenten nach der novellierten Transparenz-Richtlinie. 2019.

Band 20 Erik Stegner: Der Abzug von Kapital aus einer Aktiengesellschaft im faktischen und im Vertragskonzern. Entzug von Vermögenswerten vor Beendigung eines Konzerns und beim refinanzierten Erwerb. 2019.

www.peterlang.com

www.ingramcontent.com/pod-product-compliance
Ingram Content Group UK Ltd.
Pitfield, Milton Keynes, MK11 3LW, UK
UKHW021851290926
8980IPUK00005B/770

9 783631 780077